书山有路勤为径,优质资源伴你行
注册世纪波学院会员,享精品图书增值服务

•项/目/管/理/核/心/资/源/库/

[美] 大卫·希尔森（David Hillson） 著
彼得·西蒙（Peter Simon）

傅永康 孙晶晶 陈雅静 译
骆庆中 审

项目风险管理实战
ATOM方法论
（第3版）

Practical Project Risk Management
The ATOM Methodology, Third Edition

电子工业出版社
Publishing House of Electronics Industry
北京·BEIJING

Practical Project Risk Management: The ATOM Methodology, Third Edition by David Hillson, Peter Simon

Copyright © 2020 by David Hillson and Peter Simon

Simplified Chinese translation edition copyright © 2022 by Publishing House of Electronics Industry.

All rights reserved.

Copyright licensed by Berrett-Koehler Publishers arranged with Andrew Nurnberg Associates International Limited.

本书简体中文字版经由Berrett-Koehler Publishers授权电子工业出版社独家出版发行。未经书面许可，不得以任何方式抄袭、复制或节录本书中的任何内容。

版权贸易合同登记号　图字：01-2021-2026

图书在版编目（CIP）数据

项目风险管理实战：ATOM方法论：第3版 /（美）大卫·希尔森（David Hillson），（美）彼得·西蒙（Peter Simon）著；傅永康，孙晶晶，陈雅静译. —北京：电子工业出版社，2022.11

（项目管理核心资源库）

书名原文：Practical Project Risk Management: The ATOM Methodology, Third Edition

ISBN 978-7-121-44552-1

Ⅰ. ①项… Ⅱ. ①大… ②彼… ③傅… ④孙… ⑤陈… Ⅲ. ①工程项目管理–风险管理 Ⅳ. ① F284

中国版本图书馆 CIP 数据核字（2022）第 245873 号

责任编辑：卢小雷
印　　刷：北京建宏印刷有限公司
装　　订：北京建宏印刷有限公司
出版发行：电子工业出版社
　　　　　北京市海淀区万寿路173信箱　邮编：100036
开　　本：720×1000　1/16　印张：18　字数：280千字
版　　次：2022年11月第1版（原著第3版）
印　　次：2025年7月第2次印刷
定　　价：79.00元

凡所购买电子工业出版社图书有缺损问题，请向购买书店调换。若书店售缺，请与本社发行部联系，联系及邮购电话：（010）88254888，88258888。

质量投诉请发邮件至zlts@phei.com.cn，盗版侵权举报请发邮件至dbqq@phei.com.cn。

本书咨询联系方式：（010）88254199，sjb@phei.com.cn。

推荐序

疫情的肆虐，使全社会的风险意识大大增强，这点早已毋庸置疑。当然，项目管理从业者也都明白项目的独特性会带来不确定性。我们需要谨记，项目的风险与生俱来，项目的风险管理至关重要。

六七年前，为了翻译PMI出版的《项目风险管理实践标准》，我几乎找遍了市场上所有关于项目风险管理的书籍，但通俗易懂且能真正指导项目风险管理实战的书籍少之又少。大多数书籍只是讲解了一些风险管理的理论，一般的读者阅读起来会觉得云里雾里，望而却步。从这个角度来看，这本由电子工业出版社引进、出版的书籍很及时地填补了市场的这一空白，并为项目风险管理实战提供了一套清晰完整的方法论。

本书有几个突出的特点：首先，本书的理论基础十分扎实，对于风险的定义和分析，以及如何使风险管理发挥其应有的作用，都有清晰明了的论述，读者一看便知。其次，对于如何把ATOM应用到具体的大型、中型和小型项目中，本书提供了一套完整的、经过裁剪的流程，从启动到识别，从评估到应对。读者无须多想，只要按照书中讲解的流程执行就可以了。最后，本书还提供了一套完整的、可直接用于实战的模板和实例，从风险登记册的模板到风险研讨会的议程，从风险分解结构的示例到风险报告的具体内容，囊括了所有风险管理的内容。

本书是由国内著名的项目管理培训公司上海清晖管理咨询有限公司组织翻译的。清晖创始人傅永康先生为在国内传播项目管理知识和文化做了许多努力。希望本书对于那些不断追求风险管理实战的读者有所帮助，更希望你能通过阅读本书来加强风险管理意识，并将行动落实在现实生活和项目的方方面面上，从而提高防范风险、利用机会的成功概率。祝各位开卷有益。

骆庆中 2022年6月
PMI（中国）翻译志愿者项目工作组专家，华东理工大学商学院兼职教授
项目管理和风险管理培训咨询师

 # 序言

现在的报纸和网站都充斥着关于项目的故事,内容涉及项目的延期和超支及没有按所承诺的范围交付。此外,还有许多大大小小的项目,它们从未登上过头条新闻,但也遭受了进度延期和成本超支的困扰。众所周知,我们在执行项目时所处的环境充满了不确定性和风险。但是很明显,我们没有考虑到这些风险对项目所产生的影响,还在不断地做出无法兑现的承诺。

当我们更深入地研究这个问题时,会发现没有兑现项目的承诺主要有以下几个原因。首先,我们没有明确区分不确定性和风险。不确定性是指采购成本、执行时间和产品质量的自然波动。而风险则是不同的。风险涉及可能发生或可能不发生的事件,以及它们是否会影响到我们的项目目标。由于风险事件可能不会发生,所以容易被忽略。遗憾的是,当有一些风险真的发生时,会对项目的结果造成很大的影响。

其次,我们经常无法系统地识别、分类和沟通项目中的风险。我们不能控制项目中的每一个影响因素,这一事实被认为是一个弱点。我们有一种错觉——对于风险我们最好保密,尤其是对客户,但往往也对我们自己。这意味着当风险事件真的发生时,我们往往会措手不及。

最后,因为我们没有正确考虑风险,并且许多的风险都是消极风险,所以我们对范围、时间和质量的估计往往过于乐观。乐观估计可以赢得合同。公共项目中的许多投标都是根据最低价格和最快执行速度授予的。正确考虑风险的影响可能会让你在竞标中落后于竞争对手。

俗话说:"我们不知道的东西不会伤害我们。"但在项目中恰恰相反:这些隐藏的风险最终会"伤害"我们,要么是出现了本可避免的威胁,要么是错失了本可利用的机会。因此,人们会期望尽可能多地了解项目中的风险,这一直是项目管理的标准做法。事实上,项目管理领域直到很晚才加进了风险管理的内容,

许多项目管理框架未能提供一种实战方法来进行风险管理。

大卫·希尔森和彼得·西蒙的《项目风险管理实战：ATOM方法论》（第3版）一书填补了这一空白，它为项目风险管理提供了一种清晰的方法论。从第一版开始，这本书就建立在充实的、可理解的和适用的基础之上，它展示了一种可以在真实项目中实际应用的方法论。作为为数不多的此类资源之一，本书还涉及定量风险管理，允许评估风险事件对项目承诺的影响，如项目的持续时间和成本。

适当的风险管理建立在许多其他技能和工具之上，如干系人管理。传统的干系人权力与利益模型在实际的项目风险管理中被扩展为各种态度维度，它们可以是支持的，也可以是抵制的。在风险管理活动中，这个额外的态度维度比传统的干系人模型更加精确，使得将其纳入干系人管理成为可能。

许多方法论的问题在于它们提供的是一种"一刀切"的方法。相比之下，ATOM方法论区分了小型、中型和大型项目，并提供适合不同规模项目的特定活动。第3版还补充了风险研讨会和风险管理过程中的引导指南，补充的这些都是重要的功能。ATOM是一种结构化的方法论，最好与干系人在结构化的风险研讨会中加以实施。这些风险研讨会需要来自组织内部或外部的熟练的引导者，因为我们在项目中都有不同的专长、不同的风险认知和不同的风险态度。

《项目风险管理实战：ATOM方法论》（第3版）可以在任何规模的实际项目中使用。它可以很容易地被整合到任何整体项目管理框架中，既可以是由美国项目管理协会（PMI）或英国项目管理协会（APM）提供的通用框架，也可以是公司的特定框架。本书也很适合与项目管理相关的学术课程以及公司的培训。

总之，运用本书所提供的实践和理论相结合的完美方法，可以降低无法兑现项目承诺的可能性。

亚历山大·维布雷克教授

政策分析主席

代尔夫特理工大学

 前言

每个人都会同意风险管理是项目管理的核心部分这一观点，因为所有的项目都有风险。风险管理侧重于主动解决不确定性对实现项目目标的影响。尽管每个人都持有这种观点，但对于许多项目经理和他们的团队及风险管理实践者来说，当他们试图在实战中进行风险管理时，问题还是会来。尽管参加过培训班，也很好地理解了理论知识，相关的工具和技术也都很先进，并且不存在"什么、为什么、何时、何地、谁"的问题，但不知何故，当涉及具体的项目时，一切似乎都不同了。要是有人能告诉你应该怎么做就好了。

通过本书，我们希望把自己的专业知识提供给遇到重重困难的项目管理专业人员，并就如何正确、高效率且有效地管理风险提出切实可行的建议。这不是一本介绍学术理论或基础原理的书，尽管它是以当前国际最佳实践为基础的，反映了前沿的思想和发展趋势。本书关注的是如何进行风险管理实践，以帮助企业有效地管理项目风险，使得威胁最小化，机会最大化，从而实现项目目标。

本书有助于那些没有风险管理知识的人员找到一种行之有效的方法，也有助于那些经验有限的人员成功地应用风险管理。风险管理真的可以在实践中发挥作用，本书将向你展示这一点。

我们依据最佳实践指南和标准，将其转化为全面、成熟、实用的管理项目风险的方法，并把风险管理过程分解为简单步骤，以便清晰地告诉你下一步应该做什么。我们将这种方法称为"主动管理威胁和机会"（Active Threat and Opportunity Management，ATOM）。这反映了我们的理念，即风险管理意味着要采取行动，在进行风险管理时必须平等地针对负面风险（威胁）和正面风险（机会）。对于每个步骤，本书都提供了实用的建议、提示和技巧，告诉你如何最大限度地利用风险管理过程。

前言

在2007年出版的第1版中，我们详细地描述了ATOM，以便任何人在任何项目中都可以使用它，而不用考虑这些项目的规模或所属行业。获奖的第2版（2012年）是由ATOM用户（包括商业实践者和著名学者）的反馈，以及我们不断改进方法论的愿望推动的。在第2版中，我们增加了有关项目集风险管理的内容，这是当今世界越来越复杂的一个关键方面。还对所有章节进行了细微的修改，以反映我们基于具体实践所做出的改进，使ATOM更符合相关的国际标准。

在本书中，我们提供了关于如何进一步应用ATOM的实用指导，重点关注人们仍然觉得困难的领域。我们加入了两章新内容（第16章和第17章），这是因为风险管理过程的大部分艰苦工作都是在风险研讨会（或其他风险会议）中进行的，而引导技术应该使风险研讨会变得更加容易和更加有效。我们还对第15章进行了更新，以介绍一些工具是如何工作的，并解释了如何利用定量风险分析使小型项目受益。在最后一章中，讨论了项目之外的更广泛的风险管理。在第2版中，最后一章仅描述了项目集中的风险管理，本书则将该内容扩展到项目组合的层面，并对风险管理效率进行了新的讨论。此外，还对一些章节做了小的修改和改进，以反映我们自己的持续学习和经验积累。

凭借我们共计超过60年的项目风险管理经验，我们确定风险管理是起作用且有效果的。人们总说这太难了，不值得为之努力，或者认为风险管理只是在浪费时间，这让我们非常沮丧。ATOM是我们给出的答案——一个简单的、可扩展的风险管理过程，适用于所有行业和业务部门的各类项目。我们希望你不要只是读一下本书，而要把你所读的内容付诸实践，因为这是获得本书所承诺的益处的唯一途径。我们没有时间可以浪费在无效管理和活动上。如果管理得当，风险管理确实有效。但是请不要光听我们说，你自己也要试试看，然后找出答案。

大卫·希尔森和彼得·西蒙

目录

第1部分 问题

第1章 风险管理的挑战 ········· 002
    风险——定义上的争论 ········· 003
    澄清一些困惑 ········· 006
    风险管理在项目中的应用 ········· 007
    有效风险管理的收益 ········· 008

第2章 使风险管理发挥作用 ········· 011
    我们为什么不这样做呢 ········· 013
    将消极因素转化为积极因素 ········· 016
    四个困难的挑战 ········· 019
    风险管理的关键成功因素 ········· 021
    小结 ········· 025

第3章 主动管理威胁与机会——ATOM ········· 027
    ATOM简介 ········· 029
    项目规模分级 ········· 031
    中型项目的ATOM ········· 036
    与现有标准的比较 ········· 038
    小结 ········· 041

目录

第2部分　将ATOM应用到中型项目中

第4章	从头开始（启动）	044
	输入	046
	活动	047
	输出	061
	小结	063
第5章	暴露风险（识别风险）	064
	输入	066
	活动	068
	输出	076
	小结	076
第6章	理解风险敞口（评估风险）	078
	输入	080
	活动	081
	输出	089
	小结	092
第7章	选择和行动（规划应对）	093
	输入	095
	活动	096
	输出	102
	小结	103
第8章	沟通信息（报告）	104
	输入	105
	活动	106

IX

项目风险管理实战：ATOM方法论（第3版）

  输出 ………………………………………………………………… 107
  小结 ………………………………………………………………… 110

第9章 尽管去做（实施）……………………………………………… 111
  输入 ………………………………………………………………… 113
  活动 ………………………………………………………………… 114
  输出 ………………………………………………………………… 117
  小结 ………………………………………………………………… 117

第10章 保持活力（主要审查）……………………………………… 118
  输入 ………………………………………………………………… 121
  活动 ………………………………………………………………… 122
  输出 ………………………………………………………………… 127
  小结 ………………………………………………………………… 128

第11章 持续更新（次要审查）……………………………………… 129
  输入 ………………………………………………………………… 131
  活动 ………………………………………………………………… 132
  输出 ………………………………………………………………… 134
  小结 ………………………………………………………………… 136

第12章 经验教训（项目后审查）…………………………………… 137
  输入 ………………………………………………………………… 140
  活动 ………………………………………………………………… 141
  输出 ………………………………………………………………… 143
  小结 ………………………………………………………………… 144

第3部分 主题变奏

第13章 小型项目的ATOM …………………………………………… 146

少就是多 …………………………………………………………… 147

　　启动 ………………………………………………………………… 148

　　识别 ………………………………………………………………… 150

　　评估 ………………………………………………………………… 153

　　规划应对 …………………………………………………………… 155

　　报告 ………………………………………………………………… 156

　　实施 ………………………………………………………………… 158

　　审查 ………………………………………………………………… 158

　　项目后审查 ………………………………………………………… 160

　　小结 ………………………………………………………………… 160

第14章　大型项目的ATOM ………………………………………… 162

　　大就是好 …………………………………………………………… 163

　　启动 ………………………………………………………………… 164

　　识别 ………………………………………………………………… 167

　　评估 ………………………………………………………………… 171

　　规划应对 …………………………………………………………… 175

　　报告 ………………………………………………………………… 178

　　实施 ………………………………………………………………… 181

　　审查 ………………………………………………………………… 181

　　项目后审查 ………………………………………………………… 183

　　小结 ………………………………………………………………… 186

第15章　模拟可能的未来（定量风险分析）……………………… 187

　　定量风险分析的使用方法——蒙特卡洛模拟 …………………… 188

　　项目生命周期中的定量风险分析 ………………………………… 190

　　ATOM中的定量风险分析 ………………………………………… 191

　　开始 ………………………………………………………………… 192

项目风险管理实战：ATOM方法论（第3版）

　　分析 ·· 201
　　输出解释 ·· 205
　　使用结果 ·· 207
　　小结 ·· 210

第16章　ATOM风险研讨会 ·· 212
　　风险研讨会的各种形式 ·· 213
　　在评估步骤中评估概率和影响 ··· 218
　　小结 ·· 221

第17章　风险管理过程中的引导 ·· 222
　　引导频谱 ·· 223
　　人际交往技能 ·· 226
　　风险研讨会的关键成功因素 ·· 229
　　小结 ·· 230

第18章　管理项目集和项目组合中的风险 ······························· 231
　　项目集和项目组合风险管理的目标和范围 ······························ 232
　　管理项目集和项目组合中的风险 ·· 234
　　迎接挑战并勇往直前 ··· 238

结语　后续步骤 ·· 240

附录A　模板和示例 ··· 248

术语表 ·· 268

第1部分

问题

第1章

风险管理的挑战

没人会否认生活中处处充满风险。事实上，对于很多人而言，正是风险这一因素的存在才使得生活趣味横生。然而，未经管理的风险是危险的，因为它能造成不可预见的后果。这一事实使人们认识到，无论是在商业活动、项目还是日常生活中，风险管理都至关重要。但是不知为何，风险总在不断发生。风险管理显然没有发挥作用，至少没有以其应有的方式发挥作用。本书通过提供一种简单且有效的风险管理方法来解决这个问题，目标是管理项目中的风险。当然，本书列出的许多技术同样适用于管理其他类型的风险，包括商业风险、战略风险，甚至是个人风险。

本书分为三大部分，第一部分试图使读者理解项目风险管理未能交付承诺或预期收益的根本原因。第二部分描述了一个适用于大多数项目的通用风险管理过程，以提供一个简单的指南，从而使风险管理在实践中发挥作用。在第三部分中本书对实施中的问题加以考虑，将风险管理过程应用于不同类型的项目，并提出了行之有效的风险管理的必要步骤。

但是在考虑风险管理过程的细节之前，我们必须了解并澄清一些基本的概念。例如，"风险"（risk）这个词究竟是什么意思？

风险——定义上的争论

有些人可能对本书居然要厘清风险的定义感到惊讶。毕竟，你可以在任何一本词典中找到"风险"这个词，而且想必每个人都知道它的意思。但是直到最近，风险管理的实践者和专业人士还在就"风险"一词的确切范围展开着激烈的争论。

每个人都同意风险是由不确定性引起的这个观点，而风险就是不确定性对目标的实现可能产生的影响。这种共识产生了将不确定性和目标结合起来的定义，例如，"风险就是任何不确定性事件，一旦发生，会对一个或多个目标的实现产生影响"。一直以来，人们认为风险是不好的，并把关注的重点放在风险的一些有害的、不利的、消极的和不受欢迎的潜在影响上。事实上，"风险"（risk）被认为是"威胁"（threat）的同义词。但这不是唯一的观点。

显然，有些不确定性一旦出现可能还会有帮助。这些不确定性具有与威胁相同的特征（例如，它们都产生于不确定性对目标实现的影响），但是如果发生，其潜在的影响将是有益的、积极的且受欢迎的。在这种情况下，"风险"（risk）则成了"机会"（opportunity）的同义词。

以往，围绕这个争论，风险管理的实践者被分为三个阵营，如图1-1所示。

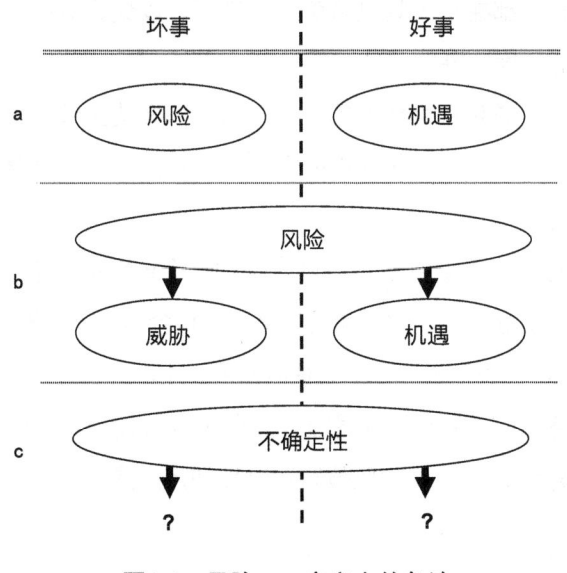

图1-1 风险——定义上的争论

第一阵营坚持认为，必须支持传统方法，保留"风险"表示可能发生的糟糕事件的含义。该阵营认识到机会也是存在的，但是它们独立于风险，需要使用不同的过程加以区别对待（见图1-1的a行）。

第二阵营认为，将威胁和机会放在一起处理是有好处的，可以扩大风险的定义和扩展风险管理过程的范围，以同时处理这两个问题（见图1-1的b行）。

第三阵营似乎并不关心定义、词汇和专业术语，而更关注"做好工作"。该阵营强调需要处理所有类型的不确定性，而不必担心具体使用哪些风险标签（见图1-1的c行）。

近年来，围绕风险定义的争论变得不那么激烈了。正如我们在第3章结尾处所讨论的那样，现在大多数官方的风险管理标准和指南使用的都是风险的广义定义，包括正面机会和负面威胁（见表3-2）。事实上，第一次对风险的广义定义的引用可以在美国项目管理协会（Project Management Institute，PMI）于1996年出版的《项目管理知识体系指南（PMBOK®指南）》中找到。此后，英国项目管理协会（Association for Project Management，APM）在其《知识体系》（*Body of Knowledge*）和《项目风险分析和管理指南》[*Project Risk Analysis and Management(PRAM) Guide*]的风险管理过程中也采用了这个广义定义，并增加了用于识别、评估和管理机会与威胁的工具和技术。遵循这一趋势，越来越多的组织（尽管不是全部）都在扩大其风险管理的范围，以处理具有积极的正面影响或消极的负面影响的不确定性。

鉴于风险管理在威胁和机会上的广泛应用，以及使用单一过程处理风险的两个方面的吸引力，本书采取了包容性的立场。利用共同的过程管理威胁和机会有很多的好处，包括：

- **效率最大化**。不需要制定、引进和维护一个单独的机会管理过程。
- **成本效益高**。使用单一过程实现对威胁和机会的主动管理，从而规避问题或使问题最小化，同时获得收益和使收益最大化，达到"一石二鸟"的效果。
- **熟悉的技术**。只需要对当前管理威胁的技术稍做改动，组织就能处理机会。
- **最少的额外培训**。共同的风险管理过程使用的是大家都熟悉的过程、工具和技术。

第1章 风险管理的挑战

- **主动的机会管理**。可以利用可能错失的机会。
- **更切合实际的应急管理**。包括潜在的积极的和消极的影响，同时考虑"超过和低于"（临界值）的各种情况。
- **提高团队的积极性**。鼓励人们创造性地思考如何更好、更简单、更快、更有效地工作。
- **利用促使项目成功的机会**。因为机会被识别和获取，使项目产生了原本可能被忽视的收益。

在讨论了什么是风险（"任何不确定性一旦出现，会对一个或多个目标的实现产生积极或消极的影响"）之后，搞清楚什么不是风险也同样重要。有效的风险管理必须聚焦于风险，而不被其他相关的问题所干扰。有很多其他要素经常与风险混淆，必须加以区分，例如：

- **问题**。这个词有几种不同的用法。有时它指的是未经充分定义或描述的而被当成风险的有关事项。在这种情况下，问题的意思要比风险的意思更加模糊，可以用来描述可能引起特定风险的领域（如需求波动、资源可用性或天气条件）。这个词也被用于（特别是在英国）已经发生的但项目经理不能在问题没有升级/上报的情况下加以解决的事情。从这个意义上看，问题可能是完全无法预料的事情，也可能是已经发生的风险事件的结果，而且通常是负面的。
- **困难**。困难也是一种"时机已到"的风险。与未来可能发生的风险不同，困难不存在不确定性，也就是说它是现实存在的且必须立即得到解决。困难可以与问题区分开来，因为问题需要升级/上报，而困难可以由项目经理在项目内部解决。
- **起因**。许多人把风险的起因与风险本身混为一谈。然而，起因描述了可能引起风险的现有条件。例如，"我们之前从未做过这样的项目"。这样的陈述没有不确定性，因此它不可能是一个风险。但这种说法可能引出许多必须加以识别和管理的风险。
- **影响**。影响也存在类似的混淆。实际上，影响只有在风险已经发生的情况下才会产生。说"这个项目可能会延期"并不是在描述风险，而是在描述当一个或多个风险发生时会发生什么。影响可能在将来出现（它不是当前的困难），但是它是否存在取决于相关的风险是否会发生。

澄清一些困惑

对于什么是风险，现在已经取得了广泛的共识：如果出现不确定性，会对一个或多个项目目标的实现产生积极或消极的影响。糟糕的是，项目风险管理实践仍然经常被两个复杂因素所混淆，这两个因素导致人们没有着眼于真正的风险。

- **选择不是真正的不确定性**。风险是不确定的，可能发生，也可能不发生。经检查发现，很多项目团队识别的所谓的"风险"实际上是"选择"。这些不是偶然发生的事情，而是项目可以选择做或不做的决定或行为。这种混淆似乎尤其影响对机会的识别。这些选择通常与项目价值工程的过程有关，在这个过程中，通过对项目规格、绩效或范围的变更来改进成本管理和进度计划。例如，我们可能选择分包项目中比较困难的部分，这并不是一个"机会"，因为我们这样做或不做是确定的。这些内容应被排除在风险登记册之外。
- **"一如往常"的风险**。通常，风险登记册包含可以被认为是"一如往常"的风险，这在几乎所有类似的项目中都是司空见惯的，并且已经存在标准的应对措施。例如，"我们可能在集成测试期间发现错误"。实际上，集成测试的目的就是找到错误，并且我们有相应的过程来找到和改正这些错误。另一个例子，"我们可能需要招聘更多有技术的员工"。对此，项目组织有现成的人力资源来处理这个问题。把这样的风险纳入风险登记册，就可能隐藏或低估"真正的风险"。"真正的风险"是现有过程无法涵盖的不确定性，并且没有专门负责发现并处理它们的人员。如果选择的风险应对措施对某人来说就是常规的工作或现有的过程，那么该风险就是一个"一如往常"的风险，应该将其从风险登记册中移除。

风险管理在项目中的应用

风险在生活、商业和项目中的普遍发生鼓励了人们尝试对风险及其影响进行主动管理。回顾历史，诺亚方舟、埃及金字塔和希律王圣殿都是对规划技术的最好证明，这些规划技术包含了对不可预料事件的应急处理。"概率"这一概念源于17世纪的帕斯卡（Pascal）和同时代的其他人所做的开创性工作，概率的出现使人们对风险的本质有了更好的理解，并能够采用更加结构化的方法进行风险管理。

此处，笔者没有详尽地介绍历史上风险管理的案例，但显然，那些负责大型项目的人员总能意识到不确定性可能造成的颠覆性影响，并且他们试图最大限度地减小其对实现项目目标的影响。近年来，风险管理作为各类项目管理知识体系中最关键的知识领域之一，以及项目管理从业者所期望具备的能力之一，已经成为公认的项目管理的组成部分。

可惜的是，把风险管理纳入项目管理，导致一些人认为它"只是另一种项目管理技术"，这意味着是否进行风险管理是可选的，并且只适用于大型的、复杂的或创新的项目。另一些人则将风险管理看作当下流行但容易过时的管理风潮。这些态度往往会导致人们在没有充分的承诺和关注的情况下实施风险管理，至少对风险管理未能交付承诺的收益负有部分责任。

风险管理必须与整个项目管理过程密切配合，才能完全有效。因此不能将其视为可选的或只是偶尔用于特定的项目。要想帮助组织实现其目标，风险管理必须是内在固有的而非人为附加的。

内在固有的风险管理具有以下两个关键特征。

- 一是，项目管理决策是在了解所涉及的风险的情况下做出的。这种了解应伴随整个项目管理活动，如范围定义、定价/预算、价值管理、进度安排、资源分配、成本估算、质量管理、变更控制和项目后审查。在这些活动中必须充分考虑影响项目的风险，从而为项目制订一个基于风险管理的、最有可能完成的计划。
- 二是，风险管理过程必须与其他项目管理过程相结合。这些项目管理过程不仅需要使用风险数据，而且还应该有一个跨过程边界的无缝接口。

这对项目工具集、基础架构及项目过程都有影响。

有效风险管理的收益

作为项目管理过程不可分割的一部分，全面实施的风险管理是能交付收益的。特里·库克-戴维斯博士从多个行业的主要组织中收集了项目绩效数据并进行了实证研究，研究结果表明，风险管理是最影响项目成功的一个因素。在风险管理得到良好实施的组织中，更多的项目达到了目标（利用进度和成本的综合绩效测量标准，报告风险管理"完全充分"的组织，其项目平均做到计划的95%就能完成）。然而，对于风险管理较差的组织，项目失败的概率更高（风险管理被评为"根本不充分"的项目，平均需要做到计划的170%才能完成）。这些结论是在对风险管理方法及其部署的特征进行了详细研究的基础上得出的。图1-2展示了典型的绩效数据。

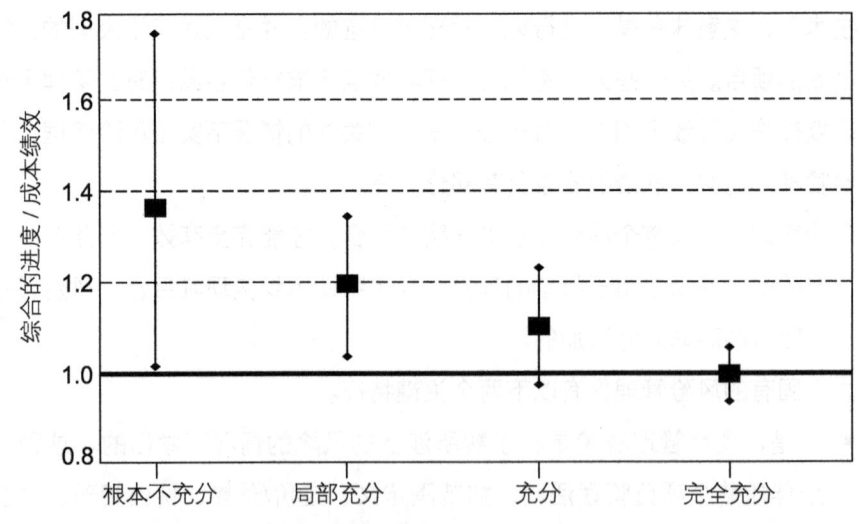

图1-2 记录的风险管理对项目绩效的影响（Cooke-Davies，2002）

遗憾的是，尽管数据表明风险管理对项目的成功有很大的影响，但同一个研究发现，就有效的部署和使用而言，风险管理在所有的项目管理技术中得分最低。这表明，尽管很多组织认识到了风险管理的重要性，但是它们并未有效地实施风险管理。结果，项目依旧失败，企业仍在挣扎，太多可预见的威胁变成了现实的问题或困难，无数可以利用的机会被错失。

若实施得当，除了产生直接可测量的收益，风险管理还能为组织提供一系列"软"收益。表1-1展示了风险管理的"硬"收益和"软"收益，正如英国项目管理协会的《项目风险分析和管理指南》所列出的一样。这里的许多收益都可以有力地证明风险管理对组织及其项目的价值。

表1-1 风险管理的收益（改编自APM2004版的《项目风险分析和管理指南》）

风险管理的通用收益	
"硬"收益	"软"收益
能制订更明智、更可信的计划、进度和预算	增加公司经验并改善日常沟通状况
增加项目遵循进度和预算的可能性	达成共识并凝聚团队精神
使用最适合的合同类型	帮助区分好运/厄运、好的管理/糟糕的管理
允许对意外事件进行更有意义的评估	帮助员工培养评估风险的能力
阻止验收财务不稳健的项目	将项目管理的焦点集中在实际的和最重要的问题上
有助于积累统计信息，以帮助人们更好地管理未来的项目	促进承担更多的风险，从而增加收益
能够对备选方案进行更客观的比较	向客户展示负责的方法
识别并分配责任给风险责任人	为项目中的人事问题提供了全新的视角
风险管理的组织收益	
遵循公司的治理要求	由于重大项目很少失败，公司获得更好的声誉
未来与现有的客户有更大的业务潜力	由于项目绩效的提升，与客户的关系变得更好
降低成本基础	工作环境给员工带来的压力变小

从原则上讲，风险管理显然没有任何问题。其概念清晰，过程明确，存在已验证的技术和支持过程，也有很多可以通过培训课程学习的风险管理知识和技能。那么问题出在哪里？如果问题不在风险管理的理论中，那一定是在实践中。在对不确定性及其影响进行主动管理以提高项目和业务成功的可能性上，尽管风险管理被寄予厚望，但现实截然不同。

问题并不在于缺乏对风险管理"为什么做、做什么、谁做、何时做"的理解。在大多数时候，风险管理缺乏效果是不知道"如何做"造成的。项目经理和其团队成员面对的是一系列令人眼花缭乱的风险管理标准、过程、技术、工具、书籍、培训课程——这些都"声称"能让风险管理发挥作用。这就引出以下这些问题：如何做到这一点？应遵循哪种方法？使用哪些技术和辅助工具？

本书的主要目的是在实践中对如何进行风险管理提供明确的指导。下一章将讨论影响风险管理有效性的常见障碍，并介绍克服这些障碍的一些关键因素。这也引出了第3章，该章概述了一种通用的风险管理方法论——主动管理威胁和机会，也就是前言提到的ATOM。该方法适用于任何行业中的任何规模、类型的项目。本书的第2部分描述了ATOM在典型项目中是如何实施的，其中详细介绍了风险管理过程的每个步骤，使ATOM实施起来既尽可能容易，又不会过分简化。此外，本书包含了经逐步解释的技术、适当且相关的基础理论，以及一些有用的模板。

当然，不是所有的项目都是典型的，为此，可以对ATOM进行扩展，使其既适合简单的项目，也适合较复杂的项目。本书的第3部分解释了如何为小型项目和大型项目裁剪通用的风险管理过程以确保风险管理过程可以应对特定的风险挑战，还讨论了项目中的ATOM如何与更广泛的项目集环境进行交互。

毋庸置疑，风险管理对企业和项目都大有裨益。遵循本书方法的人们将会知道，应如何为他们自己、他们的项目、他们所在的企业实现这些承诺。

第 2 章

使风险管理发挥作用

风险管理相当重要，不要心存侥幸。为了让风险管理发挥作用，风险管理需要持续进行，贯穿始终。最好使用结构化的或正规的方法来实现这个目标，这些方法需要将以下因素落实到位：

✓ 支持型的组织。

✓ 人才。

✓ 适当的基础配套设施。

✓ 简单易用、可扩展且已文档化的风险管理过程。

以上这些因素（本章后续部分将对其进行讨论）通常被认为是关键成功因素（Critical Success Factors，CSF）的原因有两个：

一、缺乏这些关键成功因素会导致风险管理无法向组织交付它的全部收益。

二、这些关键成功因素的存在增加了风险管理取得效果和成功的可能性。

将关键成功因素落实到位可能听起来很容易实现，但实际上，使风险管理发挥作用是一项真正的挑战。为此，本章探究了几个主要原因，这里不是让大家对风险管理感到悲观，而是为大家提供分析这些主要原因的可能方法。俗话说："凡事预则立，不预则废。"

风险医生伙伴（The Risk Doctor Partnership）与KLCI公司合作的一个研究项

目对组织如何看待风险管理的价值进行了调查。调查针对了几个不同的方面，有两个问题特别有意思。第一个问题是："风险管理对项目的成功有多重要？"可能的回答包括"极其重要""非常重要""重要""有点重要""不重要"。第二个问题是："在你的项目中，风险管理有多有效？"可能的回答包括"极其有效""非常有效""有效""有点效果""无效"。

此次调查得到561份反馈，这个原始数据本身就很有意思，然而，这两个问题的回答间的相关性亦引人注目。将每个问题的回答简化成两类（肯定或否定回答），然后两两组合，得到如图2-1所示的四种可能的类别，图中还列出了每个类别的受访者所占的百分比。

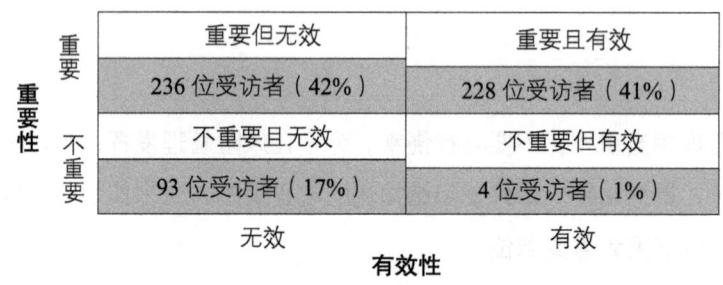

图2-1　风险管理的重要性和有效性

也许"不重要但有效"的组合不是真正会发生的，因为认为风险管理不重要的组织通常不会进行有效的风险管理。调查数据也确实表明，只有不到1%的受访者认为他们符合这种情况。实际上，如果风险管理不被重视，组织根本就不会进行风险管理。但是其他三种组合可以代表不同的风险管理成熟度，因此属于不同组合的组织可能会以不同的方式进行风险管理。

认为风险管理"重要且有效"的组织可以成为风险管理的倡导者，他们会证明风险管理是如何发挥作用的，并说服其他组织紧随其步伐。这些在风险管理上成熟的组织可能已经准备好把其案例研究和最佳实践提供给其他组织了，以让其他组织学习这些良好的风险管理实践经验。鼓舞人心的是，在这个研究项目中，有超过40%的受访者表示自己站在这个立场上。认为风险管理"重要但无效"（有42%的受访者认为风险管理是这样的，与认为"重要且有效"的受访者比例大致相同）的组织应当考虑发起一项改进举措，并以此作为标杆，不断提高其风

第2章 使风险管理发挥作用

险管理的能力，落实关键成功因素，以进行有效的风险管理，从而增强组织的风险管理能力和成熟度，并使组织获得预期的收益。

不出所料，在认为风险管理"不重要且无效"的组织中，风险管理是无效的，由于这些受访者没有对风险管理做出一定程度的认同和承诺，也就无法有效地管理风险。只有17%的受访者认为风险管理是这样的，也许他们意识到这不是一种特别好的情况。通过说服和教育，可以让那些风险管理不成熟的组织意识到风险管理能给组织带来价值。最好由组织内部有说服力的人执行这项任务，这个人可以展示如何通过主动的风险管理来应对组织遇到的特定挑战。

每个组织都应该从重要性和有效性这两个维度来审视其在风险管理上的立场，并采取适当的行动来提升其风险管理的成熟度。风险管理为组织、项目和干系人带来了实实在在的好处，但是如果没有真正意识到在企业的各个层级管理风险的重要性，以及实施风险管理的有效性，就永远无法获得这些好处。

我们为什么不这样做呢

大多数人都同意风险管理是有用的，为什么它却没有得到更广泛的应用呢？表2-1（左列）列出了一些比较常见的理由或借口，并将在下文中加以说明。

表2-1 理由和解决方案

常见的理由	建议的解决方案
风险管理过程需要时间和金钱	适当地应用风险管理过程可以节约时间和降低成本。使用与支持质量管理相同的论据
风险应对需要成本	解释风险应对是一种对未来的投资（为了降低成本并获得收益）
风险管理不起作用	适当地进行风险管理，并通过示例或试点项目来证明风险管理的有效性
风险管理只是在制造恐慌	识别出真正的风险（一些影响重大的不确定性），并始终包含积极的方面——机会
问题管理更有意思	制定关键绩效指标（Key Performance Indicator，KPI）以测量风险管理的有效性并奖励那些表现优异的人员

013

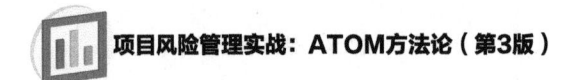

续表

常见的理由	建议的解决方案
实施风险管理为时已晚	提醒每个人，风险管理在任何时候实施都不晚；未能识别出风险并不意味它们不存在
忙于处理问题	风险管理可以防止出现问题，因此启动风险管理过程有利于创造一个更好的未来
仅仅是一种常识	遗憾的是，并非所有人都认为风险管理是一种常识。风险管理的框架可以帮助那些缺乏这些常识的人员实施风险管理
无法证明风险管理是有效的	证明风险管理带来的收益——可以强调机会的管理，也可从组织外部寻找证据

风险管理过程需要时间和金钱

风险管理不是一个被动的活动，在实施风险管理过程的前期活动时，就要投入成本，即风险评估的成本。风险管理需要项目发起人、项目经理、项目团队成员和其他干系人的参与，参与的程度要高出一些人认为的他们对项目的正常承诺水平。这造成了一个双重问题：在已经超负荷的工作环境中很难挤出时间进行风险管理；即使有时间，实施风险管理过程也需要金钱，因为在风险研讨会和审查会议上都需要进行投入。

风险应对需要成本

风险管理过程的核心目的是识别风险并确定适当的应对措施，这不可避免地导致了需要做新的和计划外的工作。这就引入了风险管理过程的第二种成本：处理风险的成本。风险应对措施实际上是最初认为没有必要的新增加项目活动。因为风险应对措施不包括在最初的项目范围内，它们增加了资源的需求和预算。因此，风险管理增加了项目的工作量，同时还增加了预算。

风险管理不起作用

尽管风险管理并不困难，但很多人因为经历过无效的风险管理，就认为风险管理不起作用。在没有适当的承诺时，或者组织仅仅为了遵循法规、合同或程序上的要求实施风险管理，往往会出现上述情况。

第2章 使风险管理发挥作用

风险管理只是在制造恐慌

直至最近，风险管理通常还只关注威胁。因此，风险管理仅聚焦于可能发生的不好的事情，检查每类失败的原因并分别列出潜在的问题。这样的做法会使项目团队不看好项目的前景，从而失去努力开展项目的动力。他们认为，鉴于已识别的负面风险的数量，项目不可能成功。同时，这种做法还会影响高级管理层、项目发起人、客户，他们可能认为项目团队只是在制造恐慌（提出的潜在问题可能永远不会发生），试图博取同情，甚至可能在为项目的失败寻找借口。

问题管理更有意思

一些人认为，解决问题、困难甚至危机要更有意思且回报更高，同时个人可能会从解决问题（特别是重大问题）的过程中获得更多的成就感，即便这些问题可以通过主动的风险管理来预防。此外，很多组织会奖励那些成功解决重大危机并按照目标交付项目的项目经理。相比之下，如果项目经理通过有效的风险管理规避了所有问题，就容易给人留下"他管理的项目很简单，因为没有出现问题"的错误印象，因此这类项目经理的功劳往往会被忽视。

实施风险管理为时已晚

在一些项目中，人们只是简单地执行预先确定好的解决方案，该项目的关键目标（进度、成本和质量）是预先商定的且不可变更的。在这种情况下，项目经理可能认为，在项目目标已提前商定且无法获得额外资源或预算的情况下，花时间进行需要额外工作和更多资金的风险管理是没有意义的。风险管理过程甚至可能揭示，实现商定的项目目标是不可能的——这是一个不可接受的结论。尽管很多人会说，风险管理的部分目的就是揭示无法实现的目标，但在现实中，这可能把项目经理置于困境，并可能得到"不要给我问题，只给我解决方案"或"不要抱怨，只管做"这样的回应。

忙于处理问题

如果项目的计划很糟糕，问题和困难就会接踵而至，这些问题和困难会影响项目的日常管理工作。在这些情况下，项目经理会耗费过多的精力来处理当前的

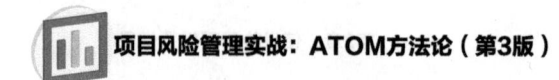

问题和困难，从而无暇顾及潜在的风险，即便识别并主动管理这些风险明显对项目有益。结果往往是风险管理甚至从未开始。

仅仅是一个常识

每个人在过马路时都会朝两边看一看，不是吗？没有人会在没有专业工具的情况下就攀登险峰，不是吗？风险管理应该是大多数人的日常工作，这是常识。在这种情况下，我们可以认为在所有项目中的风险管理都是凭直觉进行的，项目经理不采用正式的或结构化的风险管理过程也能管理风险。

无法证明风险管理是有效的

一些被识别出来的风险从未真正发生，导致一些人认为考虑未必会发生的事情只是在浪费时间。此外，很难证明风险管理在项目中能够起作用，因为从来没有完全相同的项目可以在没有风险管理作为控制手段的情况下运行。在风险管理只处理威胁的情况下，成功的风险管理意味着什么都不会发生！因为无法证明没有不好和异常的问题发生是因为项目应用了风险管理，有可能仅仅是因为项目团队很幸运，才没有任何问题发生。

将消极因素转化为积极因素

前文描述的每一个理由或借口都代表了实施有效风险管理的潜在障碍。当项目干系人持有这些观点时，打消他们的顾虑，纠正他们的错误认知，减少他们的恐惧感都是很重要的，这样能使他们参与到风险管理过程中并使风险管理过程发挥作用。以下各段概述了每个理由或借口所对应的解决方案（见表2-1）。

风险管理过程需要时间和金钱

实施风险管理确实需要时间和金钱。然而，如果应用得当，风险管理实际上可以节省时间，降低成本，并产生符合质量要求的输出。这一观点与支持在项目管理中使用质量管理过程的观点类似，即主动关注潜在问题，通过减少因返工或解决问题而造成的人力和材料浪费，来确保可能的最佳结果。

风险应对需要成本

为管理风险而开展新活动的成本是应用风险管理过程的一个基本部分。未能通过规划的应对活动来应对风险意味着风险将失控，风险敞口不会改变，因而风险管理过程将不能发挥作用。风险应对的成本应该被视为对项目成功的一种投资——"为节约而支出"。在质量管理的成本方面也存在类似的论点，在质量管理的成本中，返工或修复不合规产品的成本被认为高于首次将工作做到位的成本。同样，对于风险管理而言，主动处理威胁的成本通常低于在问题发生时才解决问题的成本。抓住机会显然比错失潜在的收益更具成本效益。

风险管理不起作用

无效或应用不当的风险管理会带来更多的问题。在这种情况下，必须采取措施——培训项目团队成员或改进风险管理过程，来提高风险管理过程的有效性。一旦做出了这些改变，组织就必须确保适当地应用已改变的工作方式。如果"风险管理不起作用"的借口建立在糟糕的实践基础上，那么答案就是：一旦正确地进行风险管理，它就会起作用。有时，那种认为风险管理不适用或没有帮助的想法源于一种观点，即"我们的项目是不同的"——风险管理可能对其他人有用但"它对我们不起作用"。对此，借助一个试点项目来证明在实际项目中正确地进行风险管理的好处特别有用。

风险管理只是在制造恐慌

"过分强调应识别项目中每个潜在的威胁"可以通过两种方式来克服。第一种（最好的）解决方案是，确保风险管理过程能主动地识别和处理抵消威胁的正面风险（机会）。这可以帮助项目干系人意识到：不是所有的项目都是前景黯淡的，事情可能会渐入佳境，也可能会每况愈下。第二种解决方案则是，确保识别的威胁的重要性。很多所谓的威胁对项目其实影响不大或没有影响，甚至可能根本不是风险。当然，如果识别出的威胁真的会对项目产生负面影响，就必须采取有效的应对措施以降低风险敞口。对于"风险管理只是在制造恐慌"这个论断，我们给出的回应是，要确保风险评估切合实际，识别真正的威胁和机会，以及确定适当的应对措施。

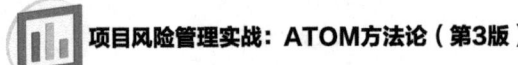

问题管理更有意思

毫无疑问，解决问题和处理危机是令人兴奋的，组织奖励那些能在项目陷入泥潭时力挽狂澜的人员也是正确的。但是奖励机制不应当以牺牲谨慎的风险管理为代价来激励所谓的英雄行为。组织也应想办法，奖励那些成功管理项目风险的项目经理。也许可以通过创建测量风险管理过程有效性的KPI来实现绩效与基于风险管理的奖金挂钩。与有效的风险管理相关的KPI可能是项目开展过程中出现的问题的数量——问题越多，风险管理过程的有效性就越差。

实施风险管理为时已晚

事实上，实施风险管理在任何时候都为时不晚，因为未能识别出风险并不意味着风险消失。一个被识别的风险是可以加以管理的。未能被识别和管理的风险将使项目盲目地"承担"风险，这会导致大量的困难和问题，同时更多的机会被错失。即便项目目标是"固定"的，也不能确保目标是可以实现的，风险管理的目的就是使目标实现的可能性最大化。

忙于处理问题

如果风险管理从未开始，就会出现更多需要立即关注的问题，从而使问题更加严重。必须把这种恶性循环扼杀在萌芽状态。强制实施风险管理也许能解决这个问题，不过强制实施风险管理可能导致项目团队敷衍了事。更好的策略是提出一个令人信服的观点，即风险管理实际上对项目有利，实施风险管理可以防止出现更多的问题，从而使工作变得更简单。

仅仅是一种常识

"常识"的问题在于它并不带有普遍性。风险管理不能靠直觉，因为这样做风险太高了。当然，有些人很擅长凭直觉管理风险，这些人相信自己认知的常识，而不遵循结构化的风险管理方法。然而，大多数人在采取必要措施以有效地识别和管理风险时都需要一些帮助。对于大多数人来说，拥有风险管理的实施框架是有帮助的，也是必要的。一个结构化的风险管理方法可以帮助每个风险管理从业者凭直觉就把该做的事情做好。

无法证明风险管理是有效的

在风险管理专注于处理威胁时这种借口较为多见，这时很难明确地证明"没有问题"得益于成功的风险管理。然而，当处理正面风险（机会）时，成功的风险管理过程也会带来可衡量的额外收益，包括节省时间、降低成本和减少返工。我们建议采用更宽泛的风险管理方法，将威胁和机会都包含在内；可以在采用这种风险管理方法的项目中收集风险管理奏效的证据。还应该认识到，除了那些可直接测量的收益，风险管理还提供了一系列"软"收益，正如在前一章中讨论的那样。最后，还可以从组织内部或其他类似的组织中寻找证据，通过审查成功项目的案例，将这些项目的成果归因于有效的风险管理。

四个困难的挑战

前文提及的所有理由或借口都可以加以处理和克服。但糟糕的是，在解决方案不那么明确的情况下，没有进行项目风险管理还有其他原因——这些往往是组织文化中根深蒂固的那部分。下列四个挑战就属于这一类。虽然没有简单的解决方案可以应对，但意识到它们的存在可以帮助我们管理任何负面的后果。

我们的项目能够防范风险

我们经常说，所有的项目都是有风险的，因此它们必然包含风险。常见的项目定义强调每个项目都是独特的，而独特性显然就意味着风险。然而，一些项目型组织宣称他们对所开展的项目非常熟悉，因此不可能发生意料之外的事情及由此产生的风险。他们相信，因为他们是项目专业人士，所以他们对风险及其影响是"免疫"的。尽管这听上去很荒谬，但不可否认的是，这样的认知确实存在。只有在发生严重问题的时候，这样的组织才可能意识到需要做出改变。

我们有"敢做敢当"的文化

很多组织，甚至很多个人，都相信自己能够应对所遇到的任何情况，也就是说，在项目（或生活）中发生的任何未预见的事情都可以迎刃而解。如果我们完全有信心解决出现的任何问题，为何还要浪费时间识别风险，或者努力管理风险呢？让我们拭目以待，如果真的发生了什么事情，我们到时候会处理好的。在意外事件风险很小的情况下，这种工作方式是可以接受的，但是如果有重大的意外事件发生，它就会出问题。

承认项目有风险会影响我们的声誉

一些组织不愿意承认他们的项目是有风险的，即便他们可能很难按时和按预算交付项目，因为他们担心如果客户或业界认为他们无法处理风险，他们的声誉就会受损，他们还认为有风险的项目可能无法获得批准或可能被取消。这样的立场往往导致组织在估算交付日期和成本方面会做出错误的承诺。这种情况可能要归咎于"乐观偏见"，即无意识地期望高于平均水平的产出，或者归咎于"战略误传"（该术语由弗吕夫布耶格、霍尔姆和布尔于2002年首次运用，即为了让项目持续进行，故意做出不太可能实现的承诺）。弗吕夫布耶格、霍尔姆和布尔实际上将"战略误传"称为谎言！这种明知故犯的虚假承诺随处可见。

我们使用了敏捷方法，因此不需要风险管理

敏捷方法已经被使用了很多年，并且已经被证明非常适合交付特定类型的项目，特别是IT领域的项目，如手机的应用程序（App）或新型的电子银行产品。对敏捷方法的一个误解是，它不需要正式的项目风险管理。敏捷方法本身在很多方面使用的就是瀑布型生命周期中的风险应对措施。敏捷方法通过采用迭代型方法、短周期、干系人和用户共同参与、缩小范围（减少功能）使项目能按时或在预算内交付，来降低风险。但是这并不意味着完全不需要风险管理。

在使用敏捷方法的项目中开展风险管理有两种方法：

1. 当项目团队对产品待办事项列表进行审查以决定在下一次迭代（有时称为冲刺）应包括哪些功能时，一个重要的考虑因素是首先处理高风险的事项。但是，项目团队如何才能知道哪些事项是高风险的呢？这需要对每个事项的风险等级进行标准一致的评估，然后当项目团队进行迭代规划时，高风险事项就可以被加入迭代计划。

2. 一旦迭代被启动，它就可以被视为一个微型项目。即便在迭代的短期跨度中，也会出现威胁和机会，需要加以识别和管理。这时，需要项目团队能够快速

第2章 使风险管理发挥作用

地实施简单的风险管理过程，以使迭代保持在正轨上。

对于这两种情况，可以使用简化的ATOM，如第13章所述。

 风险管理的关键成功因素

所有不开展风险管理的常见理由/借口/质疑都可以通过聚焦于关键成功因素来应对。编制一个很长的关键成功因素清单是有可能的（见表2-2）。这些因素按四个主要类别进行分组，并在下文讨论。

表2-2 有效的风险管理的关键成功因素

支持型组织	人才
• 风险管理的目标明确 • 有足够的资源可供使用 • 获得所有干系人的认可和支持 • 认可不确定性是不可避免的 • 接受应对风险管理需要改变的事实 • 能够支持风险管理过程的合适的合同框架	• 对风险管理的关键概念和原则有一致的理解 • 就关键风险管理术语达成一致，有共同语言 • 意识到持续对员工进行培训的必要性 • 拥有技术娴熟且称职的员工 • 理论知识深厚、行为有效、态度端正
适当的方法、工具和技术	简单、可扩展的风险管理过程
• 为支持适当的实施级别，提供所需的基础设施和软件工具 • 就选择的方法、工具和技术进行培训 • 内部一致的集成工具箱，并与项目管理和业务工具对接	• 意识到"一刀切"的做法是错误的 • 高效的程序化框架 • 文档化的风险管理过程 • 明确指示"该做什么"

支持型组织

一个支持型组织的行为方式是这样的：完全支持风险管理并提供其所需的一切。组织要言行一致，说到做到。组织要确保风险管理有明确的目标，并且这些目标被所有干系人所接受，因为干系人会为风险管理过程贡献输入并承诺使用该过程的输出。组织在进度计划中要为风险管理留出时间，并确保在项目生命周期中尽早地进行风险管理。支持型组织还需要为这项工作提供必要的资源和资金。支持型组织能够认识到：为管理风险做的额外工作是确保项目成功的基础；执行这些工作也需要有足够的资源。支持型组织接受应对风险管理需要改变的事实，并且，在适当的情况下，提供一个适当的合同框架来支持风险管理过程。

就像个人对风险的态度会影响他们对风险管理过程的参与一样，组织也有一种"风险文化"，反映了组织在处理不确定性时所偏好的方法。组织有一系列的风险文化，如图2-2所示。

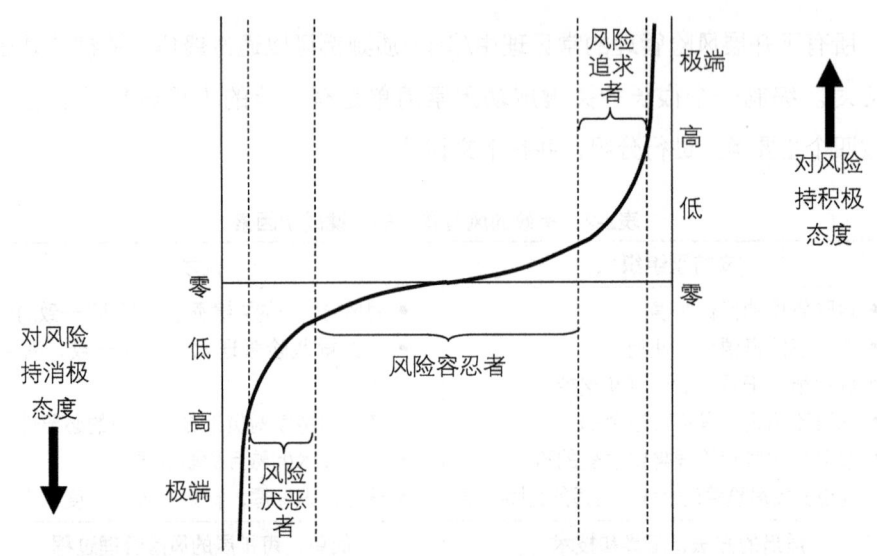

图2-2　组织级风险文化的区间

[图源：希尔森（Hillson）和默里-韦伯斯特（Murray-Webster），2007]

对风险持消极态度的组织可能会被贴上"风险厌恶者"的标签；对风险反应不强烈的组织可能被认为是"风险容忍者"；被认为是"风险追求者"的组织对风险持积极态度，这些态度对风险管理过程有着显著的影响。例如，极端的"风险厌恶者"有时可能演变成"风险敌对者"，诸如"我们的项目没有风险；我们是专业人士/工程师/科学家……"这样的否定言论会导致重大风险被忽视，并且在没有意识到相关风险的情况下做出决策。在另一端，"风险追求者"可能对风险采取"狂热的"态度，当风险敞口超过组织的管理能力时，可能导致灾难。

对风险持中立态度的组织既不是"风险厌恶者"也不是"风险追求者"，而是"风险成熟者"。持这种态度的组织会产生支持型的文化，能够认识到并接受不确定性是不可避免的，并将不确定性当作一个可以通过有效的风险管理来获得收益的机会。这些组织在了解不确定性可以影响项目进展和结果的情况下，制订项目预算和进度计划，但同时也会承诺为主动管理不确定性提供必要的资源和支持。项目经理和其团队会因为妥善地管理风险而得到奖励，他们意识到，即使在管理得最好的项目中，也会出现风险。

文化是拥有共同目标的群体所共有的信仰、价值观和知识的总和。因此，文化既有个体属性又有集体属性。为了让风险管理真正有效，组织文化必须是支持性的，这意味着需要理解和管理个体对风险的态度，组织的整体方法必须重视风险管理的价值并承诺使其发挥作用。

培训人才

对许多人来说，风险管理似乎既不靠常识，也不凭直觉。项目发起人、项目经理、团队成员和干系人必须接受应用风险管理过程、参与风险管理过程（或两者兼有）方面的培训。培训的水平和深度也要适合参与者。有效的培训使参与者对风险管理的关键概念和原则能有共同的理解，并就风险管理的术语达成共识，从而建立共同语言。提供适当的培训也有助于使参与者相信风险管理的收益。

不应将培训视为首次正式引入风险管理时进行的一次性活动。培训必须是一个持续的过程，在条件许可的情况下，帮助组织的新成员尽快跟上进度。有效培训的最终收益是，技能娴熟且称职的员工可以对风险管理过程做出有效的贡献。

除了有重点的正规培训课程，还应协助员工进行持续的能力发展，可以通过在职培训、轮岗、指导和辅导等方式实现，以提升实践技能，丰富理论知识，并鼓励采取有效的行为和树立正确的态度。

方法、工具和技术

不同的组织可能在不同的细节级别上实施风险管理，这取决于他们所面临的风险（挑战）类型。关于实施级别的决定可能由组织的风险偏好（将组织暴露在风险中的总体意愿或需要），以及投资风险管理的资金、资源和专业知识的可用性所驱动。每个组织的目标都是确定适当的和负担得起的风险管理实施级别。

在选择了某个风险管理实施级别之后，组织需要提供必要的基础设施来支持它。可以提供支持风险管理过程所需的基础设施级别，这可能包括选择技术、购买或开发软件工具、分配资源、提供知识和技能培训、制定与其他业务和项目过程相融合的程序、为风险管理过程的各种要素生成模板，以及考虑是否需要外部专家的支持。每个因素所需的级别将根据所选择的风险管理实施级别而有所不同。

未能确定适当级别的基础设施可能削弱组织中的风险管理效力。太少的支持可能使风险管理过程的有效实施变得困难，而太多的基础设施和过程可能导致风险管理过程变得过于官僚主义（不能增加价值，反而降低了风险管理的整体收益）。因此，提供适当的配套基础设施是有效的风险管理的关键成功因素，因为它使所选择的风险管理实施级别能够为组织及其项目交付预期的收益。

简单、可扩展的风险管理过程

风险管理并非是"一刀切"的。虽然所有的项目都有风险，而风险管理是有效项目管理的基本特征，但实施风险管理的方法不尽相同。最简单的风险管理实施级别是一个非正式的风险管理过程，在这个过程中，所有步骤都将加以执行，但仅仅"浅尝辄止"。在这种非正式的环境中，风险管理过程可以通过提出一系列简单的问题来实现。例如：

- 我们想要实现什么？
- 什么可能阻碍或帮助我们？
- 哪些是最重要的？
- 我们应该做什么？

如果在提出这些问题后，便采取行动并定期重复以上过程，就能遵循完整的风险管理过程，尽管没有使用正式的工具和技术。

与上述方法相对应的是，采用一个非常详细的风险管理过程，这个过程使用一系列工具和技术来支持不同的阶段。例如，在采用这种深入的方法时，干系人研讨会可以用于定义阶段，随后再使用涉及全部项目干系人的多种风险识别技术。风险评估既可以是定性的（利用风险登记册和各种结构化分析），也可以是定量的（使用蒙特卡洛模拟、决策树或其他统计方法）。战略和战术层面的详细应对计划可能包括风险有效性的计算，以及对实施应对措施中产生的次生风险的考虑。

这两种方法代表了两种极端的情况，典型的组织希望在这两种方法之间实施某一级别的风险管理。然而，这些方法确实说明了在选择非常不同的实施级别时，如何保留通用的风险管理方法。每个希望始终如一地实施风险管理的组织必须首先决定什么样的实施级别是合适的。

一个简单易用、可扩展且文档化的过程确保了不必为每个项目制定在某种情况下应用风险管理的最佳方法。一个支持风险管理过程并概述"要做什么"的有效程序框架可以确保组织对风险管理的支持，并能充分利用在培训、工具和技术方面的投资。

小结

> 本章介绍了认为风险管理"太难"的人所反映的一些常见的观点。同时，本章针对这些观点提出了反驳，指出了对关键成功因素的关注可以区分在无效的过程上浪费时间与实施有效的风险管理。如果这些关键成功因素（见图2-3）中的任何一个存在不足或缺失，风险管理的实施就会变得不稳定，甚至可能失败。

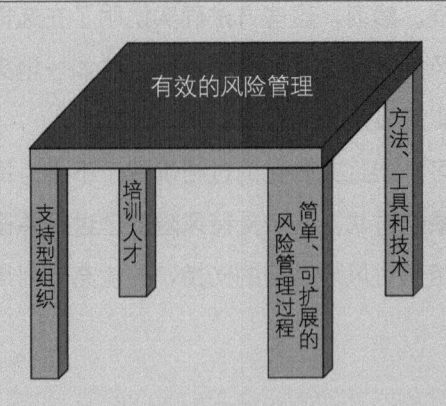

图2-3 支持有效的风险管理的关键成功因素

在所讨论的四个关键成功因素中，似乎最容易处理的是最后一个——简单、可扩展的风险管理过程。该关键成功因素可以让项目团队将风险管理应用到特定的风险挑战中。它也最直接地解决了许多人反映的主要困难："我们到底该如何进行风险管理？"本书的其余部分对这个问题给出了详细的答案，描述了一个简单、可扩展的风险管理过程，可以应用于任何行业的任何项目。下一章将介绍这个过程，即主动管理威胁与机会（ATOM）方法论，而在本书的第2部分将详细描述ATOM。

第 3 章

主动管理威胁与机会——ATOM

对于所有关注风险管理的人而言,正式的风险管理的好处是不可否认且清楚明了的。尽管许多组织都认可这一事实,但现实通常是,尽管制定了明确的过程、存在经过验证的工具和技术,并且为实施风险管理的人员提供了许多培训机会,风险管理还是很少得到有效的实施,问题在哪里?风险管理的效果不佳似乎主要是由于项目经理和他们的团队不知道该如何实施风险管理。显然,他们需要明确、实用的有关"如何做"的指南,这也符合在第2章中概述的风险管理的四个关键成功因素之一:简单、可扩展的风险管理过程。它消除了在项目中实施风险管理的障碍,并为那些认为风险管理很重要且仍在努力使其有效的人们提供了宝贵的帮助。

首先,我们必须确定一个简单、可扩展的风险管理过程应涵盖的内容。许多重要的步骤必须包含在内:

- 如果将风险定义为"任何不确定性一旦出现,会对一个或多个目标的实现产生积极或消极的影响",那么,风险管理过程的第一步就是明确定义和理解受到风险影响的目标。这些目标可能已经在风险管理过程之外得到澄清(例如,在项目章程、商业论证或工作说明书中),但是没有这些目标,风险管理就无法开始,因此,如果没有明确的项目目标清单,就必须制订一个。

- 在定义了目标之后，便有可能确定会影响目标的不确定性。如第1章所述，必须确定潜在的有负面影响的不确定性（威胁），以及可能有助于项目实现其目标的不确定性（机会）。

- 当然，并非所有以这种方式确定的不确定性都是同等重要的，因此风险管理过程必须包括筛选、排序和确定风险优先级的步骤，以找到最大威胁和最佳机会。通过检查风险集合以确定是否存在重要的风险模式、风险集中的情况，或者确定是否所有已识别的风险对最终项目成果的总体影响都是有益的。

- 一旦识别了风险及其优先级，项目所面临的风险（挑战）就会变得清楚明了，风险管理工作可以从分析转变为行动。此时，注意力的转向会决定如何恰当地应对单个威胁和机会，也会考虑如何应对整体的项目风险。存在一系列的方案，从取消项目这样的激进行动到无所事事。在这些方案中，存在各种各样的行动类型：试图影响风险；减少威胁；抓住机会等。

- 当然，规划应对这一重要步骤还不足以真正改变风险敞口。必须采取行动，否则一切都不会改变。为了改变项目的风险敞口，必须实施已计划的应对措施，并监督这些应对措施的实施以确保它们具有预期的效果。

- 风险管理过程中的这些步骤可能仅由项目团队的几个成员执行，但是结果对每个人都很重要，因此就已确定的内容进行沟通至关重要。应使关键干系人了解已识别的风险及其重要性、已实施的风险应对措施，以及该项目当前存在的风险敞口。

- 显然，每个项目所面临的风险（挑战）都是动态变化的。因此，在风险管理过程中必须不断地重新评估风险，以确保在整个项目中都采取了适当的措施。

- 一个完全有效的风险管理过程不会在这里结束，因为学习型组织希望利用该项目的经验来使未来的项目受益。当然，正常的项目后审查步骤必须包括与风险管理相关的步骤，以便将未来的威胁最小化，并以最切实有效的方式抓住机会。

ATOM 简介

以上概述的风险管理过程并不是高深难懂的，它确实提供了一个简单、结构化的方法来处理可能影响项目目标实现的不确定性。任何项目风险管理过程都应遵循以下8个步骤：

步骤1：定义目标

步骤2：识别相关的不确定性

步骤3：排列不确定性的优先级以便进一步关注

步骤4：制定适当的应对措施

步骤5：向关键干系人报告结果

步骤6：实施商定的行动

步骤7：监督变更以保持更新

步骤8：吸取经验教训以供将来使用

ATOM旨在满足简单、可扩展的风险管理过程的需要，并使其适用于所有项目。ATOM还包含了上述通用风险管理过程的步骤，该过程可应用于任何行业或业务部门中的任何项目，无论其规模或复杂程度如何。ATOM汇集了公认的最佳实践以及久经考验的方法、工具和技术，并将它们组合成易于使用且结构化的方法来管理项目风险。

ATOM由以下8个步骤组成：

步骤1：启动

步骤2：识别

步骤3：评估

步骤4：规划应对

步骤5：报告

步骤6：实施

步骤7：审查

步骤8：项目后审查

评估步骤可能还包括定量风险分析（Quantitative Risk Analysis，QRA），以

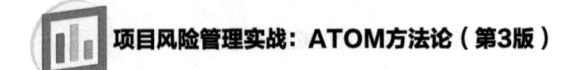

确定风险对总体项目成果的影响（尽管并不总是需要这样做）。

图3-1展示了这些步骤是如何整合在一起并成为一个连贯的过程的，在本章的后面将对此进行详细描述。

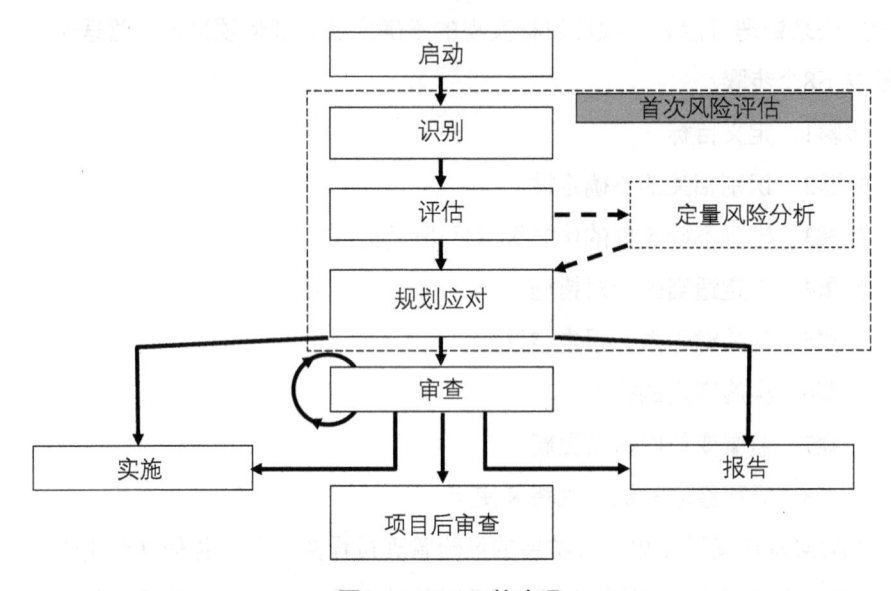

图3-1 ATOM的步骤

当然，风险不会只在项目开始时出现，然后就消失了，因此风险管理过程不能只执行一次。ATOM认为，在整个项目生命周期中（从概念阶段到项目完成或从商业论证到移交）都需要进行风险管理，这一点无可争辩，如图3-2所示。风险管理通常被看作在项目开始时应做的事情，当其他项目管理过程开始推进时，风险管理就被束之高阁了。这显然是错误的。ATOM要求，在进行初步风险评估之后，需要在整个项目生命周期中进行一系列的审查，以使风险管理过程始终有效。同样重要的是，要认识到任何项目价值的一部分都是它为企业提供的组织级学习经验，这就是ATOM将吸取经验教训作为项目管理必不可少的一部分并加以强调的原因。ATOM还包括在项目结束时总结与风险相关的经验教训这个步骤，并以正式的项目后审查作为结束。

图3-2显示了如何在项目生命周期的各个阶段执行风险管理过程。对于大多数项目来说，ATOM在项目批准之前就开始了，通过执行启动步骤，制订风险管理计划，然后进行首次风险评估，以确定与实施项目相关的风险。在项目得到批

准后，ATOM会在整个项目生命周期中继续进行一系列的审查。对于承包组织来说，项目生命周期是不同的，承包商对项目工作进行投标，在中标后才会开展项目。对于某些承包商来说，在他们中标时，ATOM就开始了，即执行启动步骤和首次风险评估步骤。对于其他承包商来说，ATOM在投标过程中就开始了，是整个投标工作不可或缺的一部分。如果中标，在投标过程中就执行启动步骤和首次风险评估步骤的承包商很可能会重复该过程。

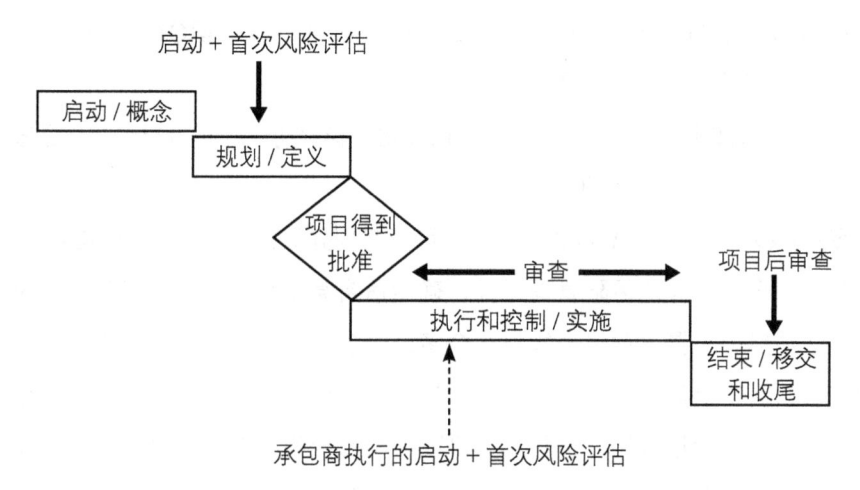

图3-2　项目生命周期中的ATOM步骤

项目规模分级

没有两个项目是相同的。不同的项目在规模和复杂性上差别很大。一些项目可以在几周内开始并完成，而另一些项目则需要十年或更长时间才能完成。一些项目的预算为几千美元（甚至根本没有预算），而另一些项目则需要耗资数十亿美元。一些项目是相对常规的，使用久经考验的策略，而另一些项目则完全是创新和突破性的。

为了应对各种类型的项目，ATOM提供了一个完全可扩展的风险管理过程，即简单或低风险的项目可能只需要简单的风险管理过程，而复杂或高风险的项目则需要更严格的风险管理过程。ATOM通过三种方式实现可扩展性：确定项目生命周期中所需审查的次数和类型；选择使用或不使用QRA技术；规定在每个ATOM

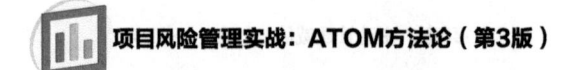

步骤中使用的工具和技术的范围。

- **审查**。有时，简单地重新审视风险管理过程以确定现有风险的变化，以及是否出现了任何新的风险就足够了。有时，完全重复整个风险管理过程可能才是合适的。ATOM使用两种类型的审查来满足这些需求：主要审查和次要审查。这两种审查可以根据项目的规模以不同的组合形式加以使用。
- **QRA**。ATOM建议在大型或高风险的项目中应保留QRA，在此类项目中，对这种技术的投入是合理的。
- **工具和技术**。有许多用于识别和评估风险的技术。应该选择一组适当的技术来应对特定项目的风险。

图3-3展示了完整的ATOM，指出了可能在何处进行审查和使用QRA。

对于一个可扩展的风险管理过程，确定适合某个特定项目的风险管理过程级别的方法显然很重要。项目规模是一个多维概念，需要考虑许多因素。它是一个连续变量，而不是具有少量离散值的变量。有一个能够使用各种标准来描述给定项目的简单工具会很有用，这种工具可以将项目分为三类：小型项目、中型项目和大型项目。该工具有多种用途，不只与风险管理有关，因为许多项目管理过程也可以根据项目的规模进行扩展。

一个关键问题是，在这样的项目规模分级工具中应使用多少标准。如果使用的标准太少，则很难区分不同规模的项目。而如果使用的标准太多，则区分工作可能变得过于复杂，并且平均效应可能导致项目区分度不足。经验表明，使用10～12个标准是合适的，并在细节和可用性之间有很好的平衡。每个组织都应定义那些最能描述项目在企业中的相对规模和重要性的标准。一个组织的"小型项目"可能是另一个组织的"大型项目"。

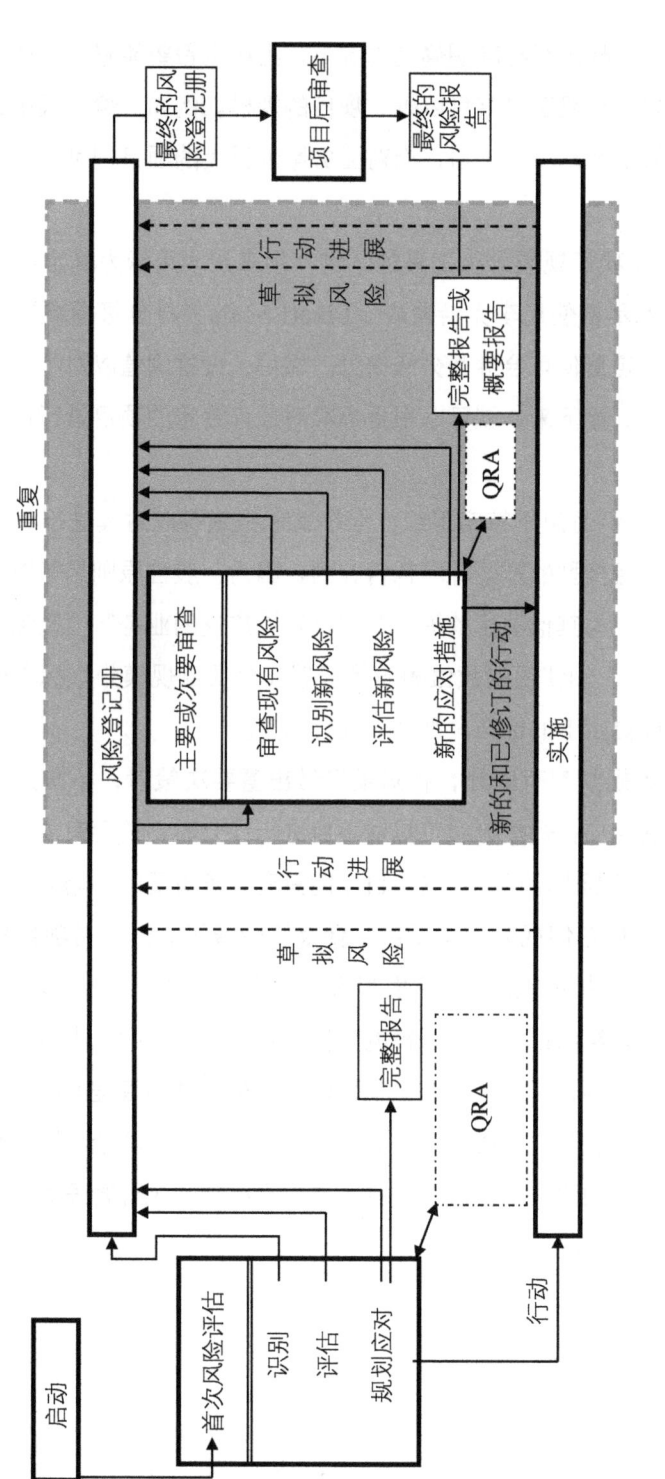

第3章 主动管理威胁与机会——ATOM

图3-3 完整的ATOM

即使在项目规模分级标准明确的情况下，组织也希望能够使用快捷方式来实现不使用项目规模分级工具就可以确定项目的规模。例如，价值很小或工期很短的项目可能总被认为是小型项目，而对业务影响重大的项目则可能总被认为是大型项目。

表3-1给出了项目规模分级工具的示例，用来说明组织为确定项目规模可以采用的方法。本示例使用李克特量表（Likert Scale）将分级标准的定性描述转换为定量值，该定量值可合并为分级得分。然后，设置阈值以对小型、中型和大型项目进行定义。接下来，就可以根据标准对任何给定的项目进行评分，以确定其规模。

表3-1中的示例适用于特定组织，但是其他组织可以对其进行裁剪，从而将反映其从事的项目类型的那些标准包含在内，因为一般性原则是可以适用的。其他标准可能包括"与其他项目的关系""接触更广泛的业务""政治敏感性"。请注意，表3-1的示例使用的数值阈值是根据10个项目规模分级标准确定的，如果使用更多（或更少）的标准，则必须进行调整。

当然，每条规则都有例外，在对项目做出重要决策时，不被过程所驱动是很重要的。当使用项目规模分级工具对项目进行评分时，总会有项目处于中型或小型项目的阈值范围内，但是这些项目可能具有非常重要的战略意义或商业敏感性，因此如果不把它们视为大型项目，就太不明智了。这种与项目规模分级工具的输出相矛盾的决策只能由项目发起人与项目经理协商后做出。

大多数项目型组织都有不同规模的项目组合，包括小型、中型和大型项目，尽管处于不同的级别，但是所有这些项目都需要被主动地管理风险。对于小型项目，应当减少对风险管理的关注度，因为它们对业务的影响较小，并且变更的可能性通常也很小。相比之下，大型项目需要更高级别的风险管理关注度，因为任何变更都可能很重要。

表3-1 项目规模分级工具示例

此项目规模分级工具将项目分为三类（小型项目、中型项目和大型项目），以表明适当级别的风险管理过程。使用了两个快捷方式：将价值小于 5 万美元的项目自动定义为小型项目；将价值大于 500 万美元的项目自动定义为大型项目。价值 5 万美元至 500 万美元的项目将根据以下 10 个标准进行评估。为每个标准选择最接近的描述，并将相应的标准得分（2、4、8 或 16 中的一个）记录在该行的右侧。标准得分的总和为总体项目得分，表明的项目规模如下所示：

- 当得分大于 75 时，项目被定义为大型项目，需要扩展的 ATOM；
- 当得分为 35 ~ 75 时，项目被定义为中型项目，需要标准的 ATOM；
- 当得分小于 35 时，项目被定义为小型项目，需要简化的 ATOM。

标　准	标准分值=2	标准分值=4	标准分值=8	标准分值=16	标准得分
战略重要性	对业务目标有较小的贡献	对业务目标有重要的贡献	对业务目标有较大的贡献	对达成业务目标至关重要	
商业/合同复杂性	寻常的商业安排或条件	与现有的商业实践略有差异	至少对一方而言是新的商业实践	开创性的商业实践	
外部制约因素和依赖关系	无	对项目要素有一些外部影响	关键项目目标取决于外部因素	总体项目成功取决于外部因素	
需求稳定性	明确的、充分定义的、商定的目标	需求具有一定的不确定性，在项目执行过程中会有较小的变更	需求具有较大的不确定性，在项目执行过程中会有较大的变更	需求没有最终确定，有待协商	
技术复杂性	重复常规的业务，没有新技术	改进现有的产品/服务	有一些创新的产品/项目	创新度很高的开创性项目	
市场领域的监管特征	无监管要求	标准的监管框架	具有挑战性的监管要求	受到高度监管的领域或新兴领域	
项目价值	项目价值小（<25 万美元）	项目价值中等（25 万~100 万美元）	项目的价值大（100 万~300 万美元）	项目价值重大（>300 万美元）	

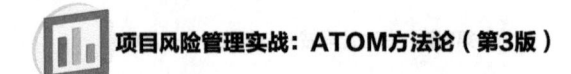

续表

标　　准	标准分值=2	标准分值=4	标准分值=8	标准分值=16	标准得分
项目工期	工期小于3个月	工期为3～12个月	工期为1～3年	工期大于3年	
项目资源	组织内部的小型项目团队	组织内部的中型项目团队	包括外部承包商的大型项目团队	国际项目团队或合资企业	
项目后责任	无	可接受的风险敞口	重大的风险敞口	惩罚性风险敞口	
				总体项目得分	

标准的ATOM是为中型项目设计的，当然，它可以为大型和小型项目提供扩展和简化功能。以图3-3所示的完整的ATOM为例，三种项目规模主要的区别如下：

- 小型项目需要简化的ATOM，该过程可纳入项目的日常管理，无须召开专门的风险管理会议。
- 除了正常的项目过程，中型项目还要求应用标准的ATOM并开展适用于特定风险的活动。这些活动由风险倡导者领导，并由其负责监督特定风险会议的召开，包括风险研讨会、访谈和持续审查。
- 大型项目需要扩展的ATOM，除了适用于中型项目的要素，还包括QRA和更严格的审查周期。

风险管理过程的深度与风险对项目的挑战相匹配是非常重要的。例如，将简化的ATOM应用于中型或大型项目可能导致无法正确地为风险管理过程分配资源，进而导致无效的风险管理。

本书的第2部分（第4章至第12章）详细描述了中型项目的ATOM（下一节将对其进行概述）。第13章和第14章分别介绍了在小型和大型项目中使用ATOM所推荐的变化形式。

中型项目的ATOM

中型项目的ATOM所需的结构化方法如下。

与大多数风险管理过程一样，ATOM从启动步骤开始。在第4章描述的这一步骤考虑了项目干系人及他们与项目的关系。启动步骤的基础部分是确认项目目标，以确保项目目标得到清晰的理解和记录，从而可以确定不确定性及它们的优先级。与此同时，项目的规模及ATOM的应用级别也需要得到确认。启动步骤以风险管理计划的制订而结束。

接下来是构成首次风险评估的三个连续步骤，即识别、评估和规划应对。为期两天的正式的风险研讨会用于识别项目风险（见第5章），并根据风险管理计划中预先确定的度量指标来评估项目风险的发生概率及影响（见第6章）。识别步骤的目的是，识别并正确描述相关的不确定性，包括可能影响项目目标的正面机会和负面威胁。在评估步骤中，通过考虑风险发生的概率及对既定项目目标的影响，来确定哪些不确定性对项目的影响最大。在识别和评估步骤中，所有已识别的风险及其评估数据都被记录在新创建的项目风险登记册中。在风险研讨会结束后，通过与已识别的风险责任人进行一系列的访谈来规划应对措施，在此期间，应对措施及其相关的行动得到确认（见第7章）。确保应对措施的适当性对于此步骤至关重要——应对措施应实际有效，具有及时性和成本效益。

一旦完成评估步骤，ATOM接下来的两个步骤将同时进行。编制一份记录了首次风险评估结果的风险报告，并分发给需要接收该报告的人员。在第8章中对报告步骤进行了描述。报告是传达风险动态的一种方式，因为报告强调了项目风险敞口的重大变化。

在编制报告的同时，通过相关行动来持续进行的实施步骤也开始了（见第9章）。在整个项目期间要持续实施风险应对措施，直到项目收尾后才可结束。倘若不能有效地实施风险应对措施，项目的风险敞口将保持不变。

在整个项目生命周期中，保持风险管理过程始终有效的根本方法是进行正式的风险审查。如风险管理计划所述，应在项目生命周期的预定时间点进行一次主要审查（见第10章），该审查包括与首次风险评估相同的内容，但规模较小。所有关键干系人都将参加风险研讨会，以审查现有的风险，并识别和评估新风险（同步更新风险登记册）。在风险研讨会结束后，应尽快与风险责任人进行访谈，以确定风险应对措施及其相关行动。商定的应对措施和相关行动要记录在风险登记册中。新的和经过修订的行动通过正在进行的步骤加以实施。在主要审查

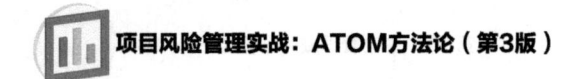

会议结束时，生成一份完整的报告。

在项目的常规时间点上（通常与正常项目报告周期一致），作为次要审查的一部分，风险管理应被正式地重新审视（见第11章）。次要审查可以作为项目常规审查的一部分，也可以通过单独的会议进行。在次要审查期间，将审查所有高优先级的风险，识别并评估新的风险，实施规划应对，并更新风险登记册。与主要审查一样，新的和经过修订的行动将通过正在进行的步骤加以实施。在每次次要审查会议结束时都会生成一份概要报告。

ATOM在正式的项目后审查会议或单独的会议上结束，在此期间，将生成风险经验教训报告，并商定最终的风险登记册。第12章对ATOM进行了总结。

中型项目的ATOM纯粹是定性的，没有使用数据统计过程来预测风险对项目成果的总体影响。QRA是项目风险管理的一个重要组成部分，但ATOM建议，QRA应该只在大型项目中被强制使用。然而，这并不意味着QRA不能在中型甚至小型项目中被有效地使用，但是否使用该技术应由项目经理自行决定，并在ATOM启动步骤中予以考虑。QRA很有价值，因为它可以为已识别的风险对项目进度和预算的影响进行建模，计算可能的完成日期（和中期里程碑）及最终项目成本的范围，也可以预测其他项目标准的结果范围，如净现值（Net Present Value，NPV）和内部收益率（Internal Rate of Return，IRR）。在确定项目的正确策略并了解管理单个风险的效果时，QRA的信息会很有用。第15章介绍了如何将QRA应用到项目中。

与现有标准的比较

在项目风险管理领域中有许多标准，它们提供了不同的风险管理方法，以及将项目包括在其范围内的更通用的风险管理标准。其中最受欢迎的包括：

- 国际标准化组织（International Organization for Standardization，ISO）的《ISO 31000：2018 风险管理指南》
- 英国政府商务部（OGC）的《风险管理实践指南》
- 项目管理协会（PMI®）的《项目组合、项目集和项目中的风险管理标准》

- 项目管理协会（PMI®）的《PMBOK®指南》，特别是第11章——"项目风险管理"
- 英国项目管理协会的《项目风险分析和管理指南》
- 英国土木工程师协会和英国精算师协会的《项目风险分析和管理》
- 《BS IEC 62198：2014项目中的风险管理——应用指南》

虽然有几种不同的标准涵盖风险管理这个主题，但是它们的内容之间有着很好的一致性，主要的区别在于所使用的术语。熟悉这些标准的人员在理解或应用ATOM上应该没有问题，因为它与所有标准完全一致。表3-2总结了ATOM与其他标准之间的关键区别，比较了它们使用的术语、每个过程的不同组成阶段（映射到标记为A~H的ATOM步骤）及每种方法的独特之处。

表3-2 不同标准之间的比较

	风险的定义	风险管理过程	独特之处和重点
ATOM	任何不确定性一旦出现，会对一个或多个目标的实现产生影响	A 启动 B 识别 C1 评估 C2（定量风险分析） D 规划应对 E 报告 F 实施 G 审查 H 项目后审查	• 完全可扩展 • 所有项目都能使用 • 切实可行的方法指导
《风险管理实践指南》(第3版)	一个或一系列不确定性一旦出现，会对目标的实现产生影响。风险是通过感知到的威胁和机会的发生概率及对目标影响的程度来衡量的	A 识别（识别环境） B 识别（识别风险） C1 评估（估算） C2 评估（评价） D 计划 F 实施 ？嵌入和审查 ？沟通	• 用整章介绍了风险管理原则和嵌入方式以及风险管理的审查 • 适用于战略、项目集、项目和运营中的风险 • 是一套大规模方法的组成部分，包括《管理成功的项目集》（MSP）和《受控环境下的项目管理》（PRINCE2）

续表

	风险的定义	风险管理过程	独特之处和重点
《ISO 31000：2018 风险管理指南》	不确定性对目标的影响	A 范围、环境和标准 B 风险识别 C 风险分析 D 风险评估 G 监督和审查 E 记录和报告 ? 沟通和协商	• 适用于所有级别的风险管理 • 包括风险管理原则和风险管理框架 • 将沟通和协商列为过程独特的要素
《项目组合、项目集和项目中的风险管理标准》	不确定性一旦出现，会对一个或多个企业、项目组合、项目集和项目目标产生积极或消极的影响	A 规划风险管理 B 识别风险 C1 实施定性风险分析 C2 实施定量风险分析 D 规划应对 F 实施风险应对 E/G 监督风险	
《PMBOK® 指南》（第6版）	不确定性一旦出现，会对一个或多个项目目标产生积极或消极的影响	A 规划风险管理 B 识别风险 C1 实施定性风险分析 C2 实施定量风险分析 D 规划应对 F 实施应对措施 E/G 监督风险	• 强过程导向（输入/工具和技术/输出） • 处理机会和威胁
《项目风险分析和管理》（第3版）	可能影响（积极或消极）投资目标的实现的事件	A 过程启动 B 规划和启动风险审查 B 识别风险 C 评估风险 D 制定风险应对措施 D 评估残余风险，决定是否继续 D 规划残余风险应对 E 沟通应对策略和应对计划 F 实施策略和计划 G 控制风险 H 过程收尾	• 考虑机会和威胁 • 关注终身资产，重点关注资本项目

续表

	风险的定义	风险管理过程	独特之处和重点
《项目风险分析和管理指南》（第2版）	**风险事件** 不确定性——旦出现会对一个或多个项目目标产生影响 **项目风险** 干系人所能承受的成果差异的后果	A 启动 B 识别 C 评估 D 规划应对 E 实施应对 ? 管理过程	• 包括关于管理风险的收益（2）、建立风险管理组织（5）、行为模式（6）和实施/应用问题（7）的章节。 • 处理威胁和机会 • 定义两个级别的风险：风险事件和项目风险
《BS IEC 62198：2014 项目中的风险管理——应用指南》	事件发生的概率及其对项目目标的影响	A 创建环境 B 风险识别 C 风险分析 C 风险评估 D 风险应对 G 监督和审查	• 作为可靠性标准的一部分 • 关注有技术内容的项目

ATOM与主要项目风险管理标准一致的事实引发了一个问题：为什么要使用ATOM而不是业已存在的标准？这两者的主要区别在于ATOM不是标准。相反，ATOM是一种切实可行的方法，它描述了如何对项目进行风险管理，而不是一套理论框架或原则。ATOM旨在使项目风险管理为所有人理解并方便人们使用，还要以足够的细节来支持任何组织或任何行业的任何项目的实际运用。

小结

> 有效的风险管理的关键成功因素之一是一个简单、可扩展的风险管理过程。ATOM就提供了这样一个过程，遵循ATOM可以让任何组织以适当的且负担得起的方式来识别和管理项目风险。使用ATOM可确保主要风险能被暴露出来，使威胁最小化，使机会最大化，从而提高实现项目目标的可能性。

第2部分

将ATOM应用到中型项目中

第4章
从头开始（启动）

每个人都认识到了风险必须被加以管理，并且管理风险需要制定和实施适当的应对措施。如果不先评估和/或分析风险的特征与重要性，就不可能确定适当的应对措施，当然，这是在假定风险已被识别出来的情况下。这种逻辑推理构成了ATOM核心步骤的基础（见图3-1），即识别、评估、规划应对、报告、实施和审查。

显然，风险管理过程中的首要任务是识别风险，直至今日，大多数风险管理过程的第一步仍是识别风险。然而，本书第1章指出，只能根据目标来定义风险，这意味着只有在目标得以明确和商定后才能确定任何风险。实际上，在许多情况下，项目目标要么不明确或未商定，要么就是未被文档化。但是，这些项目仍会过早启动，并意图"以后再收拾烂摊子"。缺乏对项目目标的定义，会导致无法正确地识别风险，从而造成管理中的混乱和冲突、分歧和失望，最终导致无效的风险管理。在风险管理过程开始之前，必须纠正不足之处。另外，还需要决定将哪些目标包括在风险管理过程的范围内，因为这样可以划定各个风险管理过程的边界。例如，项目团队可能决定仅执行技术风险评估或聚焦于进度风险敞口、预算不确定性或组织声誉上。

在风险识别开始之前，还需要做其他事情。仅仅定义项目目标，然后继续风险管理过程是不够的。各个组织和项目经理必须认识到，不存在"一成不变"的风险管理方法。虽然ATOM提供了一个标准的风险管理过程，但是其实施的程度可以有所不同。风险管理可能非常简单，一方面，项目经理只需要使用很少的工具和技术，就可以非正式地、快速地完成整个风险管理过程；另一方面，风险管理过程也可以被非常详细地实施，即所有项目干系人都会参与其中，并使用多种多样的方法和工具，包括复杂的分析和模拟。可能会在理解、评估和管理风险上投入大量的时间、人力及资金。事实上，风险管理的实施级别是不同的，需要针对特定的项目确定适当的实施级别。在ATOM中，这是通过使用项目规模分级工具来决定的。

让关键干系人参与有关范围、目标以及适当的风险管理过程级别的决策是很重要的。然而，我们并不一定能识别全部的关键干系人，或者谁可以代表项目做这样的决策。干系人分析能够解决这个问题，这通常也是构成项目前定义和规划过程的一部分（但并不总是如此）。如果尚未识别关键干系人，则通过干系人分析来决定应该由谁参与设定风险管理过程的参数是很重要的。

为解决这些潜在的问题，目前，大多数风险管理过程都包括风险识别前的步骤，在ATOM中，这被称为启动步骤。

此步骤的目的是：
- 明确应当由哪些干系人设定风险管理过程的参数。
- 决定适当的项目风险管理过程的适当级别。
- 定义风险管理过程的范围和目标。

启动步骤需要以下输入：
- 关键干系人清单（如果有的话）。
- 明确的项目目标（通常记录在商业论证、项目章程、范围说明书或招标文件中）。
- 项目规模分级工具（如果项目规模尚未确定）。

在ATOM中，启动步骤需要进行以下活动：
- 干系人分析（如果该项目尚未进行过干系人分析）。
- 通过确定项目的规模来决定适当的风险管理过程级别。
- 启动会议来决定风险管理过程的参数。

启动步骤产生以下输出：
- 关键干系人及他们与项目的关系清单（除非已有此清单）。
- 商定的适合项目规模的风险管理过程级别。
- 风险管理计划（记录了关于风险管理过程的范围、目标及参数的决策）。

这些输入、活动和输出如图4-1所示，并在下文加以详细说明。

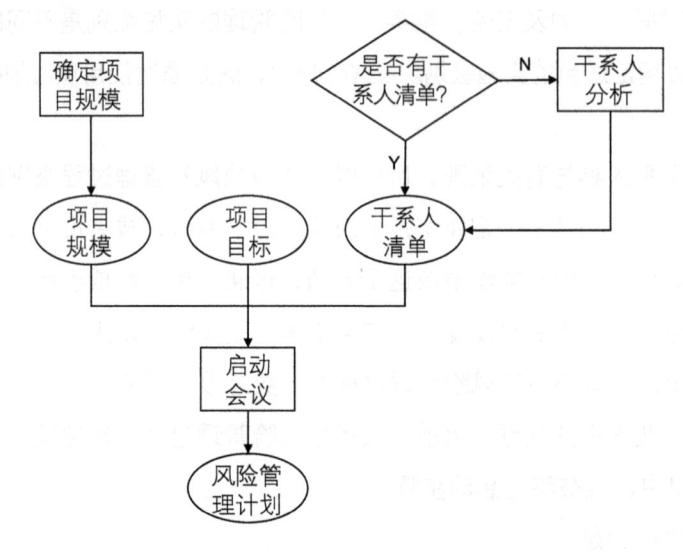

图4-1 启动步骤的流程图

输入

关键干系人负责做出如何管理项目（包括风险管理）的决策。因此，识别这些人并了解他们与项目的关系是非常必要的。干系人分析通常在项目被正式批准之前进行，然后将其记录在商业论证或项目章程中。若干系人分析在启动步骤之前完成，则可以直接使用关键干系人的信息来确定他们对风险管理过程的输入。否则，必须在启动步骤中进行干系人分析。

同样，应将项目目标清楚地记录在商业论证或项目章程中；对于外部项目的目标，它们可能构成招标文件［如招标邀请书（Invitation to Tender，ITT）或建议邀请书（Request for Proposal，RFP）］的一部分。如果项目目标已经被明确定义，它们就可以成为启动步骤的输入，否则必须在启动步骤中加以确定。

活动

干系人分析

启动步骤的第一个活动是确定关键干系人,因为这些人员能够对未来的决策提供必要的输入。如果已进行过干系人分析,分析的结果可以直接使用,否则在这个步骤中必须进行干系人分析。在进行干系人分析时,建议基于三个维度对每个干系人进行评估(见表4-1和图4-2)。

- 他们对项目所持的态度——支持或反对。
- 他们影响项目变好或变糟的权力。
- 他们对项目本身及项目成败的关注程度(利益)。

基于这三个维度对干系人进行评估可以使用类似表4-1所示的干系人分析模板记录。图4-2展示了此评估是如何将干系人映射到八个定位(救世主、朋友、沉睡的巨人、熟人、破坏者、讨厌鬼、定时炸弹和绊线)之一上的。这些定位在表4-2中都有详细的说明。

表4-1 干系人分析模板

干系人	利益领域	态度(+/−)	权力(+/−)	关注程度(利益)(+/−)	干系人类型

说明:
- 在左边两列列出所有的关键干系人和他们在项目中的利益(或利害关系)。
- 确定每个干系人对项目的态度是支持还是反对(+/−),影响项目的权力是高还是低(+/−),以及对项目的关注程度(利益)是高还是低(+/−)。

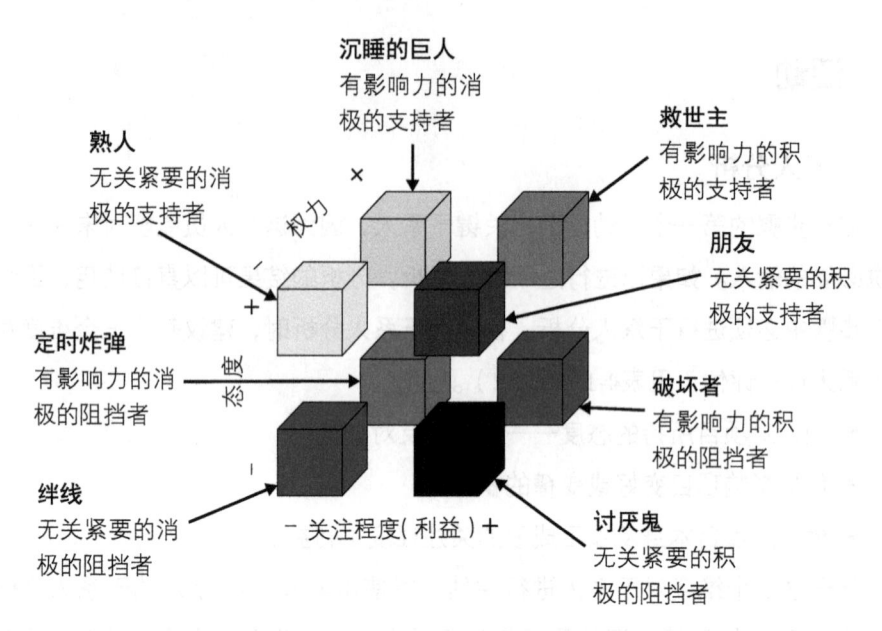

图4-2 干系人映射立方体（Murray-Webster and Simon，2006）

表4-2 对不同干系人的描述

类型	态度	权利	关注程度（利益）	描述
救世主	+	+	+	这类干系人的权力大、利益多，并对项目持积极的态度。需要重点关注这些干系人，充分利用他们的支持，并做一切必要的事情以维持他们对项目的支持
朋友	+	−	+	这类干系人的权力小，但利益多、态度积极，可以作为心腹或参谋。应当维持他们对项目的支持，因为他们有可能在组织中获得更多的权力
沉睡的巨人	+	+	−	这类干系人的权力大，支持项目，但是对项目的关注程度低，需要唤醒他们更多的关注以提高他们对项目的承诺并使他们的正面输入最大化
熟人	+	−	−	这类干系人的权力小、利益少，应该随时告知他们项目的信息，除非他们的权力或利益得到提升，否则不必优先考虑他们

续表

类　　型	态度	权利	关注程度（利益）	描　　述
破坏者	−	+	+	这类干系人的权力大、利益多，但是对项目持消极的态度，所以要争取他们积极地参与项目，以防止他们对项目造成重大破坏。转变他们的态度，使他们更加支持项目，并利用他们的影响力使项目受益
讨厌鬼	−	−	+	这类干系人非常关注项目却不予以支持，尽管他们几乎没有权力对项目产生影响。如果有可能的话，需要组织对他们消极的态度加以遏制
定时炸弹	−	+	−	这类干系人的权力大但利益少，对项目持消极的态度，要了解他们以"在炸弹爆炸之前拆除炸弹"。要努力转变他们的态度，使他们有更加积极的态度，并争取使他们的输入
绊线	−	−	−	这类干系人的权力小、利益少、态度消极，可能成为项目的阻碍因素，要尽可能减少他们与项目的互动

在完成干系人分析后，项目发起人和项目经理就可以确定关键干系人，从而确定谁有助于在风险管理过程中做决策。确定无疑的是，所有"救世主"都会被邀请参加启动会议，"沉睡的巨人"也值得邀请以获得他们对项目的关注。如果项目发起人和项目经理觉得能够包容任何可能的负面输入，并将干系人转化成支持者，则他们可能寻求"破坏者"和"定时炸弹"的意见（在会议之外）。尽管"朋友"和"熟人"支持项目，但他们的贡献要受到权力或关注程度（利益）的限制，因此他们不必加入。"讨厌鬼"和"绊线"也应被排除在外。

应由项目经理来决定如何在项目中履行风险倡导者（risk champion）的职责。风险倡导者负责促进风险管理过程。

项目规模分级（确定项目规模）

如第3章所述，假设组织已经准备好了一个可供所有项目使用的项目规模分级工具（见表3-1）。这个项目规模分级工具列出了可以确定项目对组织的重要性并表明风险级别的各项标准，然后对项目进行标准一致的评分，并与其他项目一起进行排序。与较小的项目（可以采用更简单的过程）相比，具有战略意义的

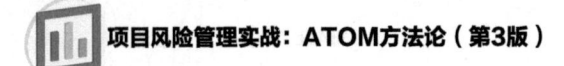

或风险特别大的项目需要一个更加稳健的风险管理过程。

如果组织有项目规模分级工具，项目发起人和项目经理就可以共同确定项目的规模（小型、中型还是大型），在启动会议中可以参考这个信息以决定实施风险管理过程的详细程度。

如果组织没有项目规模分级工具，最好创建一个可以在企业中广泛使用的项目规模分级工具，或者寻求关键干系人的意见以确定项目的规模（小型、中型还是大型）。无论使用哪种方法，都应该在启动会议前确定项目的规模，然后在启动会议上进行确认。

启动会议

启动会议由关键干系人参加，并由风险倡导者对其进行引导，在启动会议上将针对特定项目的风险管理过程做出关键决策。对于中型项目，这个会议可能持续一天。在会议开始之前，风险倡导者会向与会者简要说明会议的内容、形式及他们的预期贡献。启动会议的典型议程如表4-3所示。

表4-3　启动会议的典型议程

时间要求（小时）	内容
1/2	1. 介绍
1/4	2. 项目背景
1/2 ~ 1	3. 澄清项目目标：范围、时间、成本、质量和其他目标
1/4	4. 风险管理过程的范围和目标
1/4	5. ATOM 的应用
1/4	6. 要使用的工具和技术
1/2	7. 风险管理中的角色和相应的职责
1/4	8. 报告和审查需求
1/4	9. 定义 P-I 量表
1/4	10. 风险临界值

续表

时间要求（小时）	内　　容
$\frac{1}{4}$	11. 该项目潜在的风险来源
$\frac{1}{4}$	12. 下一步的计划

启动会议只针对中型和大型项目，小型项目的处理方式有所不同（见第13章）。应该在启动会议前确定项目的规模（中型或大型）。假设项目的规模已经确定，启动会议将在风险倡导者的引导下，由关键干系人进行简短的讨论以确认项目的规模。如果项目的规模没有预先确定，则使用项目规模分级工具进行讨论以确定项目的规模。

在确定项目的规模后，就可以定义要使用的风险管理过程的适当级别。该定义应该包括以下内容：

- 风险管理过程的范围和目标。
- ATOM的应用程度。
- ATOM活动的进度计划。
- 要使用的工具和技术。
- 风险管理中的角色和相应的职责。
- 报告和审查需求。
- 用于定性评估的P-I量表的定义。

关键干系人应当在启动会议上对这些方面进行考量。参与项目的每个人在尝试管理该项目的风险之前，必须清楚地了解每个风险事项。因此，必须记录有关每个风险事项的决策，并将其提供给所有项目干系人。这是在介绍风险管理计划的过程的文档中完成的，该文档详细介绍了如何在特定项目中执行风险管理。（对于某些组织，该文档的命名可能有所不同，如"风险策略说明书"或"风险政策文件"。）在本章的"输出"一节介绍了典型的中型项目风险管理计划的内容，并在附录A中提供了模板。

澄清项目目标。应该在项目开始之前定义并记录项目目标，并将其包含在商业论证、项目章程，或者外部项目的招标邀请书或建议邀请书中。应在这些文档中记录项目目标，并将其与组织的商业论证和战略目标联系起来，并对其进行优

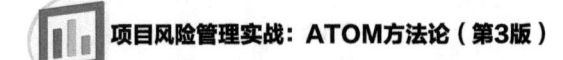

先级排序，以确定在需要权衡的情况下优先考虑的事项。如果已经对目标进行了定义，则风险管理计划可以仅参考包含目标说明的文档。但是，如果该项目还没有明确说明目标，则必须在启动会议开始时对其进行定义，因为如果没有这些目标，风险管理过程将无法继续进行。

项目目标通常涵盖项目的范围、时间、成本和质量要求。但是，也可能为特定项目设置一系列其他目标。这些目标可能包括技术绩效、声誉、安全性、合规性、可维护性、可操作性和可靠性。

为定义、澄清或确认项目目标，在启动会议期间将考虑以下问题：

- **范围**。项目范围中包含和除外的内容是什么？什么是项目可交付物？
- **时间**。该项目必须在具体的日期前完成吗？在项目过程中是否有任何中间的里程碑？在项目完成之前是否需要任何中期可交付物？
- **成本**。该项目的预算是多少？预留了多少应急和/或管理储备金？是否有现金流、利润、盈利能力、投资回报率等目标？
- **质量**。该项目是否有具体的质量要求？验收标准是什么？
- **其他目标**。这些目标是否得以明确定义、商定且有文档记录？

这些问题的答案都要记录在风险管理计划中，它们构成了启动步骤的输出。

风险管理过程的范围和目标。明确定义的项目目标，可以从现有文件中获得，也可以在启动会议期间通过定义获得，从而考虑风险管理过程的范围。由关键干系人讨论并商定将哪些项目目标包括在风险管理过程之中，并定义包含和排除的内容边界。从组织角度考虑风险管理过程的范围也很重要，例如，风险管理过程是仅解决主体项目中的风险，还是包括供应商风险、分包风险、项目集风险、公司风险等？

确定风险管理过程范围内的目标对于识别风险至关重要，因为风险是根据风险发生时会受到影响的目标来定义的。例如，如果只为了识别和管理可能影响技术绩效目标的不确定性，则可以进行纯技术性的风险评估。风险管理过程也可能包括所有项目目标，包括范围、时间、成本、质量等。或者，也可以使用风险管理过程来处理此项目及其所属的项目集或项目组合的风险。

最后，在启动会议的这个环节，还要为风险管理过程设定明确的目标，根据这个目标，可以测量风险管理过程的绩效。

ATOM的应用。 与大多数风险管理方法一样，可以对ATOM进行裁剪以满足特定项目的具体要求。在启动会议中，关键干系人可以就裁剪进行讨论并达成一致意见。决策要记录在风险管理计划中。

要使用的工具和技术。 组织可能在风险管理过程中应用一套标准的风险管理工具和技术，并可能在启动会议中决定使用该工具和技术。会出现更改工具和技术的情况，这需要经过讨论与商定，然后记录在风险管理计划中。

风险管理中的角色和相应的职责。 在启动会议中，将定义和商定风险管理过程中的关键与会者的贡献。这可以通过讨论、列出各项任务并就谁将做什么事情达成共识来完成。一个更结构化的分析方法可能帮助更大，例如使用RACI表的责任分配矩阵（Responsibility Assignment Matrix，RAM），该矩阵将一个或多个干系人分配至以下四项职责之一：

- R——负责执行活动。
- A——为任务担责（也可以批准输出）。
- C——为任务提供咨询意见（或为任务做贡献）。
- I——被告知任务的状态。

表4-4给出了RACI表的示例。应将商定的角色、相应的职责清单及RACI表（如果有）一同记录在风险管理计划中。图4-3列出了与ATOM相关的关键角色：项目发起人、项目经理、风险倡导者、风险责任人、行动责任人、项目团队成员和其他干系人。

表4-4 RACI表示例

	项目发起人	项目经理	风险倡导者	风险责任人	行动责任人	项目团队成员	其他干系人
制订和维护风险管理计划	C	A	R	I	I	I	I
引导风险管理过程（风险研讨会、访谈、风险审查会议等）		A	R				
识别风险	R	R	A	I		R	R
评估风险		R	A	I		R	R

续表

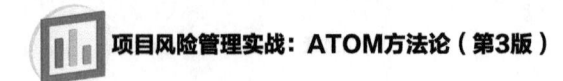

	项目 发起人	项目 经理	风险 倡导者	风险 责任人	行动 责任人	项目团 队成员	其他 干系人
制定应对措施		A	C	R	C	C	I
实施应对措施		I	I	A	R	C	I
报告行动进展 （单个风险）		I	A	R	R		
编制和维护风险登记册	I	A	R	C	I	I	I
编制和维护风险报告	I	A	R	C	I	I	I

说明：
R= 执行，A= 担责/批准，C= 咨询，I= 被告知

报告和审查需求。考虑关键干系人的信息需求，以便确定风险管理过程需要哪些输出。该信息要包含在风险管理计划中，并构成项目沟通计划（如果有）的一部分。对于中型项目，首次风险评估会在风险倡导者发布完整的风险报告时结束，该报告将被分发给项目发起人、项目经理和关键项目团队成员（包括所有风险责任人）。该报告包括当前的风险登记册和对项目当前风险敞口的分析。可以为其他主要干系人提供此报告的执行概要。

审查和更新周期也要达成一致并记录在文档中，以确定该项目风险评估的重复频率。如第3章所述，就主要审查和次要审查的使用达成一致后，要确定主要审查的时间点及次要审查的频率。对于中型项目，在可能的情况下要在项目开始之前进行首次风险评估；否则，就要在项目开始之后立即完成。在项目的关键点上（例如，在范围或需求发生重大变更时，以及在关键阶段变更或在阶段关口时）会重复进行主要审查。在主要审查之间定期进行次要审查，其频率应与正常项目报告相匹配，通常为每月一次。

第4章 从头开始（启动）

项目发起人：项目发起人对项目和承诺的收益负有全部责任，因此，被许多人认为是最终的风险承受者或最终的风险责任人。项目发起人必须确保为项目提供资源和资金以进行风险管理。项目发起人在风险管理方面的职责包括：
- 积极支持和鼓励在项目中实施正式的风险管理过程。
- 设定和监督风险临界值，并确保将这些临界值转化成项目可接受的风险级别。
- 参加风险研讨会，识别风险并对风险负责。
- 与项目经理一起审查项目的风险输出，以确保风险管理过程的一致性和有效性。
- 审查项目经理上报的超出了项目范围或控制范围的风险，或者需要来自项目外部的输入或行动的风险。
- 根据当前的风险状态对项目战略做出决策，以保持可接受的风险敞口。
- 确保项目有足够的资源对已识别的风险做出适当的应对。
- 如被证明合理，为项目发放"管理储备金"，以应对额外的风险。
- 定期向高级管理层汇报风险状态

项目经理：全面负责在预算内按时、按商定的质量水平交付项目，从而使项目输出能够实现所承诺的收益。项目经理负责日常的项目管理工作，必须确保进行风险管理，并通过有效的风险管理来识别和管理风险。项目经理的职责包括：
- 与项目发起人协商并确定项目可接受的风险级别。
- 批准由风险倡导者制订的风险管理计划。
- 推动项目的风险管理过程。
- 在没有风险倡导者或外部引导者的情况下，主持风险研讨会和审查会议。
- 在项目实施前，批准风险应对计划及其相关的风险行动。
- 使用项目应急资金来处理项目中已识别的风险。
- 定期向项目发起人和项目董事会/指导委员会汇报风险状态，并就适当的战略决策和行动提出意见，以保持可接受的风险敞口。
- 向高级管理层强调任何已识别的超出项目范围或控制范围的风险、需要来自项目外部的输入或行动的风险，或者需要发放管理储备金进行管理的风险。
- 与风险倡导者共同监督风险管理过程的效率和效果。
- 项目经理向项目发起人报告

图4-3（a） ATOM中的角色和相应的职责

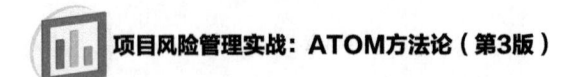

风险倡导者：（这可能是一个全职或兼职的角色）负责监督和管理日常的风险管理过程。风险倡导者的职责包括：
- 制订风险管理计划。
- 主持风险研讨会和审查会议，以识别和评估风险。
- 创建和维护风险登记册。
- 与风险责任人进行访谈，以确定风险应对措施。
- 确保所有风险数据的质量。
- 分析风险数据并编制风险报告。
- 与风险责任人审查风险应对措施及其相关行动的进展。
- 向项目经理就与风险管理相关的所有事项提出建议。
- 就风险管理的各个方面，辅导团队成员和其他干系人。
- 风险倡导者向项目经理报告

风险责任人： 由项目经理和风险倡导者共同任命，作为管理已识别风险的最佳人选。风险责任人的角色是临时的，因为一旦风险消失，他们的角色就终止了。风险责任人可以是项目团队的成员、非项目团队成员的干系人，也可以是项目外部的专家。风险责任人的职责包括：
- 以风险行动的形式制定风险应对措施，并将其分配给行动责任人。
- 监督风险应对措施的实施进展。
- 通过风险登记册向风险管理倡导者报告应对措施的实施进展

行动责任人： 由风险责任人任命，执行构成风险应对措施的行动。与风险责任人的角色一样，行动责任人的角色是临时的，因为行动一旦完成，他们的角色就终止了。多个行动责任人可能为应对同一个风险做出贡献。
- 实施商定的行动，支持应对策略。
- 向风险责任人报告行动的进展，并就管理风险所需的其他任何行动提出建议

项目团队成员： 对项目经理负责，必须确保自己和向他们报告的其他人遵循风险管理计划和风险管理过程。他们不可避免地成为项目干系人，因此将根据需要参加风险研讨会和风险审查会议。
- 积极参与风险管理过程，在职责范围内主动识别和管理风险。
- 为项目经理的风险报告提供输入

其他干系人： 其中一些干系人可能被归为关键干系人。所有干系人对项目来说都很重要，他们必须在适当的时候参与风险管理。干系人本身往往既是风险产生的"源头"，又是提出风险应对措施的人。在整个项目中，关键干系人将被要求参加风险研讨会

图4-3（b）　ATOM中的角色和相应的职责

第4章 从头开始（启动）

定义P-I量表。在评估单个风险的发生概率和影响时，关键干系人就评估步骤中使用的标签的含义进行讨论并达成一致意见。

对于中型项目，建议使用5级量表来评估风险的发生概率和影响，例如，很高（VHI）、高（HI）、中（MED）、低（LO）和很低（VLO）。应对5级量表的使用进行确认，如果可以证明这个项目适合更简单的风险管理过程，也可使用简化的4级量表或3级量表。表4-5是P-I量表的示例。

表4-5　P-I量表示例

量　表	概　率	+/− 对项目目标的影响		
		时　间	成　本	质　量
很高	71% ~ 99%	>20 天	>20 万美元	对整体功能有非常显著的影响
高	51% ~ 70%	11 ~ 20 天	10.1 万 ~ 20 万美元	对整体功能有显著的影响
中	31% ~ 50%	4 ~ 10 天	5.1 万 ~ 10 万美元	对关键功能领域有一些影响
低	11% ~ 30%	1 ~ 3 天	1 万 ~ 5 万美元	对整体功能有微小的影响
很低	1% ~ 10%	<1 天	<1 万美元	对次要功能有微小的影响
无（零）	<1%	没有变化	没有变化	功能不变

在确定了量表的级数后，必须就每个级别的含义达成共识。"概率"是用百分比区间表示的；"影响"则是根据风险管理范围内的每个项目目标加以定义的，即转变成对时间、成本、质量等目标的影响范围。许多组织在所有项目中都采用了通用的量表来定义概率，但影响量表必须是针对特定项目的。表4-6说明了确定特定项目影响量表的过程。每个量表中的最高影响级别（VHI）被定义为不可忽视的影响级别，例如，一个致命的问题、一个带来灾难性影响的威胁或一个千载难逢的机会。最低影响级别（VLO）被定义为不需要主动管理的并被认为是项目可接受的影响级别。在这两个极限之间设置了中间级别。VHI和VLO之间的三个级别是通过选择非线性刻度（通常把每个级别的对应数值翻倍）来设置的。

表4-6 如何设定影响量表的示例

一个新产品开发项目的计划工期为10个月，预算为400万美元。如果延期交付超过2个月，就会错过市场窗口。另外，如果成本预计超过500万美元，该项目就会被取消。满足市场需求的、可行的、最早的交付日期可以早于计划进度4周。成本节约超过50万美元会使预期利润翻倍。进度或预算的变化范围为±15%是可以接受的。该项目的影响量表可能如下所示：

	威胁影响						机会影响				
	步骤1: 定义"很高"		步骤2: 定义"很低"		步骤3: 设置中间值		步骤4: 定义"很高"		步骤5: 定义"很低"		步骤6: 设置中间值
	时间	成本	时间	成本	时间	成本	时间	成本	时间	成本	时间	成本
很高 (VIH)	>8周	>100万美元					>4周	>50万美元				
高 (HI)					4~8周	50万~100万美元					3~4周	25万~50万美元
中 (MED)					2~4周	10万~50万美元					2~3周	8万~25万美元
低 (LO)					1~2周	1万~10万美元					1~2周	1万~8万美元
很低 (VLO)			<1周	<1万美元					<1周	<1万美元		

同一套P-I量表可同时用于评估威胁和机会。负面的影响用于评估威胁（如进度延期、成本增加和绩效不佳），而正面的影响则用于评估机会（如工期缩短、成本减少和绩效提高）。但是，如果项目对每个风险的敏感性存在显著的不同，就可以对威胁和机会使用不同的P-I量表，例如，灾难性的延期可能是三个月，但是仅节省一个月的时间可能被认为是不寻常的。

在评估步骤中，使用这些量表对每个风险的发生概率和影响进行评估，然后将风险置于双重P-I矩阵以确定它们的相对重要性，如第6章所述。ATOM使用默认的双重P-I矩阵，其临界值如图4-4所示。

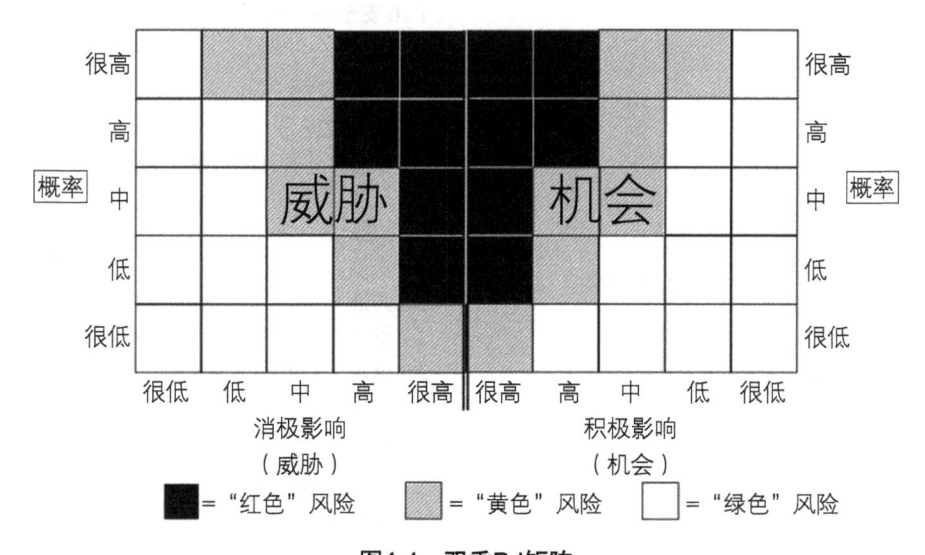

图4-4　双重P-I矩阵

风险临界值。重要的是，应确定通常对该组织起作用或适合该项目的风险临界值。ATOM使用的默认方案包括三个区域："红色"是优先级最高的风险，需要紧急关注；"黄色"被视为中等优先级，需要主动监督；"绿色"则为低优先级。在启动会议期间确认矩阵中这三个区域之间的边界。大多数项目将使用默认方案。对方案的更改应当是合理的、协商一致的并需要记录在案。

该项目潜在的风险来源。组织可能已经在其项目中定义了典型的风险来源、风险类别清单或层级式的风险分解结构（RBS）。如果存在通用的类别清单或RBS，则应在启动会议期间对其进行审查，关键干系人应确认其是否包含项目所有可能的风险来源，并在必要时进行修改。风险分解结构示例如表4-7所示。

表 4-7　风险分解结构示例

RBS 0 级	RBS 1 级	RBS 2 级
0. 项目风险	1. 技术风险	1.1 范围定义 1.2 需求定义 1.3 估算、假设条件和制约因素 1.4 技术过程 1.5 技术 1.6 技术接口 1.7 设计 1.8 性能 1.9 可靠性和可维护性 1.10 安全性 1.11 安保 1.12 测试和验收
	2. 管理风险	2.1 项目管理 2.2 项目集 / 项目组合管理 2.3 运营管理 2.4 组织 2.5 资源 2.6 沟通 2.7 信息 2.8 健康、安全和环境法规 2.9 质量 2.10 声誉
	3. 商业风险	3.1 合同条款和条件 3.2 内部采购 3.3 供应商和卖方 3.4 分包 3.5 客户 / 顾客稳定性 3.6 合作伙伴和合资企业
	4. 外部风险	4.1 法律 4.2 汇率 4.3 场地 / 设施 4.4 环境 / 天气 4.5 竞争 4.6 监管 4.7 政治 4.8 国家 4.9 社会 / 人口结构 4.10 施压小组 4.11 不可抗力

第4章 从头开始（启动）

输出

如果在启动步骤中执行了干系人分析，则分析的结果要包含在项目发起人或项目经理撰写的报告中，并酌情分发给关键干系人。

启动步骤的主要输出是风险管理计划，该计划记录了在启动会议期间达成的决议。风险管理计划由风险管理倡导者起草并由项目经理批准。

一个典型的中型项目风险管理计划的内容清单如图4-5所示，每个条目的内容和目的都在下文中进行了阐述。（见附录A中的模板。）

```
介绍
项目描述和目标
风险管理过程的目的、范围和目标
ATOM 的应用
风险管理工具和技术
风险管理的组织、角色和职责
风险审查和报告
附录
  A 项目特定的概率和影响定义
  B 项目特定的风险来源（风险分解结构）
```

图4-5　风险管理计划的内容清单示例

- **介绍**。描述风险管理计划的目的及必要的参考信息，包括作者、分发日期等。

- **项目描述和目标**。概述项目，包括项目的目的、范围、目标和其他相关的背景信息。尽可能参考现有的项目文档，以避免不必要的重复。明确列出所有项目目标，如范围、时间、成本和质量，并在发生冲突时对它们的相对优先级进行排序。

- **风险管理过程的目的、范围和目标**。描述项目风险管理的目的。清楚说明风险管理过程的范围，定义哪些目标在范围内或范围外，参考风险管理术语表或标准文档也可能很有帮助。

- **ATOM的应用**。概述如何将ATOM用于特定项目，可以概述风险管理过程的每个步骤，也可以参考标准过程描述文档。应注意对ATOM所做的任何调整或裁剪，说明在项目执行期间计划的风险活动的进度表。
- **风险管理工具和技术。** 列出在风险管理过程的每个步骤中要使用的工具和技术，简要描述它们或参考另一个过程描述文档。
- **风险管理的组织、角色和职责。** 说明谁负责该项目风险管理过程的各个要素，并描述他们的贡献，可通过责任分配矩阵加以说明。在可能的情况下，使用人员的名字而非职务来增强其主人翁意识。
- **风险审查和报告。** 说明对该项目进行风险审查的频率，以及风险审查是否作为其他项目会议的一部分或在单独的会议中进行。描述风险管理过程的可交付物，包括报告的类型、目的和分发方式。
- **项目特定的概率和影响定义。** 定义用于对特定项目的风险进行定性评估的术语。在确定风险优先级时，对要使用的双重P-I矩阵的临界值进行确认。
- **项目特定的风险来源。** 列出风险管理过程预期为该项目处理的风险类型，可以创建简单的风险类别清单或层级式的RBS，也可以使用通用的RBS。

附录A给出了风险管理计划的模板，说明了中型项目的典型内容。通过替换尖括号内的文本，可以很容易地修改此模板，使其适用于任何特定的项目。

一旦在风险管理计划中定义了项目目标和过程特征，项目经理就可以将计划分发给所有关键干系人，以使每个关键干系人都知道如何在项目中进行风险管理。风险管理计划将成为正式的配置项，服从于配置管理。在项目开展过程中应对关键点进行审查，以确定该过程是否仍然适当和有效。可能有必要修改在项目开始时做出的某些决策，以使风险管理过程仍然能够应对项目所面临的紧急风险。如果在项目期间修改了风险管理过程，应修订并重新分发风险管理计划。

小结

启动步骤通过定义特定项目的风险管理的参数和边界，来为风险管理过程的下一步行动提供了所有必要的信息。完成此步骤需要进行以下活动：

- 确定将为此步骤提供意见的关键干系人。
- 确定项目规模以便确定适当的风险管理过程级别。
- 与关键干系人召开启动会议，以便：
  - 确认项目规模。
  - 明确项目目标。
  - 设定风险管理过程的范围和目标。
  - 确认要使用的工具和技术。
  - 为风险管理任务分配角色和相应的职责。
  - 就报告和审查要求达成共识。
  - 定义P-I量表。
  - 确定项目的潜在风险来源。

在风险管理计划中记录启动会议的决策，并将其分发给关键干系人。

在完成启动步骤后，就可以进行识别步骤，详细内容见下一章。

第 5 章

暴露风险（识别风险）

一旦完成启动步骤，并且制订和分发了项目的风险管理计划，ATOM中的首次风险评估就可以开始了。这是项目团队以结构化的方式探索项目的风险敞口的第一个机会，因此需要高度的关注和大量的人力投入。首次风险评估有很多的辅助步骤，包括识别、评估和规划应对。本章先介绍识别步骤，后续步骤在第6章和第7章进行了描述。

首次风险评估的第一步就是识别。有些人认为这是该过程中最重要的步骤，因为"已识别的风险是可以管理的风险"，"未能识别风险意味着要闭上眼睛接受"。再怎么强调正式和有效地执行前面的启动步骤的必要性也不为过，因为如果没有明确的项目目标并就风险管理过程的范围达成一致，风险识别可能是开放式的，没有任何明确的目的。

风险识别的目的是识别所有可知的风险——所有实际可识别的风险。这些有时被称为"已知的未知"，其反映了一个令人遗憾的事实，即始终存在"不可知的"或"不可识别的"风险或"未知的未知"，即以前从未出现过、无论使用何种识别技术也无法预见的风险。即便项目团队认为无法识别所有的风险，这也并不意味着他们可以匆忙完成这个步骤，无须花费必要的精力去做好这一项工作。当然，随着时间的推移，该过程的参与者对工具和技术越来越熟悉，对风险的识别也将做得越来越好。也许一开始只能识别出一部分可知的风险，但是通过采用适当的技术并让合适的人员参与，这种情况将得到显著和迅速的改善。但是，绝对不允许滋生一种虚假的安全感，因为识别所有的风险是不可能的。总是有可能发生其他的事情，即"未知的未知"，它可能会扼杀这个项目，也可能会让项目大获成功。因此，所有项目必须在风险识别上投入同等级别的精力。

许多工具和技术可以用来识别风险。然而，对于一个中型项目，ATOM建议召开引导式风险研讨会，该风险研讨会采用三种标准的技术以识别风险：

- 结构化的头脑风暴。
- 假设条件和制约因素分析。
- 使用标准的风险核对清单。

ATOM还建议，在识别步骤后，继续开展相同的风险研讨会，并进入第6章所述的首次风险评估的评估步骤。识别步骤的目的是：

- 识别和描述所有已知的风险，包括威胁和机会。
- 在可能和相关的情况下，确定对已识别风险的初步应对措施。

完成这一步需要下列输入：

- 概述项目目标和风险管理过程范围的风险管理计划。
- 风险分解结构。
- 工作分解结构。
- 项目的假设条件和制约因素。
- 标准的风险核对清单。
- 风险管理工具（电子表格、数据库或专用软件）。

在ATOM中，风险识别需要进行下列活动：

- 风险研讨会前的准备工作，包括与会者达成的一致意见和准备风险研讨会议程以及会议简报。
- 风险研讨会本身包括：
  □ 初始场景设置：风险管理过程简介、项目背景、目标、说明等。
  □ 头脑风暴，分析假设条件和制约因素，并通过使用风险核对清单识别所有可知的风险。也可能确定初步的风险应对措施。

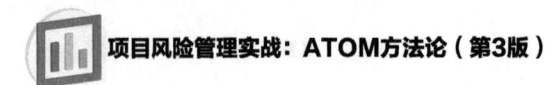

□ 梳理风险以去除重复风险和非风险（不影响项目目标的或者被错误描述的风险）。
　　□ 清晰、明确地描述风险。
　　□ 记录所有已识别的风险。

识别步骤产生下列输出：

- 使用风险元语言（这里最好加入对风险元语言的描述）描述的整合过的、商定的风险清单。
- 初步的应对措施清单。

这些输入、活动和输出如图5-1所示，并在下面详细说明。

输入

风险管理过程中的首个风险关口在ATOM中被称为首次风险评估（如第3章所讨论的）。公认的是，在项目的整个生命周期中，还将进一步通过风险管理过程中的其他关口，按照第3章概述的步骤和下面详细的说明进行操作。

首次风险评估开始时的风险识别步骤需要大量的输入。第一个便是项目的风险管理计划（见第4章），其列出的项目目标来自商业论证、项目章程，或者来自外部项目的招标邀请书或建议邀请书（RFP）。在识别任何风险之前，必须了解项目目标。风险管理计划还说明了哪些目标在风险管理过程的范围内，并定义了作为ATOM的一部分所要使用的工具和技术。

风险管理计划也包含了一个参与风险管理过程的关键干系人清单。在识别步骤中，这些人将被邀请参加风险研讨会（将在下文进行讨论），因为他们对项目的观点能够帮助识别各式各样的风险。

作为风险管理计划的一部分，RBS是另一个关键输入，因为它被用作结构化的风险识别技术。同样，项目的WBS提供了一个映射风险影响的结构，尽管这通常也是风险研讨会评估要素的一部分（见第6章）。

第5章 暴露风险（识别风险）

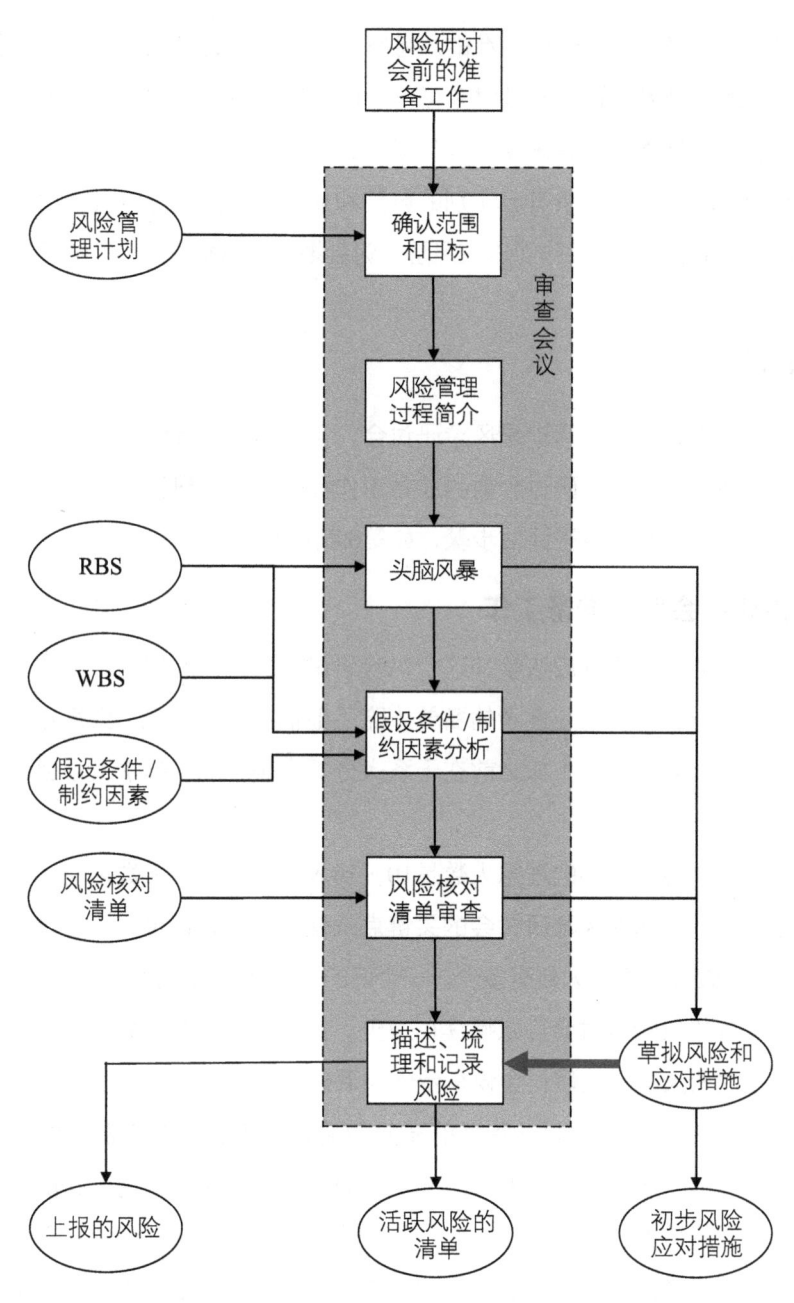

图5-1 识别步骤的流程图

项目的假设条件和制约因素应该已经包含在商业论证、项目章程或投标文件中了。在风险研讨会期间可以对这些文件进行分析以识别风险。

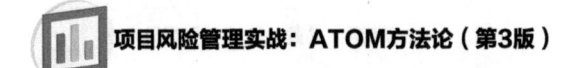

组织可能已经开发了一个标准的风险核对清单，以记录组织在影响以往项目的常见风险上的经验教训。此核对单可作为确保完成风险识别的最后一步。

建议使用风险管理工具来支持风险管理过程，该工具可以是一个电子表格、数据库或专用软件，记录所有已识别的风险和初步的应对措施以及来自风险研讨会评估要素的输出。记录工作可以在风险研讨会期间或风险研讨会完成后进行。

活动

风险识别步骤的主要活动是风险研讨会，用于识别和评估风险。在风险识别步骤中，活动可分为风险研讨会前的准备工作和召开风险研讨会（详情如下）。风险研讨会的剩余部分用于评估步骤，如第6章所述。

风险研讨会前的准备工作

第一项任务是决定谁应该参加这个风险研讨会。由风险倡导者、项目经理和项目发起人进行协商，就应邀者的名单（除了他们自己）达成一致意见。其他与会者应该包括关键干系人（如之前在干系人分析中确定的那样）及项目团队的重要成员。

虽然一个风险研讨会的理想人数是10～16人，但出席的人数多总比太少好。与会者越多，就可以在风险研讨会的关键点上使用分组，以最大限度地提高参与度，增强会议效果。不管人数有多少，一个好的引导者都能使会议顺利进行。

一个有效的风险研讨会可以持续1～3天。应拟订涵盖整个会议持续时间的议程。一个为期两天的风险研讨会议程示例如表5-1所示。

议程必须在风险研讨会开始之前充分传阅，以确保所有被邀请的与会者都在场，并了解风险研讨会的目的和时间表。此外，风险研讨会前准备的任何简介资料也必须进行传阅，该资料可能包括风险研讨会的目标和任何供会前阅读的读物，例如项目的商业论证或项目章程的概要，让与会者提前考虑项目中最大的威胁和机会或者他们在制订初始计划时提出的假设条件，这通常是很有帮助的。这样，与会者更容易被吸引到风险研讨会的风险识别部分，这会让风险研讨会有一个良好的开端。

表5-1 首次风险评估/为期两天的风险研讨会的议程示例（包括识别步骤和评估步骤）

第一天
上午 1. 介绍 2. 确认项目目标 3. 确认风险研讨会的风险管理过程范围 4. 风险研讨会的基本规则 5. 风险管理简介（如有必要） 6. 期望与结果 7. 识别风险 　　使用风险分解结构对风险进行头脑风暴
下午 　　分析产生后续风险的假设条件和制约因素 　　识别任何后续/最终风险的标准风险核对清单 8. 梳理风险 9. 使用风险元语言描述风险 10. 记录已识别的风险（在风险研讨会期间或会后）
第二天
上午 11. 解释评估计划（重述要点） 12. 概率和影响的评估 13. 对风险进行分类
下午 14. 任命风险责任人 15. 如果有时间，制定高优先级风险的初步应对措施 16. 结束风险研讨会

风险研讨会

风险研讨会的重要性不可低估。它往往是一项费钱和费时的工作，因此必须尽可能使之有效。为了确保风险研讨会达成目标，应该由风险倡导者加以引导，尽管有时使用专家引导者（也许是外部的）也是可取的。有效的引导是风险研讨会成功的基础。

引导是一项专业技能，并且有许多好的资源可以提供给那些想在这一领域发展的人。除了对人员和过程进行管理的一般技能，引导风险研讨会还需要特殊的能力。这些能力包括对风险原则和技术的良好理解，以及对项目目标、假设条

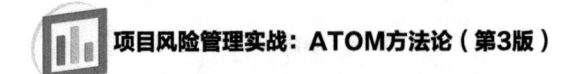

件、制约因素和当前状态的一些了解。在启动风险研讨会之前，引导者应确保他在这些方面有充分的准备。当然，如果风险倡导者作为引导者，他应该已经有了必要的背景知识，但外部引导者可能需要做一些会议前的准备工作。

应尽可能严格地遵循已发布的议程并处理议程中的所有事项。以下部分描述了与ATOM识别步骤相关的风险研讨会内容。

介绍。所有与会者必须了解彼此在项目中的作用。风险倡导者应确保这不会占据风险研讨会太多时间。让与会者回答以下六个具体的问题，通常会有所帮助：

- 你叫什么名字？
- 你在这个项目中的角色是什么（正如你所理解的那样）？
- 你以前在风险管理过程方面有什么经验？
- 你个人对项目和风险研讨会的期望是什么？
- 你对这个项目最大的担忧是什么？
- 你认为什么能使这个项目受益匪浅？

确认项目目标。确认项目的目标，如风险管理计划所记录的那样。第4章描述了理解项目目标的重要性。作为风险研讨会的一部分——确认项目目标还有两个额外的好处：

- 它消除了与会者对项目特定目标可能存在的任何歧义或误解。
- 它可以确定风险研讨会的与会者认为重要的其他目标，也许是以前被忽略的目标。

确认风险研讨会的风险管理过程范围。风险研讨会可以专注于影响项目全部或部分目标的风险——例如，那些可能影响进度或质量目标的风险。风险管理计划说明了哪些目标在范围内，风险倡导者应确保风险研讨会的与会者了解他们可以在什么范围内进行风险识别。

概述基本规则。风险研讨会的基本规则由风险倡导者加以概述，以确保所有与会者理解和接受它们，这样可以使风险研讨会取得成功和效果。这些基本规则包括遵守议程和时间、允许所有与会者发言、相互尊重和积极倾听以及在风险管理过程相关问题上听从引导者的意见。关于如何开展和引导风险研讨会的进一步指导可以在第16章和第17章中找到。

风险管理简介。如果这是许多与会者的第一次风险研讨会，那么让风险倡导者展示项目风险管理的简介可能是值得的，包括：

- 风险与风险管理的定义。
- 风险管理过程：启动、识别、评估、规划应对、报告、实施和审查（主要审查和次要审查）。
- 使用风险元语言描述风险。

由于风险研讨会也是为了评估风险，本简介还必须包括：

- 利用概率和影响来确定风险的优先级。
- 风险责任人的角色。

期望与结果。风险倡导者就与会者的直接输出和行动两个方面阐明对风险研讨会的期望。风险研讨会完成之后——在识别和评估步骤之后，主要的输出是一个经过优先级排序和适当描述的风险核对清单，这些风险都被分配给了适当的风险责任人。一个有用的意外收获是，与会者可能会对项目以及他们在项目中的角色有更好的了解。

识别风险。首次风险评估的识别步骤使用了三种技术：头脑风暴、假设条件/制约因素分析和风险核对清单。以下概述了三种主要的风险识别技术：

头脑风暴。头脑风暴会议是由风险倡导者引导的，他/她确保所有与会者都能做出贡献（这样过程才会有效）并且所有的贡献都要被记录下来。必须遵循以下头脑风暴的"黄金法则"：

- 不批评想法（没有错误的答案）。
- 追求大量的想法（数量，而不是质量）。
- 以彼此的想法为基础（搭便车）。
- 鼓励疯狂、夸张的想法（如果你想到的话，就说出来）。

在头脑风暴中识别出的风险应该由风险倡导者立即加以记录，通常使用一块白板。在风险研讨会期间，在使用白板的同时，可能也会直接将数据输入选定的风险管理工具中，或在完成风险研讨会的识别和评估工作后再输入数据。

为了帮助头脑风暴，ATOM建议使用RBS作为一个框架，既可以作为风险识别的提示，也可以作为确保完整性的手段。RBS示例如表4-7所示。

有时候，风险研讨会的与会者会发现识别威胁比识别机会更容易。这有很多可能的原因，但克服这个问题的一个方法就是让与会者首先集中精力识别机会，之后再转向识别威胁。或者，引导者可以要求与会者快速记录他们所有的负面想法，以便让他们更有精力自由地思考机会。

假设条件和制约因素分析。假设条件被理所当然地认为是"事实"陈述，项目是根据这些"事实"进行论证和规划的。制约因素是与项目相关的事情，这些事情被认为是"固定的"，要么"必须发生"，要么"不能发生"。项目的商业论证、项目章程或者投标文件应确定所有的假设条件和制约因素。糟糕的是，情况并不总是如此，因为许多假设条件和制约因素不是显性的，而是由项目干系人隐性持有的。

在风险研讨会期间，必须尽可能多地暴露隐性的假设条件和制约因素。可以围绕RBS或WBS进行简短的讨论，并由风险倡导者对讨论进行引导，鼓励与会者挑战已确认的项目边界，以识别出这些隐性的假设条件和制约因素。表5-2展示了一个记录已识别的假设条件和制约因素的模板。

表5-2　假设条件和制约因素分析模板

假设条件和制约因素	假设条件和制约因素是否会被证明是错误的？（是/否）	如果是错误的，是否会影响项目？（是/否）	是否会转化为风险？

说明：
在左栏中列出项目所有的假设条件和制约因素。
确定每个假设条件或制约因素是否会被证明是错误的（是/否），以及错误的假设条件/制约因素是否会影响项目（是/否）。
如果两个答案均为"是"，则将假设条件/制约因素标记为风险。

一旦识别和列出了假设条件和制约因素，每一个假设条件和制约因素的有效性都将在风险研讨会期间通过引导式讨论加以验证。根据以往的经验，一些假设条件可以被认为是安全的，并且不太可能被证明是错误的；一些制约因素是固定的，在项目期间不太可能改变。安全的假设条件和固定的制约因素被排除在潜在的风险之外。讨论还可能识别出一些错误的假设条件或制约因素，这些假设条件或制约因素需要项目经理和项目发起人在风险研讨会之外加以处理。然而，也会有与会者认为可能会有一些假设条件被证明是错误的，以及一些可以被放宽或消除的制约因素。要考虑每一个假设条件和制约因素，以确定它们可能影响项目目标的程度。然后，将可能对项目目标的实现构成威胁的错误假设条件上升为项目的风险，并且放宽或消除制约因素，从而为项目提供机会。以这种方式提出的风险将在风险研讨会的评估部分中被考虑。

如果假设条件或制约因素被认为是不稳定和敏感的，风险就可以通过两种方式提出。第一种是简单地否定假设条件或制约因素。例如：

- 如果假设条件是"在整个项目中，关键人员一直可用"，相关的威胁将是"在整个项目中，关键人员可能无法一直可用"。
- 从"不允许外包，所有项目工作都必须在组织内部完成"这一制约因素可以获得一个机会："某些项目工作可以外包"。

在适当的情况下，将假设条件和制约因素转换为风险也可以在较低的细节层级上进行。举同样的两个例子，更详细的风险描述可以如下：

与关键人员的可用性有关的具体威胁：

- "关键人员可以转移到其他项目中。"
- "关键人员可能会在项目的关键时刻请病假。"
- "关键人员可能从公司辞职。"

与外包有关的具体机会：

- "我们可能外包给现有的供应商。"
- "我们可能把一些工作移交给另一个内部部门。"
- "我们可以从竞争对手或供应商那里招聘技术熟练的员工。"

标准的风险核对清单。 风险研讨会的识别要素以使用标准的风险核对清单（如果存在的话）作为结束，以便识别其他技术没有暴露的任何其他的风险。风险核对清单确保了对以前类似项目所发生的风险的考虑，以确定它们是否也可能对本项目构成风险。与会者对风险核对清单上的每一个事项进行考虑，并回答以下问题："这个风险会影响我们的项目吗？"回答要么是"是"，要么是"不知道"或"不适用"。答案是"是"或"不知道"的事项被记录为风险。图A-13中给出了一个基于RBS的风险核对清单示例。

在使用结构化的风险识别技术后，与会者将被邀请识别任何尚未提出的其他风险。

参与风险研讨会的人自然希望尽快制订解决方案，因此预期将在识别步骤中对已识别的风险提出初步的应对措施。提出的这些应对措施不应被忽视，而应被记录下来，以便在首次风险评估的后续规划应对步骤中使用（见第7章）。

梳理风险。风险研讨会在这个阶段整合重复的风险，并去除被识别为非风险的事项（例如，风险的起因、对目标的影响、问题或困难）。在识别过程中，尤其在使用诸如头脑风暴之类的创造性技术时，不可避免地会识别与其他风险相似或相同的风险。允许在风险研讨会期间发生这种情况要比在这个过程中设法消除它们好得多，因为后者会扼杀过程中的创造性并阻碍有效的风险识别。同样地，也要记录非风险事项，因为它们可能在之后的风险管理过程中被证明是有用的。但是，在进行风险评估步骤之前，为了避免不必要的工作，会去除重复的风险和非风险事项。

此外，可能已经识别出了一些不影响项目目标但与组织的另一部分、其他单个项目或项目集中的其他项目有关的风险。项目经理要留意这些风险，并在风险研讨会结束后将它们上报给应该对其进行管理的人员。这要么是将受到影响的目标的责任人，要么是最有能力管理上报风险的人员（如果已知的话）。然后这些风险会被排除在风险管理过程之外。

去除所有重复的风险、非风险和上报的风险之后，每个风险都会被赋予一个独特的风险标识号。这可以从它在RBS中的位置得到，例如，使用表4-7中的RBS示例，第一个声誉风险将被编号为"2.10.1"。

用风险元语言描述风险。作为风险研讨会识别部分的总结要素，所有已识别的风险都可以用风险元语言加以清晰而明确的描述。这样的描述建立了对风险的真实性质的共同理解，使其能够得到适当的评估和管理。风险元语言提供了一个由三部分构成的风险描述，其将起因、风险和影响分开，形式如下：

"由于<起因>，可能会发生<风险>，这将导致<对目标的影响>"。

通过要求明确而精准地描述每个要素，可以最大限度地减少这三个要素之间的混淆，重点要放在识别风险本身上。此外，理解风险的起因和影响后，使用RBS作为起因框架，使用WBS来映射影响，正如第6章将要讨论的那样，就可以在风险评估步骤中对风险进行分组。起因和影响信息也可以帮助制定应对措施，如第7章所述。使用风险元语言进行风险描述的示例如表5-3所示。

表5-3　风险元语言的示例

风险元语言提供了一个由三部分构成的风险描述，其将起因、风险和影响分开，形式如下："由于<起因>，可能会发生<风险>，这将导致<对目标的影响>。"		
起因（一个明确的事实）	风险（不确定性）	影响（对项目目标的直接影响）
由于使用了新型的硬件	可能出现额外的系统集成错误	这将会导致项目超支
因为我们之前从未做过这样的项目	我们可能误解了客户的需求	这将意味着我们的解决方案不能达到质量验收标准
我们不得不把生产外包出去	我们也许能从我们选定的合作伙伴那里学习新的做法	这将会提高生产率和盈利率
因为我们没有使用这项技术的经验	我们可能没有必要的技术人员来进行设计工作	在我们培训员工或招聘新的技术人员时，将会导致项目延期并增加成本（由于延期）
该项目计划在夏天进行	也许可以招聘有技术的实习生	这将意味着可以缩短在此期间执行的所有活动的完成时间，从而使完工日期可以提前
因为在同一时间期限内，还有其他三个项目正在进行	我们也许能够使用另一个项目中可用的技术人员	我们将可以尽早向客户交付项目

描述机会。在描述机会，以将其记录为不确定性时，应特别小心。不熟悉正面风险的项目工作人员常常把可能的选择或行动与机会混为一谈。风险倡导者应该确保将所有的机会描述为不确定性。

记录已识别的风险。在使用风险识别技术，通过梳理、去除重复的风险和非风险以及使用风险元语言对风险进行正确的描述之后，产生了一份统一的、商定的风险核对清单。如果有适当的行政支持，可以在风险研讨会期间将此风险核对清单直接记录到风险管理工具中；如果没有，则从引导者的笔记和白板上提取在风险研讨会中识别和评估要素的输出信息，并在风险研讨会结束之后尽快记录到风险管理工具中，以便生成初始的风险登记册。

输出

识别步骤的主要输出是一份整合过的、商定的且经适当描述的风险核对清单，如果可能的话，在风险研讨会期间将其记录在风险管理工具中或引导者的笔记中。此外，也要记录已识别风险的初步应对措施清单（若确定了的话）。这些将被用作规划应对步骤的输入。

作为风险研讨会的第一个主要部分，识别过程可以帮助与会者更好地理解项目及其目标，并为风险研讨会的其余部分设定节奏。因此，至关重要的是，风险倡导者或引导者要保持对这项任务的热情和动力，记得做出的承诺，当然也要遵守已发布的议程。

小结

首次风险评估的识别部分可以确保所有可知的风险（包括威胁和机会）都得以识别和记录。此外，对风险适当的描述有助于在下一个步骤中评估风险的重要性并规划合适的应对措施。

实施识别步骤需要进行下列活动：

- 商定风险研讨会的与会者；准备风险研讨会议程和会前的简介。
- 引导风险研讨会以识别所有可知的风险，然后用风险元语言对其进行恰当的描述。

第5章 暴露风险（识别风险）

- 整合风险以去除重复风险和非风险。
- 将所有风险记录在一个合适的风险管理工具中。
- 记录对已识别的风险的任何初步应对措施。

在识别步骤完成之后，可以进入风险研讨会的评估部分，这将在下一章详细说明。

第 6 章

理解风险敞口（评估风险）

第一次风险评估的识别输出是一系列经正确描述的风险，可能相当长，尤其是当一个组织变得越来越善于识别风险时。在一个项目中很容易定义出50～100个风险，在一些"有风险"的项目中可能会识别出更多的风险。（当然，也有可能识别出太多的风险，即风险水平太低或太详细而无法有效管理。作者已知的一个项目，竟然有4000多个已识别的风险！）显然，一个组织不可能同时或以同样的关注度对所有已识别的风险都做出积极的回应。对于某些低优先级风险，制定应对措施可能毫无意义，甚至是不可能的。为避免制定不必要的应对措施，在规划应对之前，必须对所有已识别的风险进行优先级排序。因此，首次风险评估的下一步是了解项目面临的不确定性，并确定已识别风险的优先级。这一步骤的最终目的是确定最重要的（最坏的）威胁和（最好的）机会以实现集中且主动的管理。

有效的风险评估必须平等对待威胁和机会，以一种整体的、没有偏见的方式确定其优先级。应当优先考虑的风险的两个关键因素是它们的发生概率（有时称为可能性）及其对目标的潜在影响（也称为后果）。每个风险只能有一个概率，但它可能会产生多种影响，因为它可能会影响不止一个的项目目标。评估风险的优先级时需要考虑到这一点。

评估步骤的另一个关键部分是将已识别的风险进行归类分组。可以通过将已识别的风险映射到风险分解结构上来揭示常见的起因，还可以把影响映射到工作

第6章 理解风险敞口（评估风险）

分解结构上。

ATOM建议继续把用于识别风险的风险研讨会（第5章中描述）用于评估步骤，因为能识别风险的人通常能够很好地进行风险评估。此外，因为召集人们参加任何风险研讨会都是困难的，所以一旦所有合适的与会者都聚集在一个地方，让他们离开就太草率和鲁莽了。

评估步骤的目的是：

- 对风险进行优先级排序，以便先解决那些最需要紧急关注的风险。
- 识别可能根本不需要解决的低优先级风险。
- 为所有风险指定适当的风险责任人。
- 确定风险敞口的"热点"。

执行此操作需要以下输入：

- 风险管理计划，包括商定的项目具体风险的发生概率和影响范围及风险临界值。
- RBS，定义可能的风险起因。
- WBS，汇总项目期间要完成的工作。
- 根据在风险研讨会中已识别的风险列出的风险核对清单，最好已经记录在风险管理工具之中。
- 风险管理工具（电子表格、数据库或专用软件）。

在评估步骤中，ATOM需要进行以下活动：

- 继续举办风险研讨会，包括：
    □ 解释用于评估风险的评分方案（如果没有在风险研讨会上完成）。
    □ 针对已定义的项目目标评估风险的发生概率和影响。
    □ 使用RBS和WBS对风险进行分类。
    □ 任命风险责任人。
    □ 风险研讨会结束后，风险倡导者应确保所有数据记录在风险管理工具中（如果在风险研讨会上没做），然后准备标准的评估输出。

评估步骤产生以下输出：

- 风险管理工具中包含的风险核对清单，每个风险都有适当的风险描述、

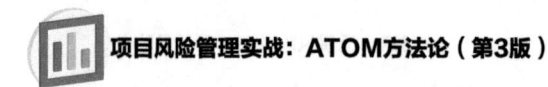

商定的概率、影响及指定的风险责任人。风险管理工具的输出包括：
- 风险登记册。
- 风险优先级清单。
- 最顶端的威胁和机会清单。
- RBS分类。
- WBS分类。

• 双重P-I矩阵显示项目的风险数量，在某些情况下，风险管理工具可能会自动生成该矩阵。

这些输入、活动和输出如图6-1所示，并在以下各节中详细描述。

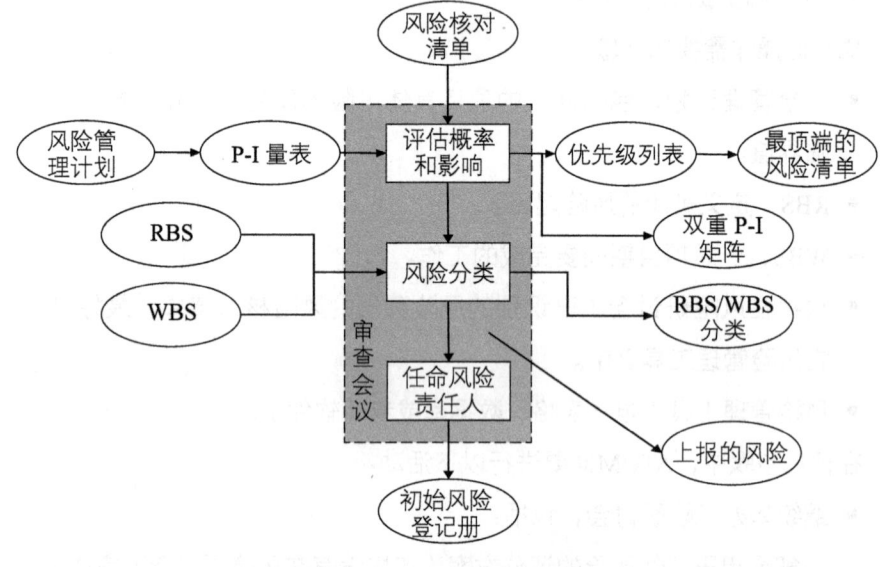

图6-1 评估步骤流程图

输入

由于评估步骤是风险研讨会的第二部分，许多输入都是从识别步骤延续而来的，其中包括项目的风险管理计划（见第4章），该计划不仅列出了已识别风险的项目目标，还列出了在评估步骤中使用的商定的概率和影响。这些示例如表6-1所示。此外，风险管理计划定义了在双重P-I矩阵上设置区域时使用的风险临界值。

表6-1 项目特定P-I量表的示例

量 表	概 率	+/- 对项目目标的影响		
		时 间	成 本	质 量
很高（VHI）	71% ~ 99%	>20天	>20万美元	对整体功能有非常显著影响
高（H）	51% ~ 70%	11 ~ 20天	10.1万 ~ 20万美元	对整体功能有显著的影响
中等（MED）	31% ~ 50%	4 ~ 10天	5.1万 ~ 10万美元	对关键功能区域有一些影响
低（LO）	11% ~ 30%	1 ~ 3天	1万 ~ 5万美元	对整体功能有微小的影响
极低（VLO）	1% ~ 10%	<1天	<1万美元	对次要功能有比较微小的影响
无（NIL）	<1%	无变化	无变化	功能不变

在风险管理计划中定义的RBS可能已被用作风险研讨会上识别风险的结构化工具，现在也可以被用来对已识别的风险进行分类，以确定是否存在任何产生风险的常见起因。同样，项目WBS提供了一个风险映射框架以确定项目的任何部分是否会特别暴露于风险之中。

识别风险期间所产生的已识别风险的综合清单显然是评估步骤的关键输入。因此，至关重要的是使用风险元语言正确描述风险的起因、名称和结果。没有适当的描述，任何风险评估就会显得没有信心。

通常使用相同的风险管理工具来支持整个风险管理过程。如果该工具在风险研讨会的识别风险部分已被用于记录已识别的风险和初始应对措施，现在就可以将其用于记录每个风险的发生概率和影响，指定风险责任人，以及对产生于风险评估期间的风险描述进行任何修改。

活动

主要的活动是风险研讨会的延续，用于识别风险。有关示例议程，请参见表5-1。评估步骤活动分为风险研讨会本身和风险研讨会会后的活动。

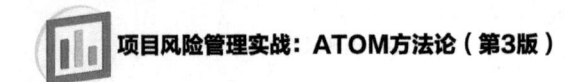

风险研讨会（续）

ATOM的一个基本假设是，同一风险研讨会可以用于识别和评估风险，并且这两个步骤均由同一批干系人和其他团队成员共同参与。这一点非常重要，可以确保风险倡导者或引导者将有效的引导延续到风险研讨会的这一部分。以下各节介绍了风险研讨会的评估要素。

评估方案的解释。作为评估风险的两个维度，概率和影响的概念应该在前面作为风险研讨会总体介绍的一部分（第5章）。评估步骤可能会在风险研讨会的第二天进行，因此，引导者可以迅速地回顾这些概念。风险管理计划中定义的P-I量表会显示在活动白板上，引导者将回答有关如何使用它们的任何问题。

概率和影响的评估。理想情况下，概率和影响的评估涉及小组中的所有与会者。但是，根据以下标准将小组分为两部分可能会有所帮助：

- 如果小组非常大，超过20个人了，则将其拆分，使每个人都有机会平等地参与评估活动，而不会被更加强势的成员所排斥。
- 如果完成风险研讨会有时间压力，分组则可以大大减少所需的时间。

如果决定分组，会议引导者就应确保每个小组包含大约相等的人数和平衡各成员构成因素，例如专业领域、相关经验和在组织中的资历。因为引导者不能同时参加两个小组，所以每个小组都会分配一名记录员来记录讨论内容。如果他们需要帮助来解决小组中的冲突，记录员就会向引导者提出要求。

一旦小组准备好了，他们便会依次考虑每个风险。此时，小组成员可能会意识到由于不明确的风险描述，他们对所要评估的风险缺乏清晰的理解。在风险识别过程中使用风险元语言来描述风险可以避免出现此问题，但如果小组成员尚不清楚特定风险的性质，他们可以在评估前将其重新描述。如有必要，他们可以请求引导者的帮助。

引导者确保风险研讨会的与会者经常参考关于五级量表的设置（见表6-1），并避免不加思考的或不合理的评估。人们通常以"高"或"低"来表示，而不使用商定的定义来解释风险，如果想要切实地评估风险，这种情况就必须加以避免。有关如何评估风险的进一步指导，参见第16章。

显然，不同的人对如何评估特定风险的发生概率和影响会有差异。这些差异通常可以通过讨论和探索基本假设来解决。

但是，如果与会者之间意见分歧很大，则主持人应澄清根本原因并寻求共识，这可能是由于潜意识偏见的影响（请参阅第16章）。

一旦风险研讨会的与会者就每个风险的发生概率和影响达成一致，风险都将被绘制在双重P-I矩阵上以确定它们的优先级。双重P-I矩阵被绘制在一块白板上，每个风险经过评估后，风险的标识符都会被填充到相应的矩阵格子中。双重P-I矩阵典型的做法如同交通信号灯系统一般，分成三个区域：红色（高优先级）、黄色（中等优先级）和绿色（低优先级）。风险管理计划中定义了这些区域的临界值（参阅第4章）。双重P-I矩阵的左侧显示威胁，右侧显示机会，而最严重的威胁和最佳的机会出现在矩阵中心的红色区域中。示例如图6-2所示。

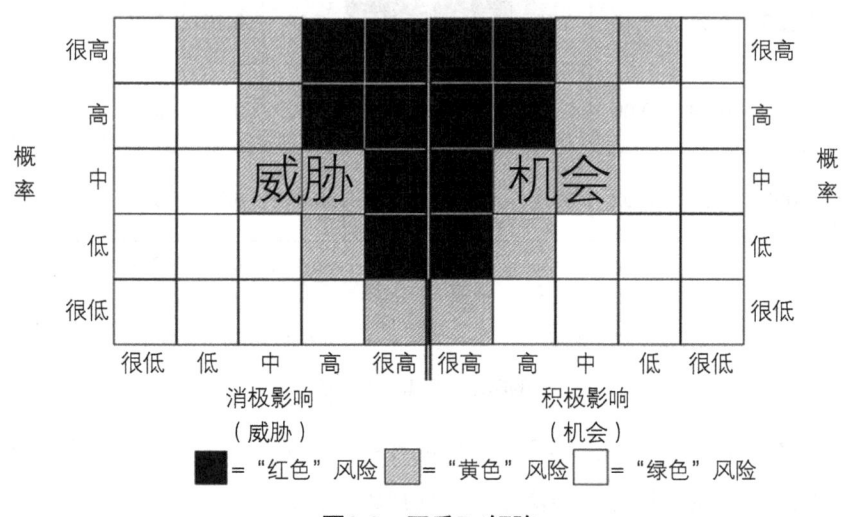

图6-2 双重P-I矩阵

除了这三个区域，还可以细化风险的优先级。P-I量表可以根据概率和影响为每个风险进行评分。表6-2显示了P-I量表；双重P-I矩阵的结果得分如图6-3所示。如果一个风险影响多个目标，则使用影响最大的目标来设定分值。

表6-2 P-I量表

排 名	概 率	影 响
很高	0.90	0.80
高	0.70	0.40
中等	0.50	0.20
低	0.30	0.10
很低	0.10	0.05

概率	消极影响（威胁）					积极影响（机会）					概率
很高 0.90	0.045	0.09	0.18	0.36	0.72	0.72	0.36	0.18	0.09	0.045	很高 0.90
高 0.70	0.035	0.07	0.14	0.28	0.56	0.56	0.28	0.14	0.07	0.035	高 0.70
中 0.50	0.025	0.05	0.10	0.20	0.40	0.40	0.20	0.10	0.05	0.025	中 0.50
低 0.30	0.015	0.03	0.06	0.12	0.24	0.24	0.12	0.06	0.03	0.015	低 0.30
很低 0.10	0.005	0.01	0.02	0.04	0.08	0.08	0.04	0.02	0.01	0.005	很低 0.10
	0.05 很低	0.10 低	0.20 中	0.40 高	0.80 很高	0.80 很高	0.40 高	0.20 中	0.10 低	0.05 很低	

图6-3 双重P-I量表

如果在风险研讨会期间不可能就概率和影响评估达成一致，则记录这两者的最高估算值。这最大限度地提高了对这些风险的关注度，而不是低估它们。在这些情况下，应提名风险责任人（请参阅下面的风险责任人提名）负责澄清风险并在风险研讨会结束后尽快做出意见一致的评估。

如果两个或两个以上的风险之间存在联系，则应遵循两条基本规则加以区分：

- 在两个风险之间，如果一个风险只影响一个目标，而另一个风险影响多个目标，那么后者则是最重要的。

- 如果两个风险都影响一个以上的目标，则应考虑对第二个目标的影响；对第二个目标的影响分数越高，风险越大。

专门的风险管理工具通常会利用P-I量表自动确定风险的优先级，但是，如果是定制的电子表格或数据库工具，就必须在该工具中创建评分方案。

在风险研讨会期间，对每个风险的发生概率和影响的评估最好由抄写员而不是由引导者输入风险管理工具。这使得与会者能够立即看到他们评估的影响以及每个风险是如何与其他风险并列的。（如果这不可行，风险研讨会结束后应立即记录评估数据——见下文。）

当两个小组评估风险时，重要的是合并每个小组的输出，这样就能使两个小组都能看到对方所做的事情。重新审视每个风险的诱惑以及另一个小组所达成的意见协议这一做法应该被抵制，因为这不仅会延长风险研讨会的时间，而且会违背分组讨论的初衷。然而，任何明显而明确的冲突都应该由引导者立即处理，以避免未来的影响和长期的分歧。

风险分类。在对所有风险的发生概率和影响进行评估后，可以使用RBS和WBS对风险进行分类。这样做的主要目的是识别风险热点、风险发生的共同起因（通过RBS）及项目的常见受影响区域（通过WBS）。确定热点可以为制定有效的风险应对措施提供有价值的信息，也可能影响项目的整体管理。

如果使用RBS来构建识别步骤，那么RBS的分类就会简化（如第5章所建议的）。在这种情况下，与会者只需确认分配给RBS的风险是正确的就可以了。然而，评估步骤的结果可能会利于更好地理解风险，或者其描述可能已更改，导致需要将其重新分配给不同的RBS组件。一个风险的发生也可能有多个起因，因此，理论上可能属于多个RBS组件，在这种情况下，与会者会选择一个RBS组件作为主要起因。单一风险不应出现在多个RBS组件之中。风险通常被映射到RBS的第2级，因为太细的分级可能会产生太多的风险类别。表6-3显示了按RBS分类的示例。

表6-3　RBS分类

0级	1级	2级	
项目风险 68个风险	1. 技术内容 37个风险	1.1 范围定义 1.2 技术接口 1.3 测试和验收 1.4 商业流程 1.5 软件开发生命周期 1.6 数据迁移 1.7 知识转移 1.8 组织变革管理 1.9 硬件采购	8个风险 4个风险 10个风险 2个风险 4个风险 5个风险 3个风险 0个风险 1个风险
	2. 管理 24个风险	2.1 供应商/客户关系 2.2 资源 2.3 沟通 2.4 程序管理组织 2.5 设施和基础设施	3个风险 8个风险 2个风险 8个风险 3个风险
	3. 商务 7个风险	3.1 合同管理 3.2 合同分包问题	5个风险 2个风险

　　类似地，映射到WBS要求与会者确定，如果风险发生，哪些工作包或活动会受到影响（同样，这通常在WBS的第2级完成）。然而，该流程不同于RBS分类，因为一个风险可能影响多个工作包，所有受影响的工作包都会被记录下来。因此，无法将2级工作包中的风险总数汇总到更高的工作分解结构中。示例如表6-4所示。

　　RBS和WBS分类的初步结果就是反映在每个RBS的2级要素和每个WBS工作包中的风险总数。然而，这并没有考虑到风险的优先级，所以热点的正确确定应基于映射风险的P-I量表，而不是简单的风险数量。例如，RBS组件1.2可能只有一个对应的风险，而RBS组件4.2可能有四个对应的风险，但如果RBS组件1.2中的一个风险被评为高优先级，则可能是比RBS组件4.2中的4个低优先级风险更重要。按P-I评分的RBS分类如表6-5所示。

表6-4　WBS分类（仅限2级）

0级	1级	2级	
项目	1. 软件	1.1 需求	18个风险
		1.2 开发	10个风险
		1.3 测试	6个风险
		1.4 培训	7个风险
		1.5 维保支持	2个风险
	2. 硬件和通信	2.1 规范	10个风险
		2.2 采购	8个风险
		2.3 组装	1个风险
		2.4 压力测试	2个风险
		2.5 用户测试	4个风险
		2.6 维保支持	2个风险
	3. 管理和商务	3.1 项目管理	4个风险
		3.2 商务管理	3个风险
		3.3 沟通	6个风险

表6-5　基于P-I评分的RBS分类

0级	1级	2级	
项目风险 4.28	1. 技术内容 2.55	1.1 范围定义	0.55
		1.2 技术接口	0.48
		1.3 测试和验收	0.62
		1.4 商业流程	0.06
		1.5 软件开发生命周期	0.48
		1.6 数据迁移	0.20
		1.7 知识转移	0.15
		1.8 组织变革管理	0.00
		1.9 硬件采购	0.01
	2. 管理 1.47	2.1 供应商/客户关系	0.25
		2.2 资源	0.41
		2.3 沟通	0.08
		2.4 项目集管理组织	0.46
		2.5 设施和基础设施	0.27
	3. 商务 0.26	3.1 合同管理	0.20
		3.2 合同分包问题	0.06

风险分类的最后一个重要部分是对威胁和机会加以区分，并对它们进行不同

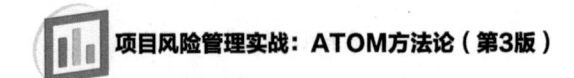

的热点分析而不是将它们合并在一处进行评估。

理想情况下，对每个风险商定的类别都在风险研讨会期间被输入风险管理工具中；如果这不可行，则在风险研讨会结束后把数据记录下来（见下文）。

任命风险责任人。风险研讨会的最后一个内容是为每个风险指定一个风险责任人。目标是在风险研讨会结束前，每个风险都有一个商定的风险责任人。如果时间有限，必须确保所有高优先级风险（处于双重P-I矩阵的红色区域）都已分配了风险责任人。

风险责任人是项目中最适合管理风险的人。最重要的是，这是指定的一个人，而不是一组人或一个职能部门。与会者就每个风险责任人的指定达成一致。大多数潜在的风险责任人可能都在风险研讨会上。但如果情况不是这样的话，在风险研讨会结束后，风险倡导者应尽快联系未参加风险研讨会的风险责任人以获得他的同意。

重要的是，要避免一种自然倾向——将风险识别者提名为风险责任人。同样，也不要提名项目经理和风险倡导者作为风险责任人，除非他们真的是管理这个风险最合适的人选。

风险责任人必须有适当的权限任命风险行动责任人，他们是执行必要行动的人，在第7章中会有详细描述。

在风险研讨会期间，每个风险商定的风险责任人的姓名应被输入到风险管理工具里面；否则，就在风险研讨会结束后立即记录下来（见下文）。

在风险研讨会期间，与会者随时都要决定哪些风险虽然活跃着但并不在本项目范围之内。在这种情况下，风险应该标记为上报。项目经理负责通知受所上报风险的影响的人，并确保他负责管理这些风险。

结束风险研讨会。在风险研讨会结束时，所有与会者都有机会对风险研讨会进行反馈。任何未实现的目标或遗留的问题都会被公布和处理。风险倡导者通过总结输出和实施后续步骤来结束风险研讨会，同时确保指定的风险责任人清楚他们在规划应对步骤中的角色（如第7章所述）。

如有必要，风险倡导者可以邀请所有与会者在会议结束后提出任何其他事项，这可能意味着更多的风险被识别。毫不拖延地将这些新的风险纳入整个

ATOM是至关重要的。为了确保这一点，风险倡导者应为每个新风险指定一个风险责任人，由风险责任人来对风险进行描述并评估风险的发生概率和影响，然后将这些信息传递给风险倡导者并记录在风险管理工具之中。

风险研讨会后续

风险研讨会之后的活动取决于风险研讨会内发生了什么。如果评估信息未在风险研讨会上被输入风险管理工具中，风险倡导者应确保在会后将所有其余数据立即输入到风险管理工具中，以便准备所需的输出。

这些数据包括每个风险的发生概率和影响、RBS和WBS的风险分类及指定的风险责任人，对风险描述任何商定的修改也会被记录下来。

如果任何被任命的风险责任人没有参加风险研讨会，风险倡导者会获得他们的同意，解释对他们的期望，并确保他们都理解并承担已经分配给他们的责任。有一种不太可能的情况就是风险责任人拒绝接受任命，这时风险倡导者就会与项目经理联系，指定一个替代人选。项目经理应通知受上报风险影响的人员，并确保他承担责任。

输出

评估步骤的输出由风险管理工具提供。如果工具无法提供必要的输出，风险倡导者会使用适当的方法来生成它们。主要的输出内容见下文。

初始风险登记册

初始风险登记册列出了所有当前已知的关于每个已识别风险的信息。风险登记册的格式取决于所使用的风险管理工具的类型，从简单的电子表格到专用或定制的风险数据库。无论以何种方式记录信息，每个风险都需要相同的数据，并以一致的格式保存。表6-6显示了典型的风险登记册中包含的数据字段。

在这个时候，风险登记册将只包含风险描述，包括因果信息、概率和影响评估、RBS和WBS组件及任命的风险责任人。它还可能包含在风险研讨会的风险识别部分制定的初始风险应对措施。

表6-6 典型风险登记册中的数据字段

标题信息
项目名称，项目参考编码（如果使用），阶段
项目经理
客户
风险登记册编码，日期
最近风险审查日期
风险识别数据
唯一风险标识符
标识的数据
威胁/机会说明
风险短标题
完整风险描述（起因/风险/影响）
风险来源（RBS 组件）
受影响的项目区域（WBS 组件）
风险责任人
风险状态（草拟、活跃、关闭、删除、过期、已发生）
风险评估数据
概率/发生频率（当前，应对前）
• 很低、低、中等、高、很高
每个项目目标的影响（当前，应对前）
• 很低、低、中等、高、很高
• 影响的文字描述
整体风险排名
• 红色/黄色/绿色（或类似颜色）
• 风险评分（概率和影响估算）
风险应对数据
风险应对策略
风险行动责任人的每次风险行动和目标完成日期
风险行动状态

风险优先级清单。风险优先级清单包括所有的风险、威胁和机会——按它们的重要性进行排序，这是由其概率得分和影响得分所得出的。为了清晰和强调，使用商定的风险临界值并将其分为三个部分是有帮助的：红色/高优先级、黄色/中等优先级和绿色/低优先级。这就使得首先解决红色/高优先级风险成为可能。

最大威胁和最大机会清单。这些内容取自风险清单并可同时用作即时和将来可用的报告方法。"前10名"这个词通常被用来描述这些名单，但并不严谨，这会增加忽视第11个风险的重要性的危险。更好的解决方案是关注所有红色/高优先级风险，而不是人为地选择一个固定的数字，如10。

上报风险清单。 必须包括组织中负责所上报风险的人员名单。

通过RBS分析的起因。 生成一个简单的表格，列出RBS的第2级组件、每个组件相关的风险数量及P-I评分。

通过WBS的影响分析。 和RBS一样，生成一个简单的表格，显示WBS的每个第2级或第3级组件（级别取决于WBS的构建方式）及其相关风险。

双重P-I矩阵。 双重P-I矩阵显示了每个格子中的风险数量或P-I评分，或两者兼有，见图6-4。该矩阵通过显示双重P-I矩阵中的风险分布清楚地说明了项目的风险敞口。红色区域中的高风险密度清楚地表明了这是一个有高优先级风险或优先级不确定的项目。然而，双重P-I矩阵的初始评估仅显示了规划应对之前的风险分布。如果考虑到与规划应对之后产生相同的输出，则可以进行有用的比较（见第7章）。

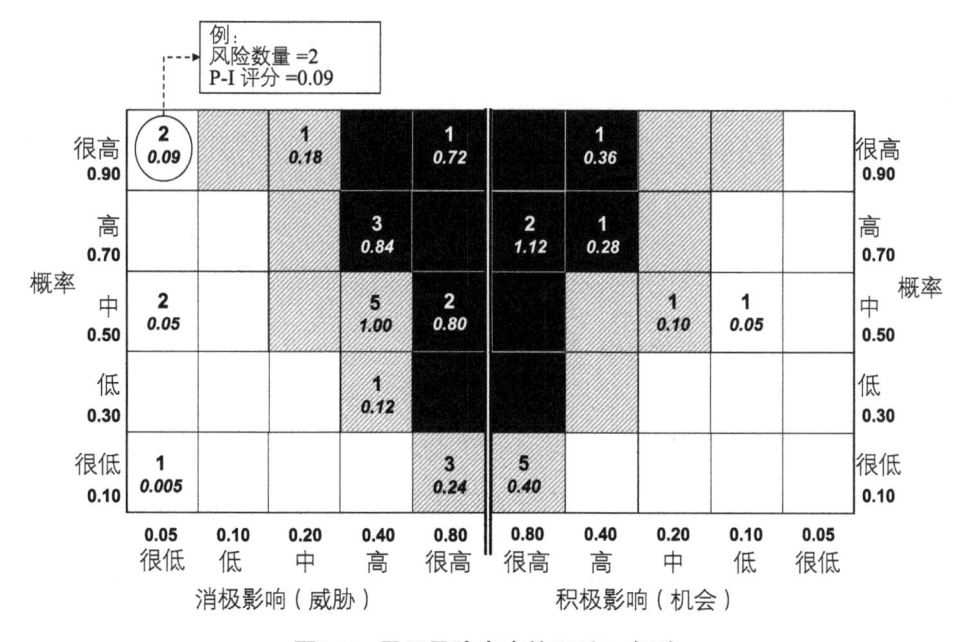

图6-4 显示风险密度的双重P-I矩阵

小结

评估步骤可以对已识别的风险进行优先级排序，以便可以首先解决重要的或高优先级的风险，并确保指定适当的风险责任人。这两项行动都是规划应对的基本输入。实施评估步骤需要以下活动：

- 根据5级量表评估每个风险的概率。
- 根据5级量表评估每个风险的影响。
- 结合概率和影响，提供概率和影响整体分数，用于确定优先级。
- 使用RBS和WBS对风险进行分类，以确定热点。
- 指定风险责任人，他们随后将指定适当的风险行动责任人。
- 在风险管理工具中记录所有其余的风险数据。
- 准备一组输出，为风险管理过程以及整个项目管理过程持续提供信息。

一旦首次风险评估完成，就可以继续准备规划应对了，如下一章所述。

第 7 章

选择和行动(规划应对)

ATOM首次风险评估(识别和评估)步骤的内容可被视为分析、确定风险对项目挑战的程度,寻求了解项目所面临的风险敞口。然而,仅仅理解和描述风险并不能改变它们。至关重要的是,风险管理过程应采取行动,实际应对风险,以改变项目的风险敞口。这是第一次风险评估最后一个要素的目的,在ATOM中称为规划应对。

在许多方面,规划应对是风险管理过程中最重要的一步,因为有效的规划应对会使威胁最小化,机会最大化,从而增加项目实现目标的机会。相反,糟糕的规划应对会使情况恶化,不仅无法解决已识别的风险,而且会因行动无效引入新的风险。在这一步中,应就如何管理风险做出关键决策,在必要时使用风险信息修改策略,并对项目进行定位,以获得风险管理过程带来的好处。

规划应对的关键词是"适当"。认识到风险既包括威胁又包括机会,项目团队的目标是使来自威胁的负面风险敞口尽可能减少,同时增加来自机会的正面风险敞口。应对每个风险的适应性显然是不同的。当应对某些威胁时,可能面临恐慌,甚至取消项目,这时接受一些机会并积极寻求它们提供的额外好处可能是正确的。对于其他风险,适当的反应可能是什么也不做,等着看会发生些什么。很明显,对一个项目适当的做法是就算什么也不做,也不应该感到恐慌。当一个风

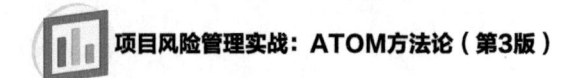

险应该被积极接受时，它也不应该什么都不做。选择适当的应对措施是一个重要的决定，需要仔细地判断，最好交由具有必要经验和专业知识的人来做。

因此，对规划应对过程给予足够的关注和努力是至关重要的。在该过程投入的时间和精力是值得的，会在有效性上带来回报，而走捷径会有负面影响。

ATOM中规划应对步骤的目的是：

- 考虑所有已识别的风险，并为每个风险选择适当的应对措施。
- 制定具体行动，落实各项应对策略，有详细的定义来保障有效实施。
- 确保每个行动都分配了行动责任人。

为此，需要以下输入：

- 风险管理计划，定义用于此项目的风险工具和技术。
- 初始风险登记册，包含来自风险研讨会的有关已识别的风险信息，包括：
  - 风险优先级清单，使每个风险都有适当的风险描述和商定的概率与影响评估。
  - 为每个风险指定的风险责任人。
  - 在识别步骤中提出的初始应对措施。
  - 关于可用的通用应对策略的信息。

在ATOM中，规划应对需要以下活动：

- 应对策略选择。
- 行动方案制定。
- 应对后风险敞口评估。
- 次生风险考虑。

规划应对步骤产生以下输出：

- 针对每个风险选择的适当的应对策略和商定的行动（包括上报风险）。
- 每个商定行动所指定的行动责任人。
- 更新风险登记册，包含所有已识别的风险的应对信息。
- 反映应对后结果的评估更新。
- 更新项目计划（包括进度和预算），包括商定的风险行动。

这些输入、活动和输出如图7-1所示，并在后面部分进行了详细描述。

第7章 选择和行动（规划应对）

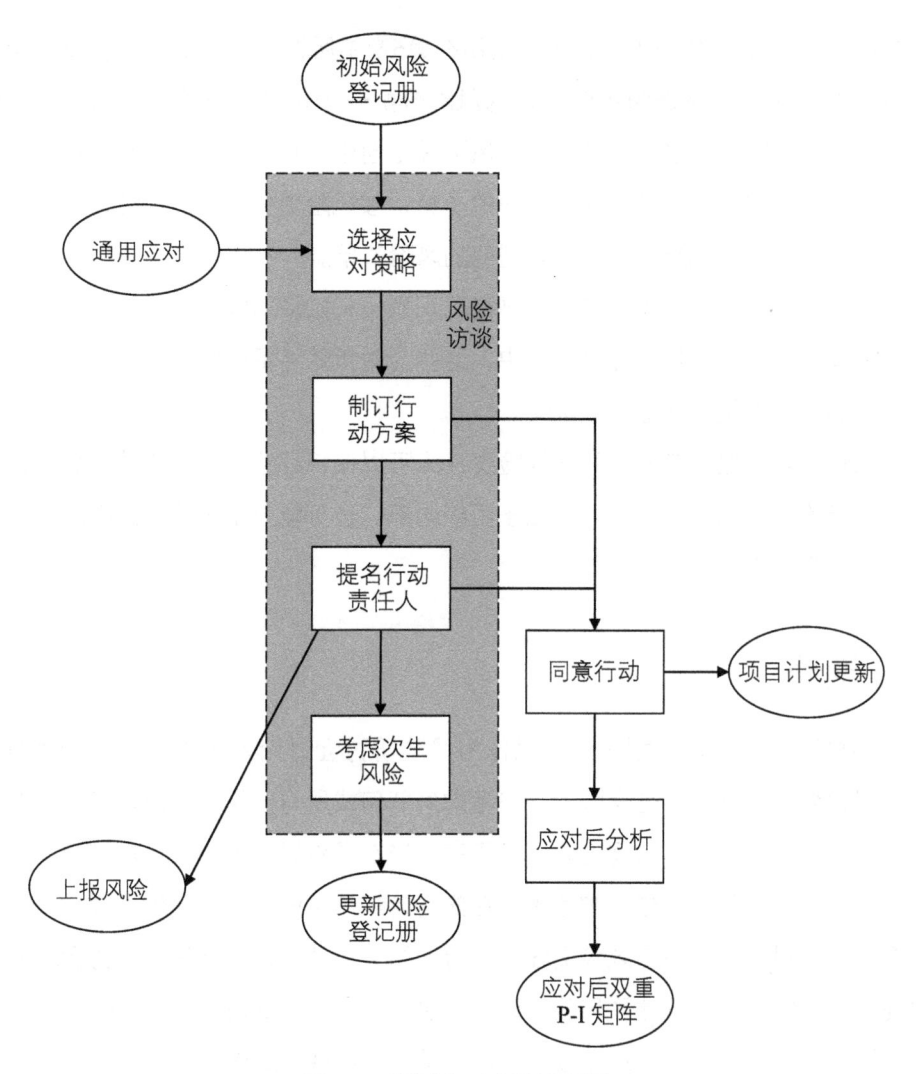

图7-1 规划应对步骤流程图

📄 输入

与风险管理过程中的其他步骤一样，风险管理计划定义了适用于本项目的风险管理过程详情。必要时，风险倡导者应参考风险管理计划，以明确这一步骤的要求。

评估步骤允许使用双重P-I矩阵，至少分为三组（红色/高优先级，黄色/中等

095

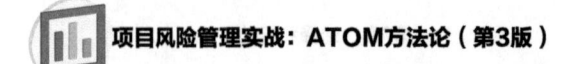

优先级，绿色/低优先级），也可能使用在第6章中所讨论的P-I量表进行更为详细的优先级划分。评估还为每个确定的风险分配一个单独的风险责任人，负责确定如何管理风险。这些信息被保存在风险登记册中，构成规划应对步骤的主要输入。建议风险倡导者准备风险登记册的子集，按风险责任人列出风险，以便每个风险责任人都能在风险访谈之前收到他的风险清单。

对于某些风险，在识别步骤中可能已识别出初始应对策略，这些也将被记录在风险登记册中。在规划应对步骤中，这些应对策略将提交给风险责任人进行验证，以确认它们是否合适并被接受。

最后的规划应对输入为关于风险责任人可以使用哪些应对策略的信息。这些信息可能作为知识库的一部分存在于组织内部，也可能是由风险倡导者准备的，作为风险责任人的简要说明。

活动

如果时间充足，规划应对可以作为风险研讨会讨论内容的一部分。然而，风险研讨会的时间通常是有限的，在考虑对任何或所有已识别的风险讨论应对措施之前，风险研讨会的时间可能已经用完。当在风险研讨会中进行规划应对讨论时，风险将按优先顺序依次被考虑。首先讨论最严重的威胁和最佳机会。风险研讨会之后，风险倡导者与风险责任人进行一系列访谈，以处理风险研讨会期间未讨论到的风险。本节描述了风险访谈，假设风险研讨会的时间已完全被识别和评估步骤占用，那么，所有规划应对的讨论都将以这种方式进行。

与风险访谈相关的活动可分为三组：准备、访谈和访谈后的任务。下文将对此进行说明。

准备风险访谈

风险倡导者在风险研讨会之后立即安排与所有风险责任人的访谈，目标是在一周内完成所有访谈。每次访谈应安排两小时，但也要根据每次访谈要处理的风险的数量和难度酌情增减，可能会少于两小时。在安排与风险责任人的访谈时，风险倡导者会发送一份从风险登记册中所摘录的内容，其中包含按优先级顺序列出的分配给他们的风险，以及访谈的实际安排，包括时间、地点、议程等。对于那些不熟悉流程的风险责任人来说，向他们发送关于通用的应对策略的提醒或许有些用处。表7-1给出了一个示例。

表7-1 通用应对策略

面对威胁的通用应对策略
规避——对威胁的一种应对策略，消除其发生的可能性或对项目的影响。这通常可以通过改变项目的项目管理计划或消除风险的起因来实现。 转移——对威胁的一种应对策略，将风险转移给更有能力管理风险的第三方。转移行为本身并不改变风险，但新的责任人应该能够采取行动规避或减轻风险。 减轻——对威胁的一种应对策略，降低其发生概率和/或对项目的影响，旨在将风险降低到可接受的水平。这可以通过解决关键的风险驱动因素来实现
面对机会的通用应对策略
开拓——对机会的一种应对策略，通过保证机会一定会出现来确保抓住机会。 分享——对机会的一种应对策略，与能够更好地管理它的第三方分享风险，开拓或增加机会。 提高——对机会的一种应对策略，增加机会的发生概率和/或对项目的影响
面对威胁和机会通用的应对策略
接受——要么不采取任何行动（可能是因为它不值得做或不可能做），要么根据环境的变化来设计应对策略。或者，可以建立应急储备（时间、金钱和资源），以应对可能发生的风险

在风险访谈之前，每个风险责任人都要考虑各自的风险及可能的应对策略和行动。这最大限度地提高了访谈的效率。

进行风险访谈

每次访谈开始时，风险倡导者都会确认访谈的目的和议程并强调其保密性。对每个风险，风险倡导者在与其风险责任人讨论时，都将：

- 选择适当的应对策略。
- 确定实施该应对策略的可能行动。
- 为每个行动分配行动责任人。
- 评估规划应对后的概率和影响。
- 识别任何次生风险。

任何超出项目范围的有效风险都应作为评估步骤的一部分进行上报。然而，一种可能的情况是，在风险访谈期间进行进一步检查后，风险倡导者和风险责任人才可以将风险上报。在这种情况下，风险倡导者应通知项目经理，项目经理必须确保风险被正确、完整地上报。

风险倡导者的作用是提示和鼓励风险责任人，使访谈保持活力并确保合适的时间安排，回答与风险管理过程或风险管理理论和实践及方法有关的问题，并根据他/她自己的经验对可行的应对策略和行动给出建议。风险责任人有责任决定哪些应对策略和行动适合他/她负责的风险。

分配给风险责任人的每个风险都会被依次考虑，并按优先级顺序进行处理，如下所示：

1. 红色/高优先级机会
2. 红色/高优先级威胁
3. 黄色/中等优先级机会
4. 黄色/中等优先级威胁
5. 绿色/低优先级机会
6. 绿色/低优先级威胁

建议在威胁之前考虑机会，因为人们并不太熟悉风险管理过程包含机会。

在处理高优先级风险时，建议的应对策略通常也可以处理一些中等优先级或低优先级风险。风险倡导者在进行进一步访谈和制定对不太重要的风险的应对措施时，必须牢记这种潜在的风险管理效率。

首先，要考虑在识别步骤中提出的特定风险的初始应对策略。风险责任人确定所建议的应对措施是否合适和有效，并将此决定记录在风险登记册中。

其次，如果之前没有确定的应对措施，或者初始的应对措施被所分配的风险责任人拒绝，他们就必须为每个风险选择适当的应对策略。对于机会，要么开拓、分享、提高，要么接受。可用的威胁策略则包括规避、转移、减轻和接受。建议按照表7-2所示的顺序考虑应对策略，因为如果可能，最好的选择是避免威胁或利用机会。这可以通过对经风险元语言描述、记录的风险起因加以解决来实现。如果这样做并不可行或成本效益不高（参见下文），应寻找能够更有效地管理风险的替代方案，允许转移威胁或分享机会。第三种选择是通过减轻威胁或提高机会来修改风险的临界值水平。最后一种选择是通过建立应急计划来接受风险，同时考虑在风险元语言中所定义的风险影响。

表7-2 选择应对策略的优先级

优先级	威胁策略	机会策略
1	规避	开拓
2	转移	分享
3	减轻	提高
4	接受	

在决定哪种应对策略合适时需要考虑的因素包括：

- 可管理性。风险会受到多大程度的影响？
- 影响严重性。如果发生风险，组织是否可以承受其对项目的影响，或者潜在影响是否严重到必须采取措施的程度？
- 资源可用性。是否有资源来实施期望的时间范围内所选择应对策略？
- 成本效益性。是否能以合理的成本达到预期的管理风险的效果？

为每一个风险选择一种单一的应对策略，代表当前有效管理风险的最佳选择。这就表明，如果最初选择的应对策略被证明无效，那么将来可能会选择不同的应对策略，但在该过程的这个阶段，每个确定的风险都必须只有一个应对策略。

接下来，风险责任人可以确定具体的行动，以落实选定的应对策略。最好尽可能详细地描述要做什么，由谁做，什么时候做，以多少成本做及完成标准。其目的是在相同的细节层级上定义每个行动，并将其作为项目进度计划中的正常活动。一个特别重要的步骤是为每个行动指定合适的行动责任人，他们拥有有效执行行动所需的技能和经验。

在确定行动后，风险责任人提供风险评估，假设行动可以成功完成。使用来自风险研讨会的P-I量表，估算风险的发生概率和对目标的影响。这表明拟议行动的有效性预期如何以及是否需要采取其他行动。

最后，风险责任人考虑是否提议应对次生风险的行动，即因实施对风险商定的应对措施而产生的风险，如图7-2所示。当然，次生风险可以是威胁，也可以

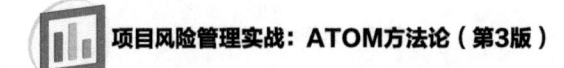

是机会。如果确定了此类次生风险，则风险责任人和风险倡导者应共同：

- 使用风险元语言为次生风险提供商定的风险描述，将应对行动记录为产生次生风险的起因。
- 根据商定的量表评估次生风险的发生概率和影响。
- 为次生风险选择适当的应对策略，并与指定的行动责任人一起确定应对行动。

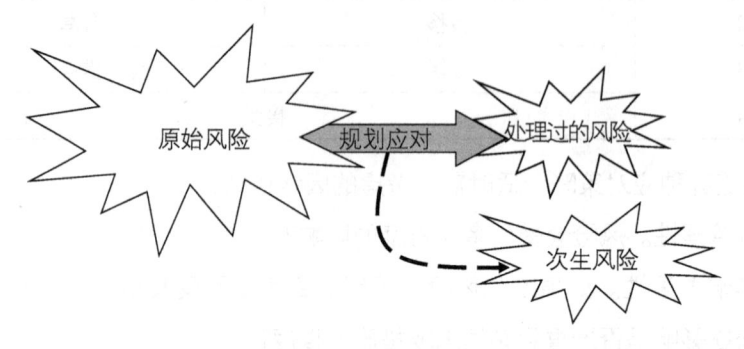

图7-2 次生风险

此时，风险责任人和风险倡导者可能会决定使与拟议行动相关的次生风险不可行（尤其在引入重大额外威胁的情况下）。在这种情况下，提议的行动被否决，并确定新的行动；在某些情况下，需要选择另一种应对策略。但是，如果按原计划继续行动，相关的次生风险将被记录在风险登记册中，并作为任何其他风险进行处理。

在考虑了所有风险之后，风险倡导者会询问风险责任人是否意识到其责任范围内的未被记录在风险登记册中的任何其余风险。识别并评估任何新的风险，制定应对措施和行动方案。

风险倡导者在访谈过程中讨论的结果，最好直接纳入正在使用的风险管理工具中以支持项目风险管理过程。如果无法直接输入数据，风险倡导者就应在访谈过程中记下完整的笔记，并在访谈后将其输入到工具中。

访谈之后的行动

每次访谈完成后，风险责任人负责与指定的行动责任人联络，以确保他们同意提议的行动，并担当起责任。风险责任人和行动责任人可在这一点上共同决定如何改进行动，风险责任人将任何商定的变更同步给风险倡导者。

风险责任人确定所有行动责任人已接受其提议的行动并向风险倡导者反馈后，风险倡导者确保更新风险登记册，以反映风险策略和商定的行动。风险倡导者还使用在风险访谈中生成的信息更新评估结果，以重新反映规划应对后的情况。这包括制作规划应对后的概率和影响矩阵（见图7-3），以显示当计划的行动完全有效时，每个风险的预测位置（风险管理工具可能会自动生成这样的输出）。例如，图7-3显示了规避威胁1.3、减轻威胁2.3和3.1、开拓机会2.1和提高机会1.2的结果。

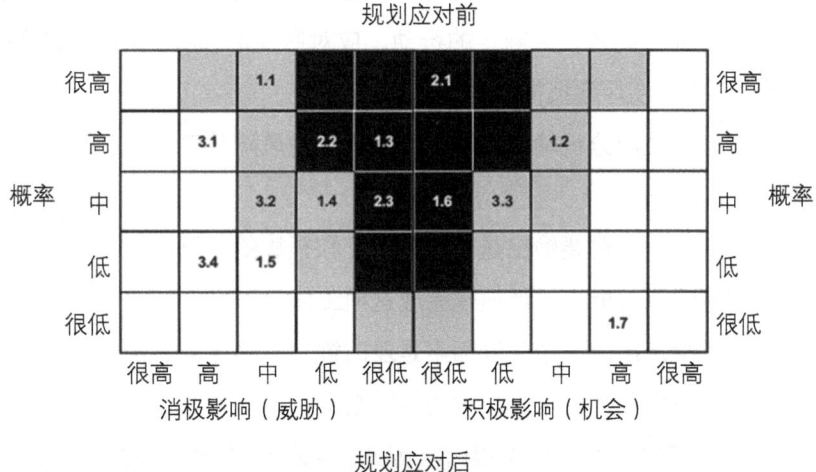

图7-3 规划应对前后的双重P-I矩阵

风险倡导者还要与项目经理联系，确定新的行动并纳入项目进度计划之中，以反映商定的行动。必须以与其他项目活动同等的重要性和关注度来对待风险行

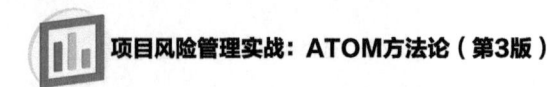

动,并将其纳入项目进度计划之中,以确保这一点,因为风险行动将与其他活动一起受到监督和控制。同样重要的是,还必须提供适当的资金和资源来执行风险行动,并将其列入项目预算之中。

最后,如果需要修改项目计划,项目经理还要考虑是否需要变更控制;在某些情况下,合同变更也是必要的。

输出

规划应对步骤的主要输出是更新的风险登记册,其中当前包含的信息涉及商定的应对措施、与行动责任人商定的行动、应对后评估和次生风险(如果有)。这些信息构成了下一步风险报告的重要组成部分。

风险倡导者还生成分析输出,显示计划行动对风险敞口水平的影响预测,如应对后的双重P-I矩阵。

这个步骤的另一个重要输出是对项目进度和预算的一组更新,包括商定的行动。项目经理应确保以最小的延迟来完成这项工作。

规划应对步骤产出的一个关键因素是及时性。在确定应对策略和行动后,尽快沟通和实施这些策略至关重要。因为风险是动态的和快速变化的,风险过程中的任何延迟都可能导致输出变得过时。因此,风险倡导者应致力于在识别/评估研讨会一周内完成规划应对。

如果上报任何风险是适当的,项目经理应通知将受到此类风险影响的人员,并确保他们承担责任。

小结

规划应对步骤确保为每个已识别的风险确定适当的行动。这些行动的实施使项目面临的威胁最小化，机会最大化，从而使得项目成功的机会最大化。为完成这一步骤，应开展以下活动：

- 安排与所有风险责任人访谈。
- 与各自的风险责任人一起考虑所有风险，确定适当的应对策略及所要实施的选定行动，并确保每个行动都有一个指定的行动责任人。
- 与行动责任人确认并细化提议的行动。
- 用应对策略和商定的行动来更新风险登记册。
- 更新分析结果，以反映应对后的期望。
- 修改项目进度和预算，以包含商定的行动。

当第一次风险评估中的规划应对步骤完成后，ATOM将继续报告当前结果并实施商定的行动，详情见接下来的两章。

第 8 章

沟通信息（报告）

风险管理是针对已识别的风险所采取的适当行动。遗憾的是，风险管理过程的早期步骤无法保证处理风险的人在采取行动时掌握必要的信息。因此，重要的是应包含这样一个步骤——将风险管理过程的结果传达给需要知道的人。在 ATOM 中，这个步骤称为报告。

在对一个中型项目进行首次风险评估后，报告只是简单地将前面步骤的结果合并成一份风险报告。这份报告的概要可以分发给不同的干系人，例如，将执行概要分发给高级管理层或者将风险子集分发给风险责任人。根据项目报告周期或其他组织的要求，可能还需要额外的报告。

ATOM 中报告步骤的目的是：

- 记录并沟通风险管理过程的关键结果和结论。
- 告知项目干系人项目当前的风险状态。
- 确保每个项目干系人都有必要的信息来帮助他更好地扮演在项目风险管理中的角色。

报告需包含如下输入：

- 风险管理计划，定义此报告的要求。
- 项目沟通计划（如果有）。

- 风险登记册，包含所有已识别的风险及其评估、应对和当前状态的相关信息。
- 基于评估和步骤的分析结果。

报告需要包含如下活动：
- 编制完整的风险报告，首先作为草稿进行审查，然后分发最终的风险报告。
- 根据需要生成概要和其他报告。
- 向项目干系人分发报告。

报告步骤产生以下输出：
- 完整的风险报告和概要。

这些输入、活动和输出如图8-1所示，并在下面的章节中详细描述。

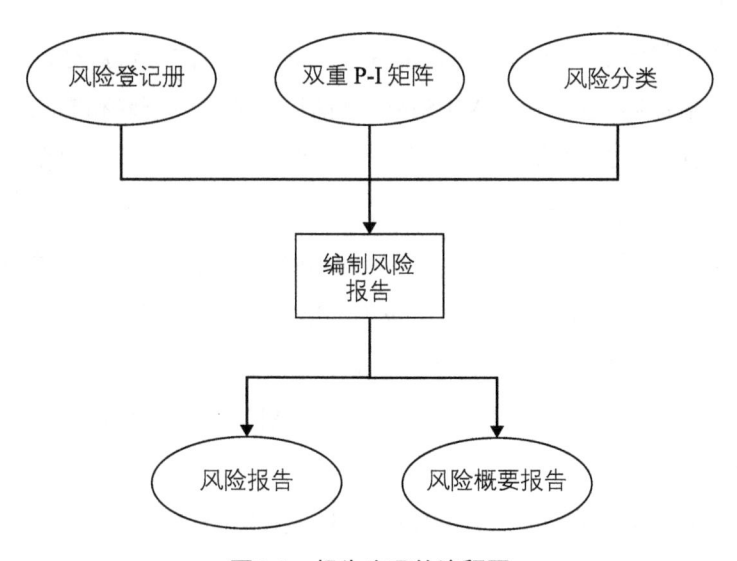

图8-1 报告步骤的流程图

输入

风险管理计划定义了项目的报告要求。在必要时，风险倡导者可以参考风险管理计划来阐明这些要求。项目沟通计划（如果有）也应该被参考，因为它可以提供更多关于项目干系人需要的准确信息的细节。

风险倡导者使用风险管理过程中前面步骤的结果生成风险报告和其他报告

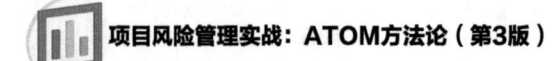

（作为输出）。这些结果中的大多数都被记录在风险登记册中或者可以直接从风险登记册中产生（手动或作为风险管理工具的输出），尽管一些额外的分析结果可能会在其他地方被记录下来。除了风险登记册，用于编制风险报告的分析输出包括双重P-I矩阵（用来显示应对前后的评估）、风险的优先级清单和各种风险分组（例如，按照红色、黄色、绿色的优先级对风险进行排序或者将其映射到RBS或WBS上等）。

活动

根据定义的报告需求，风险倡导者考虑输入并将其编制为完整的风险报告。这些输入通常包括：

- 完整的风险登记册。其中包含每个已识别风险的综合数据，对风险进行的清晰描述、按RBS和WBS评估当前风险的发生概率和影响、指定的风险责任人、商定的应对策略和行动责任人、应对后风险的发生概率和影响评估及商定的行动的进展状态。
- 双重P-I矩阵。显示了在当前整个网格中的风险分布，为了进一步关注风险，可以根据当前风险的发生概率和影响的评估对风险进行优先级排序。
- 另一个双重P-I矩阵。显示了基于应对后概率和影响的预测的风险分布。
- 两个按照优先级排序的风险清单。一个针对的是威胁，另一个针对的是机会。
- 基于将已识别的风险映射到RBS的各个组件来分析风险的起因。
- 分析映射到WBS的风险的影响。

如果需要额外的分析以从风险数据中生成有用的信息，风险倡导者就会执行这样的分析，并在必要时向其他项目干系人、技术专家或领域专家寻求建议。此外，风险倡导者会从有关项目总体风险敞口的风险数据中得出结论，并分析风险集中的部分区域（常见起因或影响的热点）。风险倡导者还草拟了建议，为项目干系人提供建议和指导，以保持有效的风险管理所需的行动，特别是在自上次编制报告以来风险发生了重大变化的情况下。

在起草完风险报告后,风险倡导者将其提交给项目经理进行审查和评论,并提供"合乎情理的检查",以确认结论是现实的和准确的,建议是可行的和适当的。项目经理不应更改任何报告中的数据,但应注意项目环境中的影响分析、结论或建议等其他因素。

风险倡导者和项目经理共同就对风险报告草稿的任何变更达成一致。这些变更由风险倡导者实施,然后由其发布报告。建议将完整的风险报告分发给项目经理、项目发起人、项目团队的关键成员、所有风险责任人和其他关键干系人。

根据风险管理计划中定义的报告要求,风险倡导者也要准备完整风险报告的摘录和子集,并分发给其他项目干系人,并且还可以根据项目或组织的报告要求,生成特定的报告格式。例如,可以为高级管理人员或客户提取报告的执行概要,确定当前风险评估的重点,并剔除不必要的细节。可以向风险责任人提供风险登记册的一个子集,其中只包含他们负责的风险。可以提取属于某些类别的风险,分发给只对这些领域感兴趣的人。例如,将法律风险发送给合同经理,或者将采购风险的子集分发给商务部门。

输出

报告步骤的主要输出是一份完整的风险报告,其中包含当前风险管理过程主要阶段的结果的完整信息。图8-2给出了完整的风险报告的内容清单示例,下面列出了其中各项内容的具体要求。还可以使用其他报告格式和类型。风险管理计划定义了报告的要求。

- 执行概要。这项内容总结了报告主体的主要发现、结论和建议。它不应超过一页,并应省略不必要的细节。它应该是独立的,这意味着它不应该依赖报告正文中的其他数据。执行概要应该由高级管理人员和关键项目干系人编写,因为它可能被摘取并分发给这个小组。
- 报告的范围和目标。报告的主要目标是描述风险,以突出其在风险过程中的位置。
- 项目状态概要。这项内容简要总结了项目的当前状态,包括项目的进度

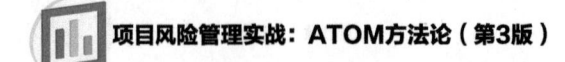

和预算、产品的交付及已经出现的主要问题。本概要设定了进行风险评估的背景。在理想情况下，项目状态的总结应该直接从常规的项目进度报告中摘取。

- 整体风险状态。简要概述了项目当前的风险敞口水平，本概要强调了风险的主要领域，加上任何重大的单个风险，以及计划的应对措施。这项内容还强调了在分类分析过程中任何集中暴露的风险，指出了可能产生大量威胁或机会的任何起因，以及项目中可能受到重大威胁或机会影响的任何领域。

```
执行概要
报告的范围和目标
项目状态摘要
整体风险状态
最高风险、行动和责任人
详细风险评估
    高/中/低风险
    原因分析（映射到 RBS）
    影响分析（映射到 WBS）
结论和建议
附件
    完成的风险登记册
    风险优先级排序表
    （其他需要的结果）
```

图8-2 完整风险报告的样本内容清单

- 最高风险、行动和责任人。在这部分内容中，将按优先顺序列出最重要的威胁和机会。一些项目更喜欢使用同时包含威胁和机会的"顶级风险"的组合清单，而其他项目则喜欢看到"最坏的威胁"清单和"最好的机会"清单。这些清单通常只列出"前10名"，你可以选择一个合适的数字，以确保包括所有最坏的威胁和最好的机会。本节将依次讨论这些问题，并详细介绍它们的起因和影响、计划的行动和责任人，以及预期的变化。重点风险清单中有重要的分组，例如，如果五大威胁与需求的不确定性有关，或者最好的三个机会都与同一个供应商有关，则会注意到最高风险列表中的重要分组。
- 详细的风险评估。这是报告的主要分析部分，其中详细考虑了风险敞口。讨论包括红色/黄色/绿色类别中的风险数量，以及RBS和WBS内部的风险分布，示例见第6章（见表6-3、表6-4、表6-5和表6-6）。

  基于应对前和应对后的双重P-I矩阵，讨论预期的应对有效性（见图7-3）。这样做的目的是，展示分析部分中所有重要的发现，而不是用不必要的细节让读者感到困惑。这就要求风险倡导者判断哪些内容重要，哪些内容可以省略。如果需要，风险倡导者应借鉴项目经理和其他有经验的项目人员的经验。

  提供详细信息的方法有很多种。这应该根据干系人的具体需要进行裁剪。
- 结论和建议。也许，任何报告最重要的部分都是指出其内容的实际意思和读者期望采取什么行动。在这部分内容中，会根据报告主体内的数据得出结论，但没有介绍任何新的事实，并在概要层级提出调查结果，而不是简单地重复报告其他部分的内容。在这些结论的基础上，专门人员会在报告中根据该项目目前面临的风险的程度继续给出一系列重点明确的具体建议。每个建议都应该遵循SMART模型（具体的、可衡量的、可实现的、现实的、有时限的）并写得足够详细，以便读者清晰地理解和有效地实施。一般来说，建议的数量应控制在10项左右，以避免降低了报告的影响。
- 附录。附录中提供了支持性信息。其中一份是完整的风险登记册，列出了每种已识别风险的全部细节。另外一份是按照优先级顺序列出所有风险的完整清单。其他附录的内容是可选的，这取决于发送对象的信息需求。

小结

报告步骤的目的是，记录第一次风险评估的结果，并将这些结果适当地传达给项目干系人，以便他们了解项目当前的风险状态，并向他们提供采取有效行动所需的信息。

完成此步骤需要进行以下活动：
- 收集当前风险敞口的所有信息来源，包括风险登记册和分析输出。
- 执行理解信息所需的任何额外分析。
- 起草一份完整的风险报告，以结构化的方式展示这些信息。
- 审核报告草稿的完整性和正确性，并按要求进行修改。
- 向项目发起人、项目经理、项目团队成员、风险责任人和其他关键干系人分发风险报告。
- 根据需要准备和分发概要、子集和附加报告。

ATOM中的首次风险评估之后是报告步骤，这个步骤的结束也意味着实施步骤的开始，这将在下一章中进行描述。

第 9 章

尽管去做（实施）

到目前为止，一个典型的中型项目的ATOM已经设定了范围和目标（启动）。然后，使用第一次风险评估，暴露和记录可能影响实现这些目标的不确定性（识别），对它们进行优先级排序和分类（评估），并制定适当的应对措施和行动来处理它们（规划应对）。这是非常重要和有价值的，但还不够。为了改变项目的风险敞口，必须实施商定的行动。因此，在实施步骤开始之前，不能认为ATOM进程的第一步就已经算是完成了。当然，处理风险的行动将在整个项目中执行，因此在某些方面，实施步骤并没有明确的开始和结束。本章描述了它所包含的活动。

执行行动在首次风险评估之后立即开始，但是主要审查和次要审查也产生了必须实施的行动。因此，本章描述了如何确保所有商定的行动得到实施。

在首次风险评估和随后的审查中，风险责任人为每个风险选择一个应对策略，并将其发展为一系列的行动，每一个行动都有一个指定的行动责任人。然而，简单地做出反应或实施行动并不能改变风险敞口，尽管它确实创造了这样做的可能性。如果不执行商定的行动，风险管理过程就只是浮夸的"空话"，用莎士比亚的话来说，我们需要的是"多给些事实，少卖弄些花哨"（《哈姆雷特》）。未能实施计划中的行动意味着什么都不会改变，威胁不会最小化，机会

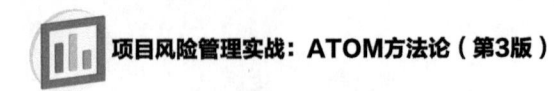

不会最大化，风险现状将得以持续。

在ATOM中，实施步骤的目的是：

- 执行商定的行动并报告其进展。
- 识别由于实施行动而产生的任何额外的次生风险。
- 识别在ATOM风险管理流程期间可能出现的任何新风险。
- 确保风险登记册保持最新。
- 提出任何实际发生的威胁导致的问题或困难。

为了做到这一点，需要以下输入：

- 风险管理计划，包括商定的风险报告过程和项目报告周期。
- 风险登记册，其中载有每个风险的详细资料，包括：
  - 风险责任人。
  - 商定的应对策略。
  - 行动责任人。
  - 商定的行动。
- 一份更新的项目进度计划，将所有商定的风险行动作为项目活动在其中显示出来。
- 风险管理工具（电子表格、数据库或专用软件）。

在实施步骤，将实施以下活动：

- 针对每个活跃风险实施与选定的应对策略相关联的商定的行动。
- 如果已经实施的措施被证明无效，建议实施进一步的行动。
- 识别次生风险，提出新的问题和困难。
- 报告所有风险的状态并更新风险登记册。

实施步骤生产如下输出：

- 更新风险登记册，包含所有风险的最新信息和状态。
- 风险报告和审查会议的输入。
- 项目问题日志的输入。

图9-1说明了这些输入、活动和输出，并在下列各节中详细说明。

第9章　尽管去做（实施）

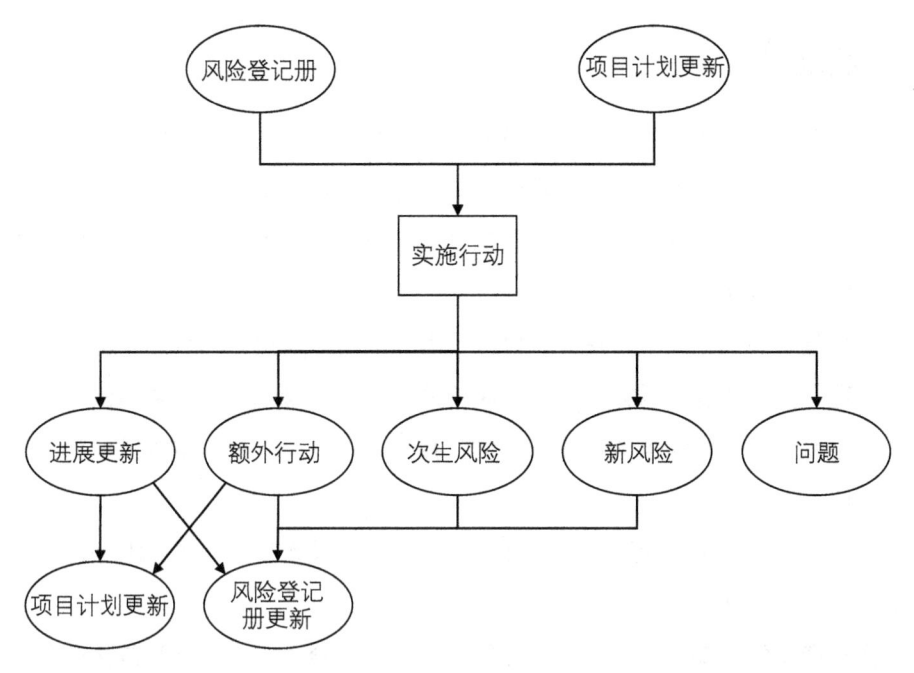

图9-1　实施步骤的流程图

📄 输入

　　风险管理计划确定了确保风险行动得以实施的过程，从而为应对策略提供最大的成功机会。这个计划的基础是确定风险责任人和行动责任人的角色。风险责任人决定如何管理风险的应对策略。由行动责任人实施商定的行动，以实现预期的应对策略。风险管理计划还定义了要准备的报告类型和将讨论风险的项目会议。这将告知相关人员在实施步骤中需要收集哪些信息。

　　风险登记册也是实施步骤的关键输入，在ATOM的这一点上，它包含了每个识别出的风险的完整数据集。这包括负责全面管理每个风险的风险责任人的名字，以及负责实施应对策略所需行动的行动责任人的名字。

　　与前面的步骤一样，假设使用了风险管理工具来支持ATOM，这是此步骤的关键输入。

113

活动

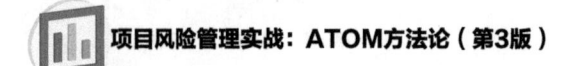

实施是一个持续的过程,在项目的整个生命周期中进行,这反映了这样一个事实——许多已确定的行动并不需要立即执行,而是将安排在今后进行。然而,重要的是,对所有正在进行的行动都要进行审查,并作为项目正常报告周期的一部分报告它们的状态。

风险倡导者利用风险责任人提供的信息,监督应对策略和行动的实施,并向项目经理和其他关键干系人报告每个风险的状态。风险倡导者还要确保任何新风险或次生风险都得到恰当的描述和评估,并且它们都有一个指定的风险责任人和商定的应对策略和行动。

风险倡导者还要确保已发生的任何威胁都被记录为项目问题或困难,并相应地进行报告和管理。

实施商定的行动。由每个行动责任人实施与风险责任人商定并包含在项目计划中的行动,确保它们符合商定的时间、预算和完成标准等。当每个商定的行动完成后,行动责任人将其报告给风险责任人,并确保项目计划中相应行动的状态被标记为"完成"。根据风险责任人的要求,已完成行动的进度报告可以在行动完成后立即完成,也可以定期完成。

在执行行动时遇到的任何问题,行动责任人都应立即报告给风险责任人,由风险责任人提供如何解决的建议。该建议可能包括对实施现有应对策略的额外行动达成一致意见,或者风险责任人可能会考虑改变应对策略。所有商定的附加行动都被记录在项目计划中。

行动责任人还可能发现由于实施商定的行动而产生的先前未识别的次生风险。所有次生风险都必须立即报告给风险责任人,以便将其纳入风险管理过程。

识别额外的次生风险。次生风险(由对另一风险商定的应对策略而产生)应由风险责任人作为规划应对的一部分加以识别,行动责任人在实施计划的行动时应意识到这些风险。然而,不太可能识别出所有的次生风险,因此行动责任人应该考虑他们行动的影响,以及他们是否会给项目带来额外的次生风险。当行动责任人发现这些额外的次生风险时,应该立即向风险倡导者以同样的方式提出,就像其他新风险一样（见下文）。行动责任人也应该通知风险责任人，因为新的风险可能会影响他所选择的应对策略的其他方面。

引起的新风险。在项目的正常过程中，除了正式的风险研讨会和风险管理过程的审查会议，可能还会发现新的风险。在任何时候，任何项目干系人都应该能够提出新的风险。这些风险可能是先前在风险管理过程的早期步骤中未预见到的或错过的风险，也可能是由于实施应对其他风险的行动而产生的次生风险。

如果有人认为他发现了新的风险，他应该立即通知风险倡导者。风险倡导者与项目经理协商后，尽快为这些风险指定一个风险责任人，该风险责任人确保分配给他的每个新风险都被正确地使用风险元语言加以描述（见表5-3）。风险责任人还评估风险的发生概率和影响，制定应对策略和行动并指定行动责任人。风险责任人将所有这些额外数据传递给风险倡导者，后者确保这些数据输入风险管理工具。此外，风险倡导者确保更新项目的进度和预算，以反映新的商定的行动。

当风险所有者提出的初始描述、评估、应对和行动得到验证、确认或更改时，所有新的风险将在下一次风险审查会议上（主要或次要的，见第10章和第11章）进行审查。在对风险进行评估之前，它们的状态将被设为草拟。

提出问题和困难。在威胁发生的情况下，它被记录为项目问题或困难，并根据标准项目过程进行管理。风险倡导者应当确保在威胁发生时做到这一点。

汇报风险状况并更新风险登记册。风险登记册必须是最新的，以反映每个风险的当前状态。尽管风险倡导者负责整个风险管理过程，但风险责任人应确保记录其各自风险的所有数据是准确和最新的。其中一个重要的元素是为每个风险分配一个状态，ATOM提供了以下8个可能的状态值（见图9-2）：

- 草拟：尚未被验证的提议风险。
- 拒绝：项目经理已经确定无效的提议风险。
- 上报：在项目范围之外或者应该是项目集管理的提议风险。由项目经理决定通知提议这个风险的人，并将详细信息传达给这个人或组织的某一部门。
- 活跃：一个发生概率大于零的有效风险，如果它发生了，就将影响一个或多个项目目标，一个活跃的威胁可能会对项目产生消极的影响，而一个活跃的机会可能会产生积极的影响。

- 删除：有时风险可以自行消失，这可能是由于项目策略、环境、目标或范围的改变。
- 过期：风险可能发生的时间窗口已经过去，因此不再需要考虑风险。过期的威胁可能是项目的一种解脱，因为它不再有消极的影响，而过期的机会可能是遗憾的来源，因为正面的影响已经不再可能产生。

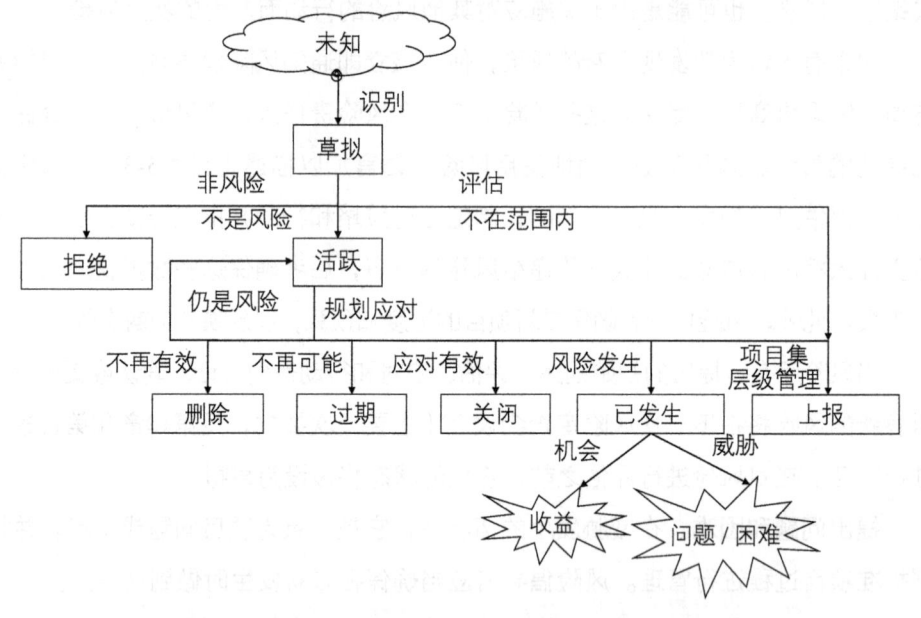

图9-2　风险状态值之间的关系（改编自希尔森，2004）

- 关闭：这只适用于应对策略已完全有效且不再影响项目的威胁。机会不能被标记为关闭，因为它们将一直处于活跃状态，直到它们发生、过期或被删除。
- 已发生：风险已经发生，项目正在遭受影响。当然，机会的出现是可取的，而威胁的出现则是不可取的。如果对威胁的应对被证明是无效的或对机会的应对是成功的，则可能导致已发生状态。（请注意，当威胁发生时，它将被转换为问题或困难，并相应地进行管理。当机会出现时，额外的收益必须被认识到并进行管理。）

除了风险的总体状况，风险责任人还应考虑其他与风险有关的其所有信息，并确保风险登记册包含最新的信息，包括：

- 风险当前的发生概率和影响（发生概率和影响可以上升或下降）。
- 所有商定行动的进展。
- 风险责任人或行动责任人的变更。
- 应对策略或对新的行动的更改。

输出

实施步骤的主要输出是一个更新的风险登记册，它包含每个风险的当前状态和商定的行动进展。更新的风险登记册是风险报告和审查会议的主要输入，如第8章、第10章和第11章所述。

如果在实施步骤中识别出的威胁已经发生，则视情况将该事件记录在项目问题日志中。

小结

> 实施步骤的目的是确保计划的行动得到落实。如果计划的行动没有得到实施，机会就不会最大化，威胁就不会最小化，项目的风险敞口也不会改变。行动的实施不能听天由命，因此必须采取下列行动：
> - 监督每个应对策略及其相关操作。
> - 确定每个风险的总体状况。
> - 辨别额外的次生风险和新风险。
> - 修改项目计划和预算，包括新的行动或任何重新计划的行动。
> - 提出问题和困难。
> - 用每个风险的当前状态和商定措施的进展来更新风险登记册。
> - 为风险报告和审查会议提供信息。
>
> 实施步骤是贯穿ATOM的一个部分，一直持续到项目结束时进行项目后审查。

第10章

保持活力（主要审查）

从第4章到第9章描述了对中型项目进行首次风险评估所需的步骤，但是ATOM并不会在第一阶段完成后就结束。的确，当项目团队第一次参与风险管理过程时，通常会热情高涨，这将使风险管理过程更加高效。然而，只做一次这样的风险管理过程并不能确保任何项目的风险都能得到有效管理。事实上，这仅仅是个开始。在整个项目中保持这股劲头是非常重要的，为此ATOM提供了一系列的风险审查功能。这些被称为主要审查和次要审查，以反映所需的努力程度。表10-1阐述了主要审查和次要审查之间的主要区别。

主要审查通常在项目的关键点进行，要么是一个新阶段的开始，要么是一个阶段中的重要里程碑。但它们发生的频率并不足以确保对风险敞口的评估能够反映当前的状态。

为了做到这一点，ATOM使用了一系列定期的次要审查，它们与项目的正常报告机制保持一致。在典型的中型项目中，在ATOM的初始阶段之后会有一个或多个次要审查，随后会有一个主要审查，如图10-1所示。

本章的其余部分将描述ATOM的主要审查；次要审查将在第11章中介绍。

主要审查一般会使用一个单独的风险研讨会来重复第一次风险审查的所有步骤，提供对项目风险状况的全面重新审查。这个风险研讨会通常在一个阶段的开始或在项目中的关键里程碑处进行，并按照风险管理计划中定义的频率进行。然而，也可能在其他时候需要额外的主要审查（可能在项目发生重大变更之后）时进行，项目发起人或项目经理可以随时发起主要审查。

表10-1 主要审查和次要审查的区别

活动		主要审查		次要审查
审查现有风险	风险研讨会	所有风险加上次生风险	风险评审会	红色风险（有时是琥珀色）
识别新风险		头脑风暴、假设条件/制约因素、风险核对清单		促进团队的讨论
评估新风险		使用 P-I 量表		使用 P-I 量表
规划应对——策略和责任人		访谈		
规划应对——行动		设置访谈讨论		设置会议讨论
报告		完整报告		概要报告
其他活动		过程检查		无
持续时间		$\frac{1}{2}$ 天		1 天
参与者		项目经理、风险倡导者、主要干系人		项目经理、风险倡导者、项目团队、风险责任人

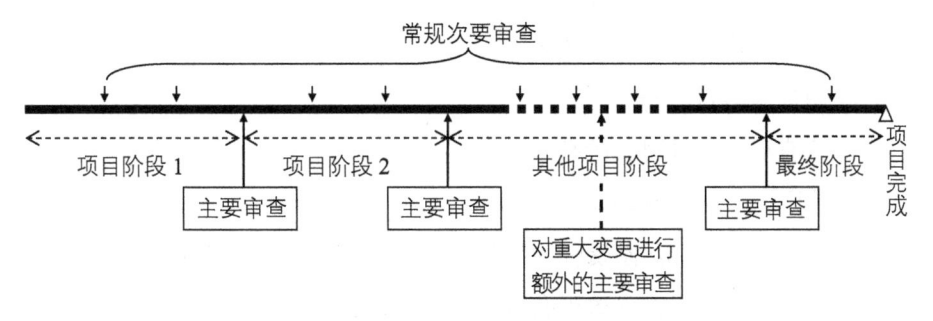

图10-1 主要审查和次要审查之间的关系

ATOM主要审查的目的是：

- 评审所有当前风险和自上次正式审查以来产生的其他风险。
- 识别新的风险（包括次生风险）。
- 更新风险登记册。

- 为项目进度报告和进度会议编制一份完整的报告和定期报告信息。
- 检查当前风险管理过程的有效性。

为此，需要以下输入：

- 概述包括项目目标和风险管理过程范围的风险管理计划。
- RBS。
- WBS。
- 风险登记册，包含所有风险（现有和草拟）的全部细节，包括：
    - 风险责任人和商定的应对策略。
    - 行动责任人和商定的行动。
    - 目前每个风险的状态。
    - 对项目当前状态的概述。
    - 风险管理工具（电子表格、数据库或专用软件）。

主要审查包括以下活动：

- 风险研讨会前的准备。
- 风险研讨会包括：
    - 初始场景设置。
    - 审查所有当前风险和草拟风险。
    - 识别、评估和分类新的风险。
    - 更新风险登记册。
    - 审查风险管理过程的有效性。
- 风险研讨会后的行动：
    - 风险倡导者和风险责任人进行访谈以确认新的应对措施。
    - 风险责任人考虑修改现有应对措施的必要性。
    - 风险责任人与行动责任人保持联系，改进现有行动并制定新的行动。
    - 风险责任人与风险倡导者保持联系，提供细化的应对措施和新的行动细节。
    - 风险倡导者更新风险登记册并生成完整的风险报告。
    - 风险倡导者与项目经理联系，在项目计划中添加任何新的行动。

第10章 保持活力（主要审查）

☐ 项目经理将上报的风险告知组织的适当部门或人员（如果知道的话）。

☐ 项目经理根据情况考虑是否需要变更控制。

一次主要审查产生以下输出：

- 更新的风险登记册，包含所有风险的最新信息和状态。
- 为有效应对当前的风险，需要修改行动和开展新的行动。
- 完整的风险报告。
- 项目审查会议和定期项目报告的输入。
- 项目进度计划中与风险行动相关的进一步行动。
- 修订后的风险管理计划（如果需要的话）。

这些输入、活动和输出如图10-2所示，并在后面各节中详细描述。

输入

风险管理计划定义了什么时候进行主要审查，还包括一个可能被邀请参加主要审查的关键项目干系人的清单。

风险分解结构是用于结构化风险识别技术，而WBS则是提供了映射风险影响的结构。

风险登记册是主要审查的主要输入，因为它包含了每个已识别风险的完整数据集。这包括负责全面管理每个风险的风险责任人的名字、商定的应对策略，以及负责执行应对策略所需行动的行动责任人的名字。此外，风险登记册包含每个风险的当前状态（草拟，活跃，过期，已发生，关闭或删除）。草拟风险是自上次风险审查以来所识别的风险。

风险研讨会的另一个关键输入是对项目当前状态的概述，这是由项目经理所提供的。重要的是要知道项目中是否有任何变化，无论是来自内部的还是外部的，这些变化会直接影响对现有风险的评估。

与前面的步骤一样，假设使用了风险管理工具来支持ATOM，并且在需要时可以使用该工具。

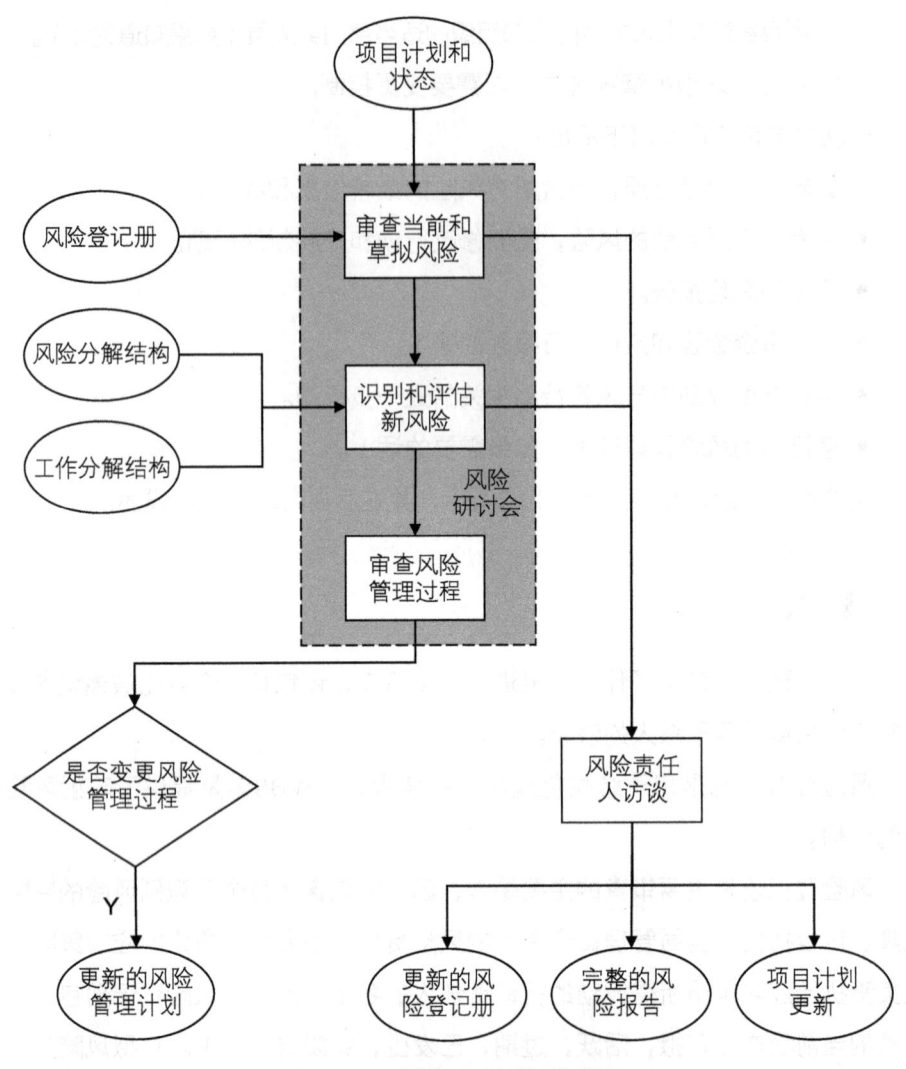

图10-2 主要审查步骤的流程图

活动

主要审查中的活动集中在风险研讨会上，对于一个中型项目来说，这通常需要一天的时间。要组织好风险研讨会需要在会前和会后进行大量的活动。风险倡导者的责任是确保所有的风险研讨会前和会后的活动顺利进行，无论是否由他自己或其他人（如风险责任人）组织。风险倡导者通常负责推动风险研讨会的举办。

许多主要审查会的任务与构成初步风险识别和评估研讨会的任务相同，并在此加以总结（详细描述见第5章和第6章）。

风险研讨会前的准备

这包括商定与会者，准备和分发风险研讨会议程（见表10-2），分发风险研讨会前的简报材料。这些材料可能包括风险研讨会的目标和目前的项目状态报告。风险责任人还会收到一份按优先级顺序列出的由他们负责的所有风险的清单。（风险管理工具应该自动生成这些经过筛选和排序的清单。）风险责任人应该在会议之前审查他们的风险，并准备好对每个风险的现状进行评论。

表10-2　风险研讨会的议程示例

时间分配（小时）	内　　容
1/2	1. 设置初始场景
3	2. 审查当前风险
1	3. 审查草拟风险
1	4. 考虑新风险
-	5. 更新风险登记册（在步骤1～4中完成）
1/2	6. 审查风险管理过程的有效性
1/4	7. 结束风险研讨会

风险倡导者也为自己和项目经理准备了一份摘自风险登记册中按优先级顺序列出的活跃风险清单，显示每个风险的关键细节——概率和影响、风险责任人、风险行动责任人、商定的应对策略和相关的行动和最终报告状态。还编制了一份从风险登记册中提取的所有风险草案的清单，以供会议审查。这份名单可以提前分发，也可以在会议上分发。

主要审查研讨会

主要审查研讨会通常由风险倡导者推动，也可以使用专业的推动者，包括以下要素。

设置初始场景。 如有必要，可以在主要审查研讨会开始时让与会者相互介绍，并确认项目目标。如果需要的话，风险倡导者还要对风险管理过程进行简要的总结。当项目团队是稳定的，并且与会者已经参与了以前的主要审查研讨会时，这些步骤是不必要的。

风险倡导者概述了主要审查研讨会的目的、范围和基本规则，阐明了对与会者的期望以及应该产生的结果。然后，项目经理对项目的当前状态进行简要总结，并强调与会者在识别风险时需要知道的任何当前问题。

审查当前风险。 主要审查研讨会期间的第一个主要任务是审查当前的所有风险。为确保把精力花在最重要的风险上，所有活跃的风险均按优先级次序进行审查，先威胁后机会，具体如下：

1. 红色威胁
2. 红色机会
3. 黄色威胁
4. 黄色机会
5. 绿色威胁
6. 绿色机会

对于每个风险，以下几点必须要审查：

- **当前状态。** 如果某个风险不再处于活跃状态，风险责任人将解释其当前状态，以及状态改变的原因和方式。

- **当前的概率和影响。** 如果风险仍然处于活跃状态，则重新评估其发生概率和影响，考虑任何已完成或正在进行的行动的影响、项目内部或外部环境的任何变化及项目的整体状态。

- **行动状态。** 风险责任人将通过与行动责任人讨论或检查项目计划中报告的进展，了解他负责的风险的商定行动的状态。对于正在进行或最近完成的行动，风险责任人向会议报告其实现预期结果的有效性。如果已完成的行动没有以预期的方式解决风险，风险责任人首先考虑是否需要另一种应对策略，然后在主要审查研讨会结束后立即与分配的行动责任人会面，为现有的或新的应对策略制定额外的行动。如果这些行动也需要增加新的项目活动，那么也可以这样做——考虑未来或计划中的行动，并对计划中的行动进行调整。应对策略或行动的任何变化都应反映在应对后的概率和影响评估中。

审查草拟风险。 接下来的会议将审查自上次正式审查以来所提出的所有风险（包括提议的新风险和执行商定的行动所产生的次生风险）。这些在风险登记册上标有草拟状态。主要审查研讨会的与会者要么在这些风险被认为是真正风险的情况下标记它们为活跃风险，要么在认为它们不是风险或它们是现有风险的重复的情况下标记它们为拒绝。被拒绝的风险在风险登记册中被进行相应的标记，不再被进一步考虑。对项目外部有影响的风险被标记为上报，项目经理在审查后将与组织的相关部门或人员（如果知道的话）进行沟通。

草拟风险应该用风险元语言进行恰当的描述、评估风险的发生概率和影响、指定风险责任人、制定应对策略、确定行动责任人，如第9章所述。当一个草拟风险转换为活跃状态时，该风险的每个元素都将在会议期间被审查，并根据需要进行确认或修改。

考虑新风险。 在审查了所有活跃的草拟风险之后，主要审查研讨会继续确定自上次正式审查以来出现的新风险。风险倡导者或主要审查研讨会的主持人选择一个合适的方法，例如，头脑风暴、假设和制约分析或者核对单（如第5章所述）。记住，不同的技术可能帮助与会者识别以前没有考虑到的风险。

所有新识别的风险都使用风险元语言进行了清晰、明确的描述，并给出唯一的风险标识号。与会者应小心避免增加风险登记册中已经存在的风险，主持人应确保在这个阶段删除重复和非风险的内容。

使用风险管理计划中定义的量表，评估每个新风险的发生概率和影响。新的风险也要使用RBS和WBS进行分类。主要审查研讨会与会者就每个新风险的应对策略达成一致，并指定风险责任人，由他/她来制定适当的行动，并在主要审查研讨会结束后指定行动责任人。

更新风险登记册。 风险登记册必须反映每个风险当前最新的状态。风险责任人提供输入，风险倡导者对此负责。在主要审查工作期间更新风险登记册，不然，风险倡导者会在随后立即更新它。

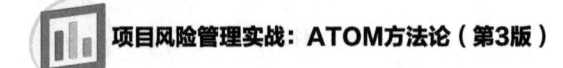

作为主要审查研讨会的一部分，应该审查所有风险，无论它们是以前存在的还是新提出的，都被分配到五种总体状态中的一种：活跃（这适用于所有新风险）、过期、已发生、关闭或删除。

除了整体状况，风险责任人还记录有关每个风险的所有其他信息，并确保风险登记册包含最新的数据，包括：

- 当前的概率和影响评估。
- 所有商定行动的进展。
- 风险责任人或行动责任人的变更。
- 应对策略的改变或新的行动。

审查风险管理过程的有效性。主要审查研讨会结束时，与会者审查了项目当前实施的风险管理过程，并考虑是否适合迎接项目面临的风险挑战。这包括风险管理过程的范围和目标、工具和技术的使用、更新的频率等。风险倡导者就此展开公开讨论，鼓励各方充分反馈和表达任何担忧。可以确定的是，风险管理计划中定义的风险管理过程要么不够稳健，要么过于详细。在这两种情况下，风险责任人应该在主要审查研讨会之后会见项目经理和项目发起人，就风险管理过程变更达成一致。重大变更会导致风险管理计划的修订和重新分发。

结束风险研讨会。主要审查研讨会完成后，风险倡导者总结主要审查研讨会的成果，并列出一致同意的行动，下一个计划审查的时间表也得到了确认。

主要审查研讨会后

在主要审查研讨会之后，风险倡导者会见风险责任人，以完善主要审查研讨会中产生的任何新的应对措施。此外，风险责任人与行动责任人一起对现有行动进行改进，制定新的行动，并评估每个风险应对后的发生概率和影响，以确定剩余风险敞口，并识别和记录任何次生风险。

风险倡导者与项目经理联系，向项目计划中添加任何新的活动，项目经理根据需要考虑变更控制的必要性。

如果在主要审查研讨会期间没有更新风险登记册，那么风险倡导者应确保在生成完整的风险报告之前完成更新。

第10章 保持活力（主要审查）

如果主要审查研讨会建议对项目的风险管理过程进行变更，风险倡导者、项目经理和项目发起人就要会面并就必要的修改达成一致，然后风险倡导者更新并重新发布风险管理计划。项目经理还要将上报的风险告知组织中的相关部门或人员（如果知道的话）。

输出

主要审查有两个主要输出，一个是更新的风险登记册，其中包含每个风险的当前状态和商定行动的进展，另一个是完整的风险报告。完整风险报告的内容与首次风险评估后编制的报告相匹配，详见第8章，但需要加入一个额外的部分——重点关注自上次审查以来的变化，沟通所发现的风险是否有所改善或恶化。报告的这一部分强调了已经发生的变化，包括关闭或删除的威胁的数量，发生的威胁和机会的数量，产生的新风险的数量等。项目可以开发简单的度量指标来显示风险敞口的变化，尽管这对中型项目来说不是强制性的。图10-3展示了度量指标的示例。

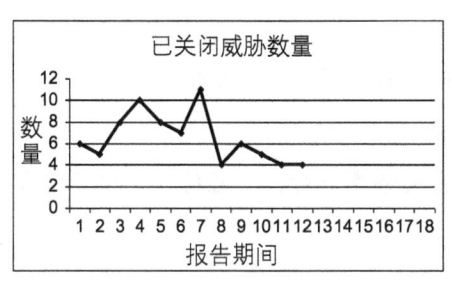

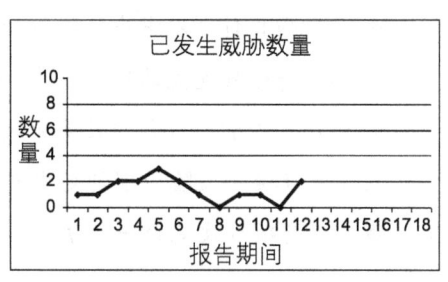

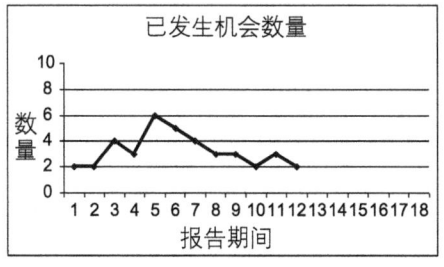

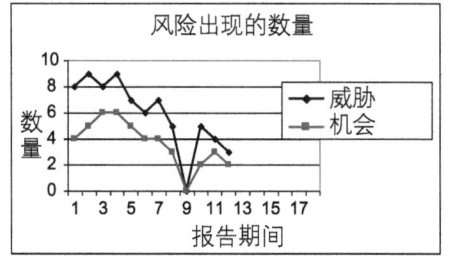

图10-3　衡量风险敞口的样本指标

如果在主要审查期间修改了行动或确定了新的行动，那么这些行动将被输入到实施步骤（参见第9章），以确保它们得到执行。

主要审查也要考虑风险管理过程的有效性。如果需要对当前风险管理过程进行修改，这些将反映在修订后的风险管理计划中。

小结

主要审查可确保风险管理过程能够有效进行，并更新风险登记册以反映项目当前的风险敞口。主要审查包括与首次风险评估相同的步骤，但规模较小，时间有限，需要进行以下活动：

- 准备并推动风险研讨会。
- 审查当前所有风险和新风险，以确定它们的状态。
- 识别、描述和评估新的风险，指定风险责任人并制定应对措施。
- 更新风险登记册。
- 修改和定义风险行动，并指定行动责任人。
- 更新项目计划以考虑风险行动。
- 草拟并分发完整的风险报告和项目报告所需的其他信息。
- 考虑风险管理过程的效果和效率。

主要审查按照风险管理计划中规定的频率进行，一直持续到项目完成后，审查只是项目收尾的一部分。

第 11 章

持续更新（次要审查）

ATOM使用一系列审查来确保项目团队和主要干系人获得当前最新的风险信息，以支持项目的有效管理。在项目的整个生命周期中将定期进行这些审查，主要审查发生在关键节点和重要里程碑之处（如第10章所述）。然而，仅仅依靠在首次风险评估后进行定期的主要审查通常是不够的，因此ATOM次要审查为主要审查之间的风险评估提供了更新的机会。在典型的中型项目中，需要每月进行一次次要审查，并与项目的正常进度审查和报告周期保持一致。

由于在首次风险评估和首次主要审查之间通常有相当长的一段时间，所以通常在首次风险评估之后的一个月左右会进行次要审查。

在正式会议的形式下进行次要审查，会期通常持续约半天时间。该会议可以作为项目进度例会的一部分，也可以作为独立会议进行。在次要审查中，大部分任务都与主要审查中的任务相同，但执行细节的程度较低。

ATOM主要审查的目的是：

- 审查当前最重大的风险（所有红色风险，如果时间允许，就加上黄色风险），以及自上次正式审查以来提出的所有草拟风险。
- 识别新风险。
- 更新风险登记册。
- 为项目进度报告和进度会议提供风险概要报告和定期报告的信息。

为此，需要以下输入：

- 项目管理计划中规定的项目报告周期。
- 风险登记册，其中包含所有风险（当前和草拟）的详细信息。包括：
  - 风险责任人和商定的应对策略。
  - 行动责任人和商定的行动方案。
  - 每个风险的现状。
- 项目当前状态的概述。
- 风险管理工具（电子表格、数据库或专用软件）。

次要审查涉及以下活动。

- 会前准备。
- 风险审查会的目标是：
  - 审查当前最重大的风险。
  - 审查所有草拟风险。
  - 识别和评估新风险。
  - 更新风险登记册。
- 会后的行动方案：
  - 风险责任人与行动责任人保持联系，完善新的应对措施，并制定新的行动方案。
  - 风险责任人与风险倡导者保持联系，提供细化的应对措施和新的行动方案的细节。
  - 风险倡导者更新风险登记册并生成风险概要报告。
  - 风险倡导者与项目经理保持联系，在项目计划中及时添加新活动。
  - 项目经理考虑是否需要按要求进行变更控制。
  - 项目经理将逐步上报的风险传达给组织的对应部门或个人。

次要审查产生以下输出：

- 更新的风险登记册，包含所有风险的最新信息和状态。
- 要实施的修改和新的行动方案。
- 风险概要报告。

- 项目审查会议和定期项目报告的输入。
- 项目进度计划中与风险行动方案相关的其他活动。

这些输入、活动和输出如图11-1所示,详见下文。

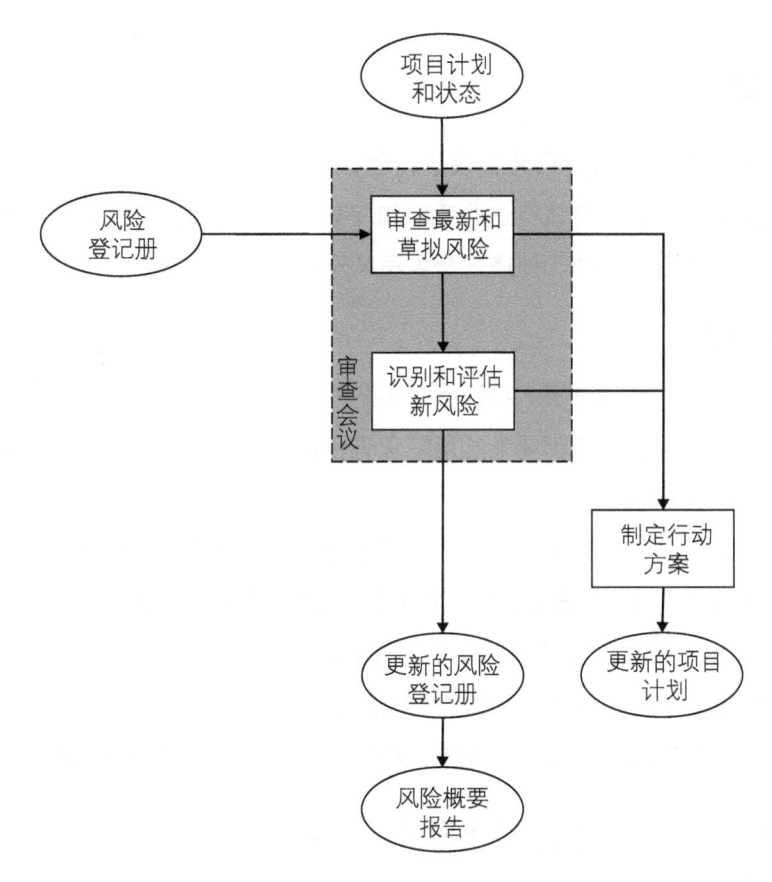

图11-1 次要审查步骤流程图

输入

通常,在项目管理计划中描述项目进度审查和报告周期。诸如次要审查之类的常规风险活动已纳入此周期,以确保将风险管理视为整个项目管理过程的组成部分。

风险登记册包含每个已识别风险的完整数据,包括风险责任人、行动责任人和每个风险的当前状态。此外,自上次风险审查以来所识别的所有风险将以草拟状态列入风险登记册。

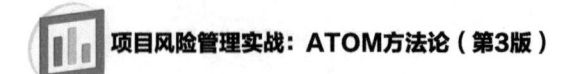

次要审查的关键输入是，项目经理提供的对项目当前状态的概述——指出可能直接影响现有风险的项目变更。

与前几步一样，假设使用风险管理工具来支持ATOM，并在需要时提供此工具。

活动

次要审查是通过风险审查会议进行的，该会议需要开展一些会前活动和会后任务。风险倡导者负责执行这些活动和任务，或者确保由其他人（如风险责任人）执行这些活动和任务，他通常会主导风险审查会议。

会前准备

项目经理、风险倡导者、项目核心团队的其他成员（通常直接向项目经理汇报）以及所有风险责任人都要参加风险审查会议。虽然不强制要求项目发起人出席会议，但也会邀请他。

在准备会议时，要准备一份正式的议程并分发给所有与会者。表11-1展示了为期半天的风险审查会议的典型议程。除了会议议程，风险责任人还会收到一份他们负责的所有活跃风险的优先级清单，该清单可从风险管理工具中自动获得。风险责任人应在会议前审查他们管理的风险，并准备好对每个风险的现状进行评论。

风险倡导者还应编制一份所有现有风险和草拟风险的优先级列表以供会议审查。

表11-1　为期半天的风险审查会议的议程示例

时限（小时）	内　　容
1/4	1. 介绍
2	2. 审查红色风险
1/2	3. 审查草拟风险
1/2	4. 考虑新风险
—	5. 审查黄色风险（如果时间允许）
—	6. 更新风险登记册（在之前的步骤中完成）
1/4	7. 结束会议

风险审查会议

风险倡导者主持审查会议并讨论相应主题。

介绍。如果风险审查会议是常规项目进度会议的一部分,风险倡导者就不需要介绍项目背景,因为这将在会议开始时由项目经理完成。如果风险审查会议是独立会议,项目经理就需要对项目的当前状态给出简短的评论,强调到目前为止的项目进展和所有现存的问题和困难。

审查红色风险。理想状态中的次要审查旨在审查所有活跃的红色风险和黄色风险,但实际上,在大多数情况下因为时间限制而使之无法实现。因此,风险倡导者应使用优先级列表来组织审查活动,从红色威胁开始,然后转向红色机会。所有红色风险必须在会议期间被解决,如果时间允许,也应考虑黄色风险。

对于每个风险来说,必须审查以下内容:

- **当前状态**。如果风险不再活跃,由风险责任人说明该风险的当前状态以及发生这种情况的原因或方式。
- **当前的概率和影响**。重新评估活跃风险的发生概率和影响,同时考虑到对任何已完成或正在进行的行动、项目的任何变更、项目整体状态的影响。
- **行动状态**。风险责任人报告,在应对每一项风险时,计划行动的有效性。如果这些措施未按预期方式影响风险敞口,则风险责任人在风险审查会议后立即与活动责任人处理这些问题。

审查草拟风险。接下来,与会者审议自上次正式审查以来提出的所有草拟风险及所有次生风险。这些风险将被标记为活跃、拒绝(如果它们与现有风险重复)或无风险。被拒绝的风险也被记录在风险登记册中,但不进一步考虑它。影响范围超出项目范围的风险被标记为上报状态,并由项目经理传达给组织对应的部门或个人。

对于提升为活跃状态的草拟风险,应确认风险描述以及对发生概率和影响的评估,任命风险责任人,并与其商定应对策略和初步的行动方案。在会议期间,对各种数据进行审查,并在必要时进行修改。

考虑新风险。考虑新风险是风险审查会议的重要组成部分,尽管实际识别出的新风险相对较少。风险倡导者作为会议主持人,将引导讨论以识别新风险。对

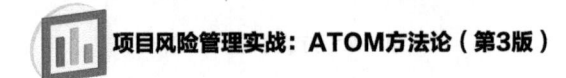

于每个新风险，会议都将：
- 根据项目RBS分配唯一的风险标识符。
- 使用风险元语言清晰准确地描述风险。
- 使用风险管理计划中定义的量表评估风险发生的概率和影响。
- 任命风险责任人，并就初始风险应对策略和初始行动方案达成一致。
- 确定风险应对后评估的发生概率和影响。

审查黄色风险。在时间允许的情况下，审查黄色风险，重点包括：
- 当前状态。
- 当前的发生概率和影响。
- 行动状态。

更新风险登记册。风险倡导者确保根据每个风险的当前状态来更新风险登记册。这可以在风险审查会议期间进行或在会后立即进行。

结束会议。风险倡导者总结输出结果，并通知与会者下次风险审查会议的时间。

风险审查会议后

在风险审查会议结束后，风险责任人需要立即联系行动责任人，以完善所有新的应对措施，修订当前行动，并制定新的行动方案。风险责任人与风险倡导者就此变更进行沟通。风险倡导者在与项目经理讨论后，确保新行动将作为计划活动被添加到项目进度中，并获得相应的资源和经费。因为这些是额外的项目活动，项目经理应考虑是否需要执行变更控制。项目经理还应将上报的风险传达给组织的对应部门或个人。

如果在风险审查会议期间没有更新风险登记册，则风险倡导者应确保在生成风险概要报告前完成更新。

输出

次要审查的主要输出是更新的风险登记册，其中包含所有风险的详细信息，包括当前状态和行动进展。次要审查产生的行动会纳入实施步骤（见第9章）。

进一步的输出是风险倡导者编制的风险概要报告,该报告介绍了风险审查会议的结果。图11-2给出了风险概要报告的内容清单,并概述了报告的各个部分。

```
执行概要
报告的范围和目标
整体风险状态
排名最靠前的风险、行动和责任人
自上次审查以来的变更
结论和建议

附录
  按优先级顺序排列的完整风险登记册
```

图11-2　风险概要报告的内容清单示例

- **执行概要**。对于次要审查结果的概要,其内容不应超过一页纸。
- **报告的范围和目标**。描述次要审查的目的是,强调其在风险管理过程和整个项目报告周期中的重要性。
- **整体风险状态**。简要概述了该项目当前的风险敞口水平。
- **排名最靠前的风险、行动和责任人**。尽管列出了所有最严重的威胁和最佳的机会,但本节按优先级顺序列出了最严重的威胁和最佳的机会,通常为"前十项"。这些都会被讨论,包括对起因和影响的分析、与责任人计划的行动及预期的变化。
- **自上次审查以来的变更**。沟通自上次审查以来风险敞口是否有所改善或恶化是非常重要的。报告的此部分突出显示了变更,展示了度量标准,例如,已关闭或已删除的风险数量、影响项目的威胁数量、已实现的机会数量、产生的新风险的数量等。输出示例如图10-3所示。
- **结论和建议**。本节提出了总结性结论及主要建议。
- **附录**。包含完整的风险登记册,并按优先级顺序列出了每个活跃风险的详细信息。

风险倡导者起草风险概要报告,并将其提交给项目经理进行审查和评论,以确保该报告是风险审查会议的真实概要。风险倡导者和项目经理共同商定风险概要报告草案所需的任何变更;风险倡导者更新风险概要报告,并将风险概要报告分发给项目经理、项目发起人、关键项目团队成员、所有风险责任人和其他关键干系人。

次要审查的额外输出包括项目审查会议和定期项目报告的输入（最有可能采用风险登记册定制输出的形式）。项目经理与风险倡导者进行协商并确定准备哪些报告。通过使用适当的风险管理工具能够在需要时以所需的格式生成信息。

小结

次要审查确保风险管理过程贯穿整个项目生命周期，在两次主要审查之间更新风险登记册，以反映项目当前的风险敞口。次要审查包括以下活动：

- 准备并推动风险审查会议。
- 查看所有当前红色风险和新提出的风险，并确定其状态。如果时间充足，也应审查黄色风险。
- 识别、描述和评估新风险，任命风险责任人并制定应对措施。
- 更新风险登记册。
- 修订和定义风险行动方案，并任命行动责任人。
- 考虑风险行动方案并更新项目计划。
- 起草并分发风险概要报告和项目报告所需的其他信息。

在主要审查期间，按照风险管理计划规定的频率定期进行次要审查。重复执行这些操作，直到项目关闭为止，然后进行项目后审查，如下一章所述。

第 12 章

经验教训（项目后审查）

组织开展项目至少有两个原因。第一个原因是创建将被使用、运营或出售的项目可交付物，以实现商业论证或项目章程中定义的干系人利益和价值。第二个原因是促进组织学习。组织应使用已完成的项目来创建知识和经验体系，以借鉴这些知识和经验，使未来的项目受益。遗憾的是，许多组织（包括那些定期开展项目的组织）都没有考虑第二个原因，因此它们损失了项目所提供的巨大潜在利益。

尽管每个项目在定义上都具有独特性，但已完成的项目和新项目之间存在许多共性。因此，项目后审查提供了一种结构化的机制，能够从以前的项目中获取可以应用于新项目的经验教训。然而，众所周知，项目后审查是项目生命周期中实施效果最差的部分之一。至少有以下三个原因：

- 组织倾向于在项目完成后立即解散项目团队——在以结构化和可用的方式获取知识及经验前就将员工转移到了新项目中。
- 在成本受限的环境中，有些人视项目后审查为非必需的活动。对于向客户收取项目活动费用的承包商来说，尤其如此。客户可能不愿意为一项无法直接使自己的项目受益的活动付费，并且组织可能也不愿将项目后审查包括在其成本中。
- 许多组织缺乏知识管理基础架构来利用经验教训，并认为记录从未使用

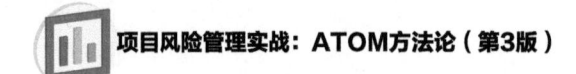

过的信息毫无意义。

最后一点常体现在用于描述项目后审查输出的术语（**经验教训**）上。该术语意味着，在项目后审查期间识别某些内容可以确保在将来的实践中将其考虑在内。遗憾的是，情况往往并非如此，因为只有在将来的项目中应用了这些经验教训，才能真正吸取经验教训。因此，将这些经验教训称为**已确定的经验教训**或**有待吸取的经验教训**可能更好。

尽管当前实践中存在这些缺陷，但是项目后审查仍是项目生命周期的一个重要组成部分，因为它可以从项目中吸取经验教训，使今后类似的项目受益。对于与风险相关的信息来说，尤其如此，在这种情况下，组织需要避免再次犯相同的错误（无论是遭遇本可预见的威胁，还是错失本可预见的收益）。这些内容非常重要，因此它被作为ATOM中的一个独立步骤。即使组织没有正式的项目后审查过程来处理项目的所有方面，也至少要以结构化的方式考虑风险因素。当然，当对项目实施项目后审查时，可以通过在现有审查会议中加入风险管理元素来满足ATOM的需求。

ATOM中的项目后审查步骤旨在：

- 从已完成的项目中获取并记录与风险相关的知识和经验教训，以供今后类似的项目使用。

此步骤需要以下输入：

- 最近一次风险审查的风险登记册。
- 最近一次风险审查的风险报告。
- RBS。
- 已完成项目的问题日志（如果存在）。
- 已完成项目的变更日志。
- 最终的项目进度和结果成本。
- 现有的风险核对清单。

ATOM的项目后审查步骤包括参与主要项目后审查会议，或者召开单独的风险相关会议。这两种会议包括的活动都是相同的：

- 准备风险信息以供会议审议。

- 举行项目后审查会议。
- 总结经验教训。

项目后审查产生以下输出：

- 当项目生命周期包括其自己的项目后审查时，ATOM为项目后报告提供有关风险方面的资料，以结构化的方式获取风险知识和经验教训，以利于今后类似项目的开展。如果没有为项目规划项目后审查，则应编制一份单独的风险经验教训报告。
- 最终的风险登记册，显示在项目结束时所有已识别风险的状态。

这些输入、活动和输出在图12-1中进行了说明，并在以下各节中进行了详细说明。

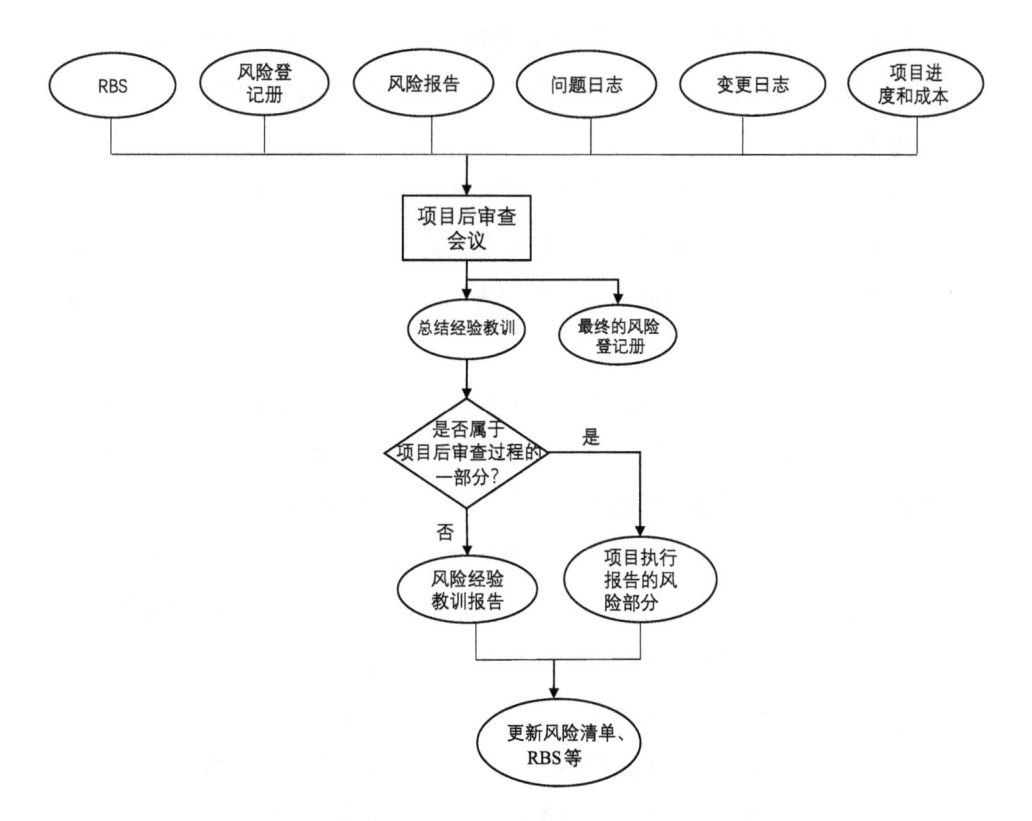

图12-1 项目后审查步骤的流程图

输入

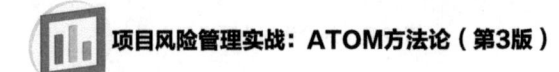

项目后审查步骤的主要输入来自最新的风险登记册，它包含了所有已识别风险的完整历史信息，包括那些在上一次审查时处于活跃状态的风险，以及先前已标记为过期、已发生、关闭或删除的风险（关于这些状态值的描述，见第9章）。此外，风险登记册还包括每个已识别的风险在项目生命周期内发生变更的详细情况，以评估风险发生的概率和影响、应对策略和行动方案等。这些信息构成了项目后审查会议的风险管理元素的原始数据。

由最近的风险审查生成的风险报告也是项目后审查步骤的重要输入，它为上次审查的风险敞口提供了评论。风险倡导者可以决定将完整的风险报告作为输入，提取执行概要，或者提供单独的叙述，以总结项目生命周期中主要的风险要点。

项目风险分解结构被用作项目后审查的风险要素框架，以确保考虑了项目的所有风险领域。

如果项目保留了项目期间出现的不利事件和情况的问题日志，则将其作为项目后审查步骤的输入。这是因为当威胁没有被适当管理时，会产生一些问题。因此，对这些问题的审查可以揭示出潜在的通用威胁，在今后类似的项目中应考虑这些威胁。

项目变更日志还可能指出发生风险并导致项目发生重大变化（积极或消极）的领域。因此，审查项目变更日志既可以指出在其他项目中以不同方式处理的未管理的威胁，又可以指出在类似情况下可能再次获取的机会。

已完成项目的最终进度和成本也应作为项目后审查步骤的一部分进行审查。与初始规划进度和预算相对照，可显示实际的工期和成本，并帮助人们分析可能影响类似项目的时间或成本的风险敞口领域。

项目后审查步骤的最终输入用于识别步骤的风险核对清单。由于项目后审查的主要目的是从该项目中吸取经验教训，以造福于未来的项目，因此确保风险核对清单包括在该项目中识别出的可能影响其他项目的所有风险是很重要的。

活动

对于中型项目，在项目结束时举行正式的项目后审查会议应该是常规做法。项目后审查会议通常由项目经理主持，有时也由第三方主持人主持，与会者包括项目发起人、项目团队关键成员和其他干系人。项目后审查步骤包含在本次会议中，由风险倡导者提供与风险相关的信息以供大家考虑。在整个项目没有项目后审查会议的情况下，项目经理会单独召开会议，专门讨论项目的风险管理问题。

以下活动同样适用于项目后审查会议中的风险讨论环节或特定风险会议。

准备会议的输入

风险倡导者为与会者提供了会前准备资料包，并在会议前将其与议程一起分发（议程示例见表12-1）给与会者。在会前准备资料包中，最重要的文档是最新的风险登记册，其中还应包括风险管理过程中使用的RBS和风险核对清单。除了这些原始数据，风险倡导者还可能提供最新的风险报告、执行概要或如上所述的单独描述。

表12-1 项目后审查会议的典型议程

时限（小时）	内　　容
1/4	1. 介绍
1/2	2. 审查最终风险登记册
2	3. 识别与风险相关的经验教训
1/2	4. 总结经验教训
1/4	5. 结束会议

如果正在进行项目后审查，其他需要审查的内容包括：

- 已完成项目的问题日志（如果存在的话）。
- 已完成项目的变更日志。
- 最终的项目进度和成本。

如果没有提供这些信息，或者正在举行单独的风险会议，风险倡导者就会将这些信息包括在会前准备资料包中。

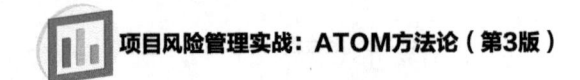

召开项目后审查会议

介绍。项目经理（或外部第三方主持人）按照通常的会议规则和礼仪主持项目后审查会议。在会议的风险讨论环节，假设所有与会者都已阅读相关信息，风险倡导者将根据会前准备资料包中提供的风险信息来介绍要点。

审查最终风险登记册。在项目的这个时间点上，风险都已经是不活跃的了，因此会议的第一步是审查并更新最近的风险登记册，以显示所有风险的最终状态：过期、已发生、关闭或删除。

识别与风险相关的经验教训。建议项目后审查使用RBS作为框架，以确保考虑了所有风险来源，并在项目之间提供了用于交流经验教训的比较结构。审查依次针对RBS的每个1级或2级组件处理下列问题，并参考最新的风险登记册、项目问题和变更日志，以及最终的项目进度和成本。

- 该项目识别的主要风险是什么（威胁和机会）？这些风险是否代表了可能影响类似项目的一般风险？
- 发生了哪些可预见的实际威胁？为什么？错过了哪些本可以抓住的机会？为什么？
- 发生了哪些应视为威胁的问题和困难？出现了哪些本应被视为机会的未计划收益？
- 可以采取哪些预防措施来最大限度地减少或规避威胁？可以采取哪些积极措施来最大限度地开拓机会？
- 哪些应对措施在管理风险方面是有效的？哪些是无效的？
- 在风险管理过程上投入了多少资源来实施风险管理过程和应对措施？
- 风险管理过程能带来哪些具体的好处吗（例如，减少项目工期或降低成本，增加业务收益或提升客户满意度等）？

总结经验教训。回答以上问题的目的是，从该项目中识别出对未来类似项目可能有用的经验教训。在讨论期间，风险倡导者要记录以下各项：

- 可能影响未来项目的一般风险（威胁和机会）。
- 已证明有效的并在未来的项目中被积极考虑的应对措施和行动方案。
- 尝试过但无效的应对措施和行动方案（可能被排除在未来的项目之外）。

- 在风险管理过程中特别有效的内容，以及可以化解风险或改进风险管理的方法，包括使用各种工具和技术的技巧及提示。

如果有可能的话，在会议的这一环节，风险倡导者将这些内容总结成经验教训的独立陈述，并将其提交给与会者，以征求他们的意见。

结束会议。在项目完成后，风险倡导者总结项目后审查会议的结果，并列出所有已达成一致的行动方案。让所有与会者都有机会提出任何未实现的目标或尚待解决的问题同样是非常重要的，风险倡导者将在会议结束前腾出时间进行讨论。

输出

在项目后审查会议结束后，风险倡导者会记录会议中风险讨论环节的发现和结论。该报告可能作为一个更大的项目后审查报告的一部分发布，也可能形成单独的风险经验教训报告，具体形式取决于项目的报告要求。该报告由项目经理批准，并由项目经理发给项目后审查会议的所有与会者，以及缺席会议的关键干系人。

该报告包括以下建议：

- 将风险添加至组织的风险核对清单，以便在未来类似项目的风险识别步骤中加以考虑。
- 如果已识别的风险没有映射至现有的RBS框架，则修改组织的RBS框架。
- 在未来类似项目的策略中，应采取主动的预防措施以应对可能遇到的风险。
- 更改风险管理过程以提高有效性，通过使用工具和技术，或者开发标准模板来支持风险管理过程。

此外，还可以将开展风险管理过程的成本，与通过规避威胁和利用机会获得的额外收益进行比较，来计算风险管理过程的投资回报率。

发布的最终风险登记册显示了项目结束时所有已识别的风险的状态。由于项目结束后就不存在项目风险了（因为不确定性不会再影响项目目标），所有风险的关闭状态必须设置为过期、已发生、关闭或删除。此外，在项目结束时，任何可能影响其他项目或组织的风险都由项目经理上报给组织的相应部门或人员（如果知道的话），并且将其状态设置为上报。

在发布项目后审查报告或风险经验教训报告后，风险倡导者应与负责维护风险核对清单和RBS的人员保持联系，以确保项目后审查提出的建议得到了考虑，并在适当的情况下得到了实施。如果组织有一个结构化的知识管理系统，风险倡导者还应确保所有的经验教训都录入系统以供未来使用。

小结

项目后审查的目的是，从已完成的项目中获取并记录与风险相关的知识和经验，以供未来类似的项目使用。这可以通过确保项目后审查明确地处理风险，或者举行单独的风险管理会议，在项目后审查报告或风险经验教训报告中记录经验教训来实现。

项目后审查是ATOM的最后一步，它确保组织不会丢失可重复使用的知识和经验。开展项目有两个原因——创建项目可交付物和提高组织的学习能力，而项目后审查是提高组织学习能力的必要因素。

第3部分

主题变奏

第 13 章

小型项目的 ATOM

每一位参与项目的人都认同，项目是有风险的，容易受到各种不确定性的影响。如果所有项目都存在风险，则说明所有项目至少在一定程度上都需要风险管理。然而，很清晰的一点是无论在范围或风险敞口上，并不是所有的项目都是相同的。对于搬迁办公室的项目和发射航天飞机的项目来说，两者的风险水平是截然不同的。因此，尽管所有的项目都需要以某种方式来解决风险管理问题，但解决问题的级别应该有所不同。

尽管可以在各种级别上进行风险管理，但是标准的风险管理过程仍然适用于每个项目，因为始终需要明确风险管理的范围和目标（启动），找出可能影响项目的风险（识别），对需要进一步关注的风险进行优先级排序（评估），决定如何应对这些风险（规划应对），采取适当的措施（实施），沟通结果（报告），持续更新状态（审查），以及在项目结束时确定要吸取的经验教训（项目后审查）。因此，前面各章节描述的标准ATOM可以应用于每个项目。然而，当不同的项目面临不同的风险挑战时，也反映了ATOM的可伸缩性。

第3章讨论了如何使用项目规模分级工具将项目分为三种类型。在典型的组织中，大多数项目属于中型类别，第2部分（第4章至第12章）详细介绍的标准ATOM为此类项目提供了一种方法。因为ATOM具有可伸缩性，所以它也可以应用于小型项目和大型项目，遵循相同的流程框架，但是运用的细节程度不同。

第13章 小型项目的ATOM

本章介绍了如何修改ATOM，以使其适用于小型项目。第14章介绍了如何修改ATOM，以使其适用于大型项目。

少就是多

像所有项目一样，尽管小型项目也具有不确定性，但是小型项目缺乏某些会导致较大风险敞口的特征。小型项目较低的风险级别使ATOM得以简化，同时保留有效风险管理的基本要素。

小型项目面临的挑战是既要降低ATOM的复杂性，又要使由此产生的ATOM适合任务——简化而不过于简单。

小型项目的ATOM遵循通用的风险管理过程，但在不削减重要任务的情况下，简化了每个步骤，从而使所需的时间和人力投入最小化（见图13-1）。本章将逐步介绍ATOM中的各个步骤，以及对先前针对中型项目描述的标准方法的修改。（有关标准方法的更多详细信息，请参阅第2部分的相应章节。）

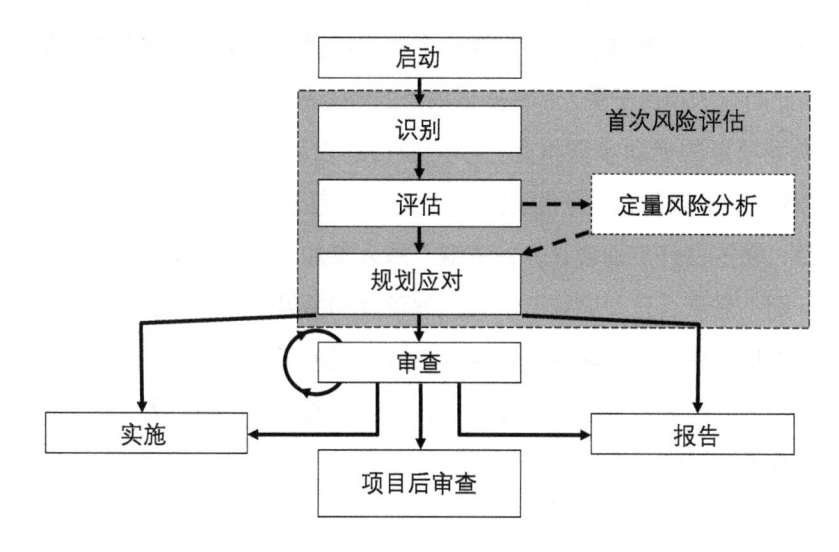

图13-1 ATOM中的步骤

和中型项目一样，小型项目的ATOM是迭代的，从启动步骤开始，然后进行首次风险评估，在整个项目生命周期中进行定期审查，并在项目后审查步骤完成后结束，如图13-2所示。

项目风险管理实战：ATOM方法论（第3版）

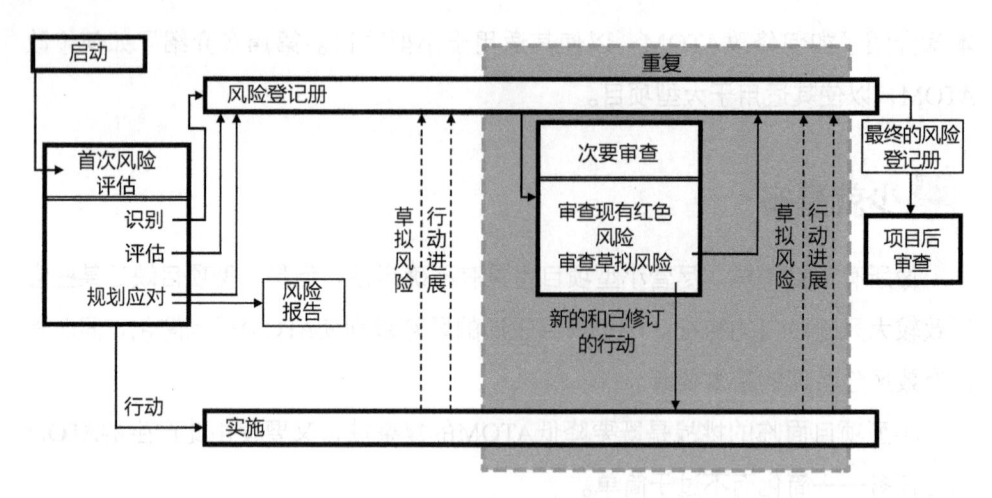

图13-2　小型项目的ATOM

启动

启动步骤的目的是，定义应用于该项目的风险管理过程的范围和目标，并分配风险管理的角色和相应的职责。在启动步骤所做的决策会被记录在风险管理计划中，因此所有的项目干系人都将知道项目的风险是如何被管理的。

与中型项目的启动步骤相比，小型项目的启动步骤在多个方面都有所简化（见第4章）。关键区别在于生成风险管理计划包含的信息所使用的方法。对于中型项目，需要召开启动会议，由关键干系人参加，由风险倡导者推进。对于小型项目，则不需要召开此会议，项目经理可以和关键干系人一起制订风险管理计划。在小型项目的启动步骤中，不需要进行正式的干系人分析，因为项目经理可能已经对各个干系人及其需求熟稔于心，并且能够在不进行干系人分析的情况下将其记录在风险管理计划中。

小型项目的风险管理计划本身也比中型项目所需的更简单，它通常是根据图13-3中的内容清单模板生成的。小型项目的风险管理计划的内容与中型项目的相同，但在角色和职责定义这一特定领域减少了一些细节，不需要RACI表（见表4-4）。

```
介绍
项目描述和目标
风险管理过程的目的、范围和目标
ATOM 的应用
风险管理的工具和技术
风险管理的组织、角色和职责
风险审查和报告
附录
  特定项目的风险概率和影响定义
  特定项目的风险源（RBS）
```

图13-3　小型项目的风险管理计划内容清单示例

另一个关键区别是风险管理岗位的人员分配。一个小型项目很少有全职的风险倡导者。这个角色通常可以由中央资源库（如项目办公室）提供兼职支持，或者由项目经理直接承担风险倡导者的职责。然而，即使对于小型项目，也需要指定负责管理个别风险的风险责任人和行动责任人，因为不能指望项目经理管理所有已识别的风险。

风险管理计划定义了在风险管理过程中要使用的评估框架，对于小型项目来说，这个框架可以简化。中型项目的框架通常使用5级量表（很低、低、中、高、很高）来测量风险的发生概率和影响（见表4-6），以提供必要的颗粒度来区分风险。对于小型项目，项目经理应该考虑使用更简单的风险评估框架，如3级量表（低、中、高）或4级量表（很低、低、中、高）。表13-1和表13-2给出了这种量表的例子。项目经理应与项目发起人就所使用的评估框架达成一致，并将此决策记录在风险管理计划中。

表13-1　特定项目风险的发生概率和影响的3级量表

量　表	概　率	+/− 对项目目标的影响		
		时　间	成　本	质　量
高	67% ~ 99%	> 20 天	> 2 万美元	对整体功能有重大影响
中	34% ~ 66%	10 ~ 20 天	1 万 ~ 2 万美元	对关键功能领域有显著影响
低	1% ~ 33%	< 10 天	< 1 万美元	对整体功能有微小影响
无（零）	< 1%	无变化	无变化	功能不变

表13-2　特定项目风险发生概率和影响的4级量表

量　表	概　率	+/- 对项目目标的影响		
^	^	时　间	成　本	质　量
高	71%~99%	>20天	>2万美元	对整体功能有重大影响
中	41% ~ 70%	10 ~ 20天	1.1万~2万美元	对关键功能领域有显著影响
低	11% ~ 40%	3 ~ 10天	3000~1万美元	对整体功能的影响较小
很低	1% ~ 10%	<3天	<3000美元	对次要功能有微小影响
无（零）	<1%	无变化	无变化	功能不变

风险管理计划还描述了用于支持风险管理过程的工具，小型项目通常使用简单的电子表格或数据库，而不是专用的风险工具。例外情况是，组织对所有项目都使用标准的风险工具集，或者使用包含每个项目数据的企业内通用的风险系统，在这种情况下，即使对于小型项目也需要使用标准工具，或者将风险数据保存在标准系统中。

对于小型项目，实施启动步骤所需的任务总结如下：

- 项目经理与项目发起人确认项目目标和风险评估框架。
- 由项目经理起草风险管理计划，由项目发起人批准该计划。
- 项目经理向项目团队和关键干系人发布风险管理计划。

识别

识别步骤旨在揭示和记录影响项目目标的所有可知风险。实际上，这是一项永无止境的任务。因此，必须对这一步骤所花费的精力加以限制。然而，也不要跳过这一步骤或不重视风险识别，因为没有识别的风险无法管理，这会导致项目遇到意料之外的问题，并错过潜在的收益。

将中型项目的风险识别步骤删减两项，就能得到小型项目进行首次风险评估时要识别的要素（见第5章）。这两项是：

1．在现有的项目团队会议上进行风险识别（并评估和制定应对措施），而不召开专门的风险识别研讨会。
2．限制已在使用的风险识别技术。

项目经理领导项目团队开展风险管理过程，并在项目团队的会议上为此留出时间。项目团队应该在首次风险评估期间为风险管理过程花费更多的时间，而不是在项目后期。通常，应该为该活动分配2～3小时的时间（包括风险识别、评估和制定应对措施）。当团队成员对这种任务不熟悉时，建议将项目团队会议的风险识别过程作为首个议程项。除非有兼职的风险倡导者来领导这部分的项目会议，否则项目经理将领导风险识别过程。图13-4概述了这部分会议中包含的风险识别步骤。

1．确认风险管理过程的范围和目标
2．使用以下方法识别风险 　　　假设条件和制约因素分析 　　　风险核对清单 　　　公开讨论/头脑风暴（尽量使用）
3．梳理风险
4．评估概率和影响，并绘制双重P-I矩阵
5．指派风险责任人
6．确定风险的优先级顺序
7．确定应对策略和初始行动
8．记录风险数据（会后）

图13-4　小型项目团队会议中的风险识别步骤

小型项目采用两种风险识别技术，既能以最少的付出迅速取得结果，又不会影响数据质量或者缩短过程。重要的是，要有足够的时间进行风险识别，否则，关键风险很可能因被忽略而无法管理。这两种技术是：

1．假设条件和制约因素分析。

2．风险核对清单。

在第5章已对这两种技术进行了详细介绍，在此总结如下。

- **假设条件和制约因素分析**。项目的假设条件和制约因素应该已经被记录在项目商业论证、项目章程或其他工作说明书中。如果没有被记录，项目经理应在项目团队会议前与项目发起人进行一次简短的会议，以识别并记录这些假设条件和制约因素，并确保将隐性的假设条件和制约因素以及显性的假设条件和制约因素尽可能地都暴露出来。然后，在项目团队会议上讨论从本次会议或现有项目文档中获得的假设条件和制约因素。由团队成员依次审查每个假设条件和制约因素，并提出两个问题：

☐ 这个假设条件和制约因素可能是错误的吗？

☐ 如果是错误的，将如何影响项目目标？

如果假设条件和制约因素是错误的并且会对项目造成影响，则团队成员应提出该风险。

- **风险核对清单**。如果组织具有标准的风险核对清单，则应在团队会议期间对其加以考量。对风险核对单上的每个风险进行审查。与会者会询问各个风险是否与项目相关，在回答"是"或"不知道"时提出该风险。如果没有风险核对清单，则项目经理可以引导项目团队进行简短的开放式讨论，以识别在假设条件和制约因素分析期间未提出的风险。

在使用了这两种结构化的风险识别技术后，项目经理可以通过主持一次简短的头脑风暴会议来邀请团队成员提出任何尚未添加的风险。头脑风暴会议不需要花很长时间，因为通过使用这两种风险识别技术，大部分风险已经被暴露，但是也应允许每个团队成员保留自己的意见。

项目经理鼓励团队识别威胁和机会，确保在会议期间提出的所有风险都能得到适当的描述，并使用风险元语言区分起因和影响。在项目团队会议期间提出的风险由项目经理或会议记录员记录，并在会议结束后立即输入风险管理工具。然后，由项目经理审查每个风险，以确保风险的描述是准确、清晰、没有重复的，并可根据需要进行修改。

在小型项目的首次风险评估中进行风险识别，需要执行以下任务：

- 项目经理阐明项目假设条件和制约因素，并在必要时生成风险核对清单。
- 在项目团队会议期间，使用假设条件和制约因素分析来识别风险，然后考虑风险核对清单，并进行简短的讨论或头脑风暴。
- 在项目团队会议后，记录所有已识别的风险并将其输入风险管理工具。

评估

在生成风险核对清单后，对这些风险进行优先级排序，以便进一步关注和采取行动，这是在首次风险评估步骤中"评估部分"的目的。第6章对中型项目的风险评估进行了描述。小型项目的风险评估则是在风险识别后立即在同一项目团队会议上进行的。通过评估每个风险的两个关键维度——发生的概率和对项目目标的影响，可以实现简单的优先级划分。

项目经理提出与项目发起人达成共识的风险评估框架，并将其记录在风险管理计划中，以便在评估已识别的风险时使用。项目经理将引导项目团队成员对每个风险依次进行讨论，讨论内容包括：

- 首先，项目经理征求意见，预估风险发生的概率，并就评估框架中的一个价值寻求团队成员的共识。
- 其次，团队利用评估框架来考虑每个风险可能对项目目标产生的影响，并应再次寻求团队成员的共识。
- 再次，在会议期间将每个风险绘制在双重P-I矩阵上，以反映对风险发生概率和影响的评估。
- 最后，为每个风险分配一位风险责任人，由他选择适当的策略并制定一套初步方案来应对风险。在通常情况下，出席会议的项目团队成员将被指定为风险责任人，但如有必要，也可以提名其他人。如果将非参会人员指定为风险责任人，项目经理应在会议结束后立即通知相关人员并征得其同意。

对于每个风险，都要记录其发生的概率和影响评估，以及商定的风险责任人，并在会议结束后立即将其输入风险管理工具。这些步骤也显示在图13-4中。

在讨论并评估每个风险是否结束后，项目经理根据评估的发生概率和影响及风险在双重P-I矩阵中的位置，生成威胁和机会的优先级清单。图13-5和图13-6分别给出了双重3×3P-I矩阵和双重4×4P-I矩阵的优先级排序方案。在这项工作完成后，不妨在团队会议期间安排短暂的休息。

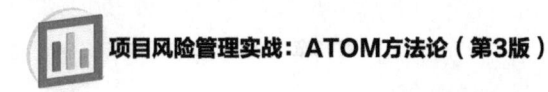

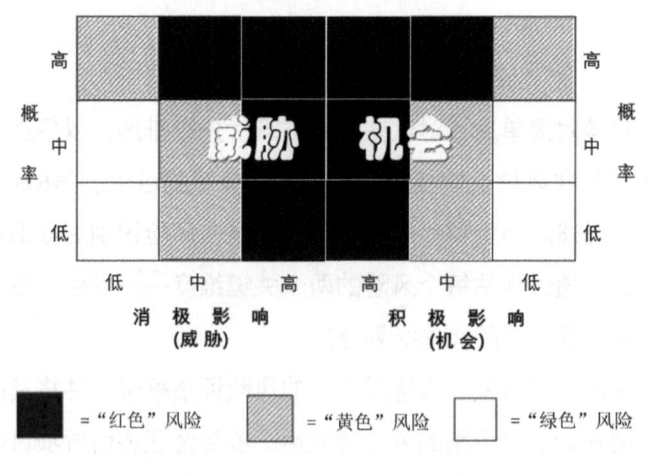

图13-5　双重3×3 P-I矩阵

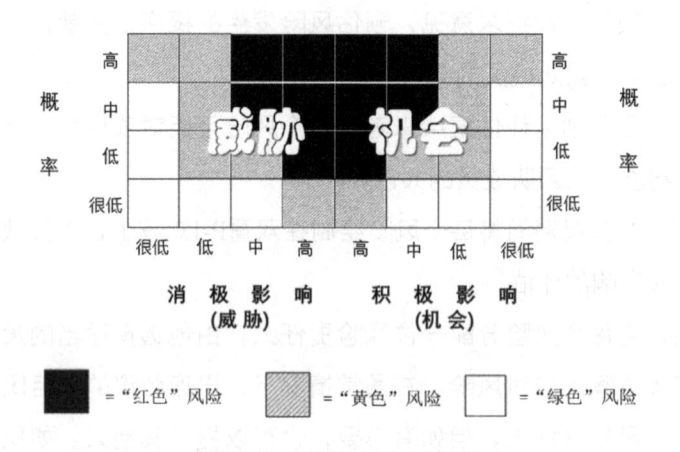

图13-6　双重4×4 P-I矩阵

小型项目的评估步骤与中型项目的评估步骤不同，因为它无须进一步按风险源（使用RBS）或受影响项目的领域（使用WBS）对风险进行分类。有效管理小型项目的风险通常不需要做到这种详细程度。

小型项目的风险评估包括以下内容：

- 在项目团队会议期间，利用风险管理计划中详细描述的概率和影响的定义来评估风险。
- 为每个风险指定一个风险责任人。
- 根据对风险发生概率和影响的评估，生成一个威胁和机会的优先级清单。

- 记录所有已识别风险的发生概率和影响评估，以及商定的风险责任人，并在项目团队会议后输入风险管理工具。

规划应对

ATOM的首次风险评估步骤的规则应对部分也在小型项目的项目团队会议期间进行，但不包括中型项目所采用的访谈（见第7章）。所需步骤包含在图13-4中。在针对小型项目制定风险应对措施时，虽然没有正式考虑次生风险的要求，但是如果在讨论风险应对措施时出现了次生风险，则应记录这些次生风险并将其包含在风险管理过程中。

评估步骤的结果是，为每个已识别的风险选择一个风险责任人（通常为参与团队会议的项目团队成员）。在项目团队会议的规划应对环节，项目经理与每个指定的风险责任人进行简短和有针对性的讨论，首先处理威胁，然后处理机会，并按优先级顺序进行处理。对于每个风险，该讨论都有两个步骤：

- 风险责任人需要为每个风险选择适当的应对策略，并与项目经理达成一致。威胁应对策略包括规避、转移、减轻或接受；机会应对策略包括利用、分享、提高或接受。
- 在选定应对策略后，风险责任人将制定一套初始的行动方案（至少要为每个风险配合一项行动），并推荐行动责任人。行动应该被适当地定义，附有完成标准、时间节点和预算。应为行动提供足够的信息，以便行动责任人可以清晰地理解行动，并由项目经理进行监控。

规划应对步骤是在团队会议期间完成的，因此其他团队成员也能够参与有关风险责任人的讨论，并为寻找妥善处理已识别风险的方法提供新思路。团队成员也有可能被指定为行动责任人，因此可以在会议期间获得他们对行动执行的认可。

在会议期间，针对每个风险所商定的应对措施、行动方案和风险责任人都会被记录。在会议结束后，应立即将该数据输入风险管理工具。

如果某个风险的风险责任人没有出席项目团队会议，项目经理应尽快与该风险责任人商谈，以制定应对措施和行动方案。会后，项目经理应确保将这些数据

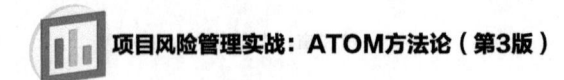

输入至风险管理工具。

项目经理还要确保在会议结束后立即将所有商定的行动方案纳入项目计划，以便将其作为正常项目管理工作的一部分，与其他项目任务一起加以监控。

在对一个小型项目执行规划应对（在首次风险评估期间）时，需要完成以下任务：

- 在项目团队会议中制定应对措施。
- 风险责任人为每个风险选择适当的应对策略，与商定的行动责任人确定行动方案，并在项目团队会议后将数据输入风险管理工具。
- 项目经理将商定的行动方案纳入项目计划。

报告

小型项目的报告要求比中型项目的报告要求大大降低（见第8章）。风险管理计划定义了风险报告的性质、内容、频率和分发，项目经理负责编制这些报告。对于小型项目，报告的主要输出是风险登记册，通常直接由风险管理工具生成。采用简化的风险登记册可能是适当的，见表13-3。通常，还需要编制一份简短的风险报告，以阐明项目当前的风险状态。这类报告的典型内容清单如图13-7所示。除了单独的风险报告，一个可以接受的替代办法是，在常规项目进度报告中加入与风险报告内容相同的章节。

在小型项目的首次风险评估结束时完成报告的步骤涉及以下工作：

- 项目经理从风险管理过程的早期步骤中收集数据。
- 项目经理编制风险登记册并起草风险报告（或者在常规项目进度报告中加入风险报告的章节），以供项目发起人批准。
- 项目经理签发并发布风险登记册和报告。

第13章 小型项目的ATOM

表13-3 简化的风险登记册格式示例

项目名称：
项目经理：
状态日期：

风险编号	提出日期	风险描述			风险应对前评估			风险责任人	风险应对策略	风险应对措施（包括风险责任人）	行动状态	风险应对后评估		
		起因	风险	影响	概率	影响	优先级（红/黄/绿）					概率	影响	优先级（红/黄/绿）
1														
2														
3														
4														
5														

执行概要
报告的范围和目标
总体风险状况
最高风险、行动和责任人
结论和建议
附录
按优先级排序的风险登记册

图13-7 小型项目风险报告内容清单示例

157

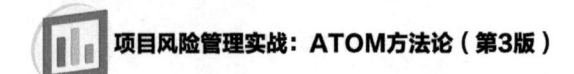

实施

在ATOM的规划应对步骤中，将为每个已识别的风险指定一位风险责任人，由他选择适当的应对策略并制定适当的行动方案。请注意，每项行动都应有一位行动责任人。首次风险评估的最后一步是实施商定的行动，这对小型项目和中型项目来说都是一样重要的。因此，与中型项目相比，小型项目的实施步骤是没有差异的（见第9章）。

在实施步骤中，行动责任人实施商定的行动，并向风险责任人汇报行动进展。然后，此进展将作为正常项目监控过程的一部分被输入项目计划，以便该计划包含所有行动的当前状态。

同样重要的是，在实施步骤中，项目团队的所有成员都要对可能出现的新风险保持警惕。每当识别出一个新风险时，都应立即通知项目经理。然后，由项目经理将风险（草拟状态）输入风险管理工具，以便在下次项目团队会议中进行审查。

尽管看起来很简单，但在某些方面，实施步骤是ATOM中最重要的步骤，因为如果未能实施商定的行动，就意味着风险仍然没有得到管理（某些威胁将变成本应规避或尽量减少的问题，而某些本应抓住的机会将被错过）。因此，即使对于小型项目，对实施步骤给予适当的关注也是至关重要的。

小型项目的实施步骤包括以下任务：

- 行动责任人执行商定的行动，并向风险责任人汇报。
- 风险责任人根据所有行动的状态更新项目计划。
- 所有项目团队成员在发现新风险时应及时将其提出。
- 项目经理将新提出的风险（草拟状态）输入风险管理工具。

审查

与任何项目一样，在小型项目的整个生命周期中，风险敞口会不断发生变化。因此，保持风险评估的时效性是非常重要的，除了进行首次风险评估，还需要采取与风险相关的措施。ATOM包括了审查环节，以持续对风险进行新的评估。中型项目采用了一系列的主要和次要审查（见第10章和第11章）。主要审查基本上通过召开专门的研讨会来重复首次风险评估的所有步骤，而次要审查则在较低的细节层级上进行。

对于小型项目，不太可能对其进行严格的主要审查，因此在小型项目的ATOM中只需要实施次要审查。这些审查是在项目团队的例会中进行的，不需要单独开展风险审查会议。

在项目团队会议的风险讨论环节，项目经理通过领导团队成员讨论来对所有活跃的红色风险按优先级顺序进行审查（先处理威胁，后处理机会）。针对每个风险，风险责任人都应报告商定行动的进展情况，并为风险分配一个状态值（活跃、过期、已发生、关闭或删除）。如果一个风险仍然处于活跃状态，风险责任人要评估其当前的发生概率和影响，并与项目团队讨论，以确定是否需要采取新的行动，或者指定新的行动责任人。

在讨论了所有红色风险后，由项目经理牵头审查自上次会议以来提出的草拟风险。这些草拟风险要么被丢弃（在这种情况下，它们在风险管理工具中被标记为拒绝状态），要么被接受（在这种情况下，它们在风险管理工具中被标记为活跃状态）。对于新的活跃风险来说，团队应就其发生的概率和影响达成共识，并选择一个风险责任人，由他选择应对策略并与行动责任人就行动方案达成一致。

如果项目团队会议还有剩余时间，项目经理还可以讨论黄色风险（可选项）。也应允许团队讨论其他活跃的风险，报告状态变化，或者针对应对策略、行动方案或行动责任人的变更提供建议。

所有在会议期间商定的风险数据的变化都必须被记录并输入风险管理工具。在会议结束后，应编制更新的风险登记册，并提供给项目团队成员和其他关键干系人，但通常不需要提供风险报告。

在小型项目的ATOM中，审查步骤包括以下任务：

- 在项目团队会议中审查活跃风险和新提出的草拟风险。
- 对所有红色风险和其他例外风险进行审查。
- 对草拟风险进行审查并予以拒绝或接受。

- 项目经理将更新的风险数据输入风险管理工具。
- 项目经理重新发布风险登记册。

在审查结束后，如果项目经理希望向干系人汇报最新的项目风险状况，则需要将风险管理部分的内容纳入定期的项目状态报告（也可以将当前的风险登记册分发给各个干系人）。

项目后审查

即使是小型项目也可以为将来的项目产生有价值的经验教训，因此项目后审查应成为常规项目生命周期的一部分，尽管通常情况并非如此。当在中型项目中应用ATOM时，如果举行项目后审查会议，应将风险因素纳入其中，或者单独举行一次与风险有关的会议（如第12章所述）。同样的过程也适用于小型项目，包括以下任务：

- 项目经理为会议准备相关的风险数据，包括最终发布的风险登记册。
- 举行项目后审查会议（或单独的与风险有关的会议）。
- 总结经验教训，包括常见的风险、有效的应对措施和改进过程的方法。

小结

ATOM适用于所有项目，包括那些风险较小的项目。即使在这些小型项目中，识别威胁和机会并确保它们被积极有效地管理也是很重要的。

小型项目的项目经理或团队没有任何借口说自己没有足够的时间或资源来进行风险管理，因为这里所描述的简化的风险管理过程可以实现结果的最大化，同时最大限度地降低成本。现有的项目团队会议可被用来代替专门的风险研讨会或风险访谈，报告的要求也被降至最低限度。本章介绍的简化的小型项目ATOM（见图13-8）具备中型项目ATOM的所有益处，其方式是合理且适当的。

第13章 小型项目的ATOM

启动：
- 确定项目目标和风险评估框架
- 起草并发布风险管理计划

识别：
- 明确项目假设条件和制约因素
- 在项目团队会议中识别风险

评估：
- 在项目团队会议中评估已识别风险的发生概率和影响
- 为每个风险指定一位风险责任人
- 编制一份威胁和机会的优先级清单

规划应对：
- 在项目团队会议中制定适当的应对措施和行动方案
- 在项目团队会议后将所有风险数据录入风险管理工具
- 将商定的行动纳入项目计划

报告：
- 编制并发布风险登记册
- 起草并发布风险报告（或定期项目进展报告中的风险管理内容）

实施：
- 实施商定的行动并向风险责任人汇报
- 在项目计划中更新行动状态
- 提出新的已知风险，并录入风险管理工具

审查：
- 在项目团队会议中审查现有的红色风险和所有草拟风险
- 将更新的风险数据录入风险管理工具
- 重新发布风险登记册

项目后审查：
- 为会议准备相关的风险数据
- 在项目后审查会议期间对风险加以考虑（或举行单独的与风险有关的会议）
- 总结经验教训，包括常见的风险、有效的应对措施和改进过程的方法

图13-8 小型项目的ATOM

第 14 章

大型项目的 ATOM

ATOM的一个关键特性是可扩展性。ATOM旨在适用于任何行业的任何项目，并提供适用于所有行业的通用的风险管理过程。但不可否认，有些项目的风险要高于其他项目。尝试将载人航天飞机送往火星与将办公室从一楼搬到二楼的规模大不相同，尽管两者都是项目，都需要某种风险管理过程。

第3章讨论过的ATOM项目评估工具（见表3-1）允许组织将其项目按规模分成三类：小型项目、中型项目和大型项目。当然，规模是相对的——一个100万美元的项目对一个组织来说可能是巨大的规模，但对另一个组织来说可能是微小的规模——且包含很多维度（如复杂性、价值、持续时间、战略重要性），所以项目规模评估工具必须反映出对组织来说什么是重要的。一旦对项目进行了分类，就可以据此调整风险管理过程。第2部分（第4章至第12章）介绍了典型的中型项目的ATOM；第13章讨论了如何为一个小型项目修改ATOM。本章介绍如何将ATOM应用于大型项目，它们可能面临更高的风险并因此需要更严格的风险管理要求。

此处描述的风险管理过程是，假定将一个大型项目视为一个整体，而不是将其分为若干子项目。然而，有时大型项目可以被分解为多个小型组件。在这种情况下，在大型项目的不同层级应用ATOM可能是有益的。可以按风险评估的层级结构对其进行评估，在最高层级进行整体项目风险评估，在较低层级进行子项目的评估。这可能产生多个风险登记册，以描述大型项目中不同层级的风险。（这种方法也适用于管理项目集或项目组合的风险，但是在这个层级管理风险超出了ATOM的范围，因为ATOM是为项目设计的。ATOM在项目集的使用将在第16章中讨论。）

本章的其余部分描述了ATOM应用于一个单一的大型项目的情况。

大就是好

许多特征可能导致将一个项目归为大型项目。可使用表3-1所示的示例项目规模分级工具。通常，一个大型项目会有以下几个特性：

- **战略重要性**。对达成业务目标至关重要。
- **商业/合同复杂性**。开创性的商业实践（与未解决的问题）。
- **外部制约因素和依赖关系**。总体项目成功取决于外部因素（不可控的）。
- **需求稳定性**。需求没有最终确定，有待协商。
- **技术复杂性**。创新度很高的开创性产品/项目。
- **市场领域的监管特征**。受到高度监管或新兴领域。
- **项目价值**。与组织中的其他项目相比，大型项目的价值更高。
- **项目工期**。与组织中的其他项目相比，大型项目的工期更长。
- **项目资源**。国际项目团队或合资企业。
- **项目后责任**。惩罚性风险敞口。

显然，大型项目对任何组织都构成了重大的风险挑战，而标准的ATOM可能是不够的。这里描述的对风险管理过程的修改旨在提供一个强大的风险管理过程，同时保留一个简单的框架，不会给项目团队带来不可接受的经济负担。

适用于中小型项目的通用的ATOM也适用于大型项目（见图14-1），但是对于大型项目来说，每个步骤都要被加强，以确保必要的严格性。对于所有项目来说，大型项目的ATOM是迭代的，从启动步骤开始，接着进行首次风险评估，然后在整个项目生命周期中进行定期审查，并在项目后审查步骤完成后结束，如图14-2所示。

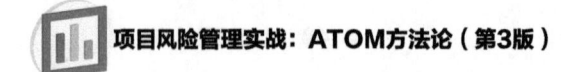

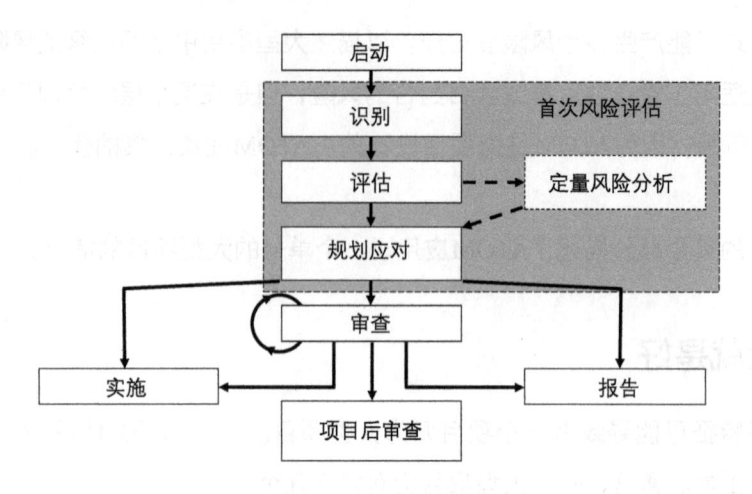

项目风险管理实战：ATOM方法论（第3版）

图14-1 ATMO步骤

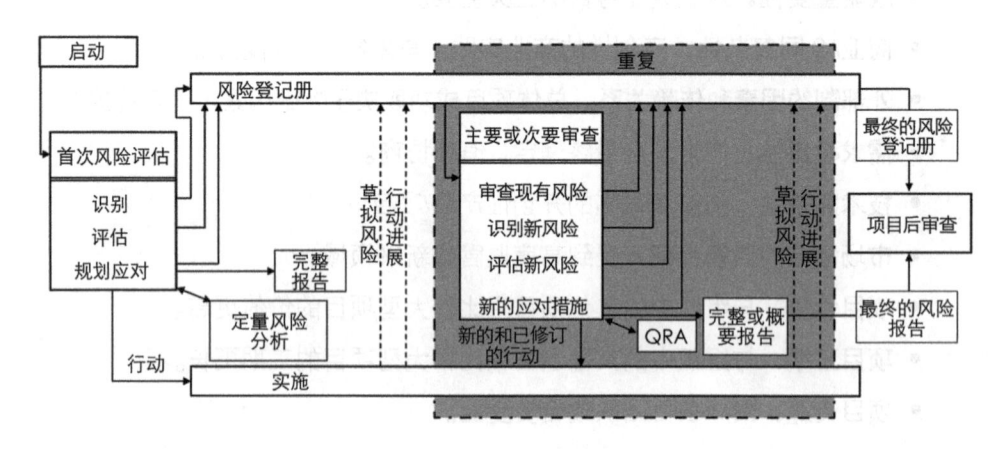

图14-2 大型项目的ATMO

本章的其余部分将介绍ATOM步骤，并对先前描述的中型项目的标准方法进行修改。（有关标准方法的更多信息，请参阅第2部分的相应章节。）

启动

这一重要步骤的设置确保了风险管理过程有明确的目标，能够正确地满足项目的特定需求。在这一步骤中，需要对风险管理过程做出关键决策，包括：

- 风险管理过程的范围和目标。
- ATOM的应用程度。

- 使用的工具和技术。
- 风险管理的角色和其相应的职责。
- 报告和审查要求。
- 定性风险评估的概率和影响的定义。

对于大型项目来说，这些决策必须能够反映风险管理所需的更多关注和努力。决策必须记录在风险管理计划中，尽管内容和标题是相同的，但该计划可能比中型项目的风险管理计划更具实质性。图14-3提供了适合大型项目使用的风险管理计划的内容清单示例。

大型项目的启动仍在专门的启动会议上完成，该会议由关键干系人参加并由风险倡导者推动。在某些情况下，可能邀请熟练的外部引导者来支持风险倡导者。对于在第4章中描述的中型项目启动会议，当用于大型项目时，不需要对其进行重大修改。两者的会议议程（见表4-3）、与会者和会议时间基本都相同。

```
介绍
项目描述和目标
风险管理过程的目的、范围和目标
ATOM 的应用
风险管理的工具和技术
风险管理的组织、角色和相应职责
风险审查和报告
附录
   项目的风险概率和影响定义
   项目的特定风险源（RBS）
```

图14-3　大型项目的风险管理计划内容清单示例

对于大型项目来说，关键决策是，它是否需要使用定量风险分析技术（如蒙特卡洛技术）。定量风险分析技术可揭示已识别的风险对整个项目成果的预期影响，并且可以应用于成本和进度风险分析。启动会议还确定了所需QRA的范围，以及是否应将其应用于成本、进度（或两者都用）。ATOM建议，在大多数大型项目中使用定量风险分析技术，但并非所有项目都需要这些技术。第15章描述了如何使用蒙特卡洛分析技术，包括确定何时适用的标准。

在启动会议期间，关键干系人应考虑在项目中使用蒙特卡洛技术的潜在收益，并将其与相关成本进行比较，包括专业工具、专家分析技能的需求以及分析所需的时间和人力投入（尤其是用于数据生成）。ATOM假定QRA技术适用于大多数大型项目，因此讨论的重点应该是，质疑在这个特定项目中使用这些技术的合理性。

大型项目的ATOM与中型项目的ATOM的不同之处还在于，它需要更严格的审查周期，这是在启动会议中要考虑和决定的。在典型的中型项目中，需要进行一系列的主要审查和次要审查，而在大型项目中，需要进行更频繁的主要审查。事实上，为了应对高风险敞口，或者为了应对快速的项目变更，可能需要将所有的风险审查都变为主要审查。

项目风险的具体发生概率和影响范围也在启动会议中得到确定并达成一致。5级量表（很低、低、中、高、很高）通常被认为适用于大型项目，并使用与中型项目相同的建议框架（见表4-5），尽管在某些情况下需要考虑额外的标度点。然而，应该仔细在额外的维度和增加的复杂性之间进行权衡；即使是大型项目，也建议采用五乘以五的概率比例。

最后，考虑选择和使用软件工具来支持风险管理过程。对于中型项目来说，ATOM保留了使用专用风险管理工具或定制方法来记录和报告风险数据的选项。大型项目会产生足够的数据，以证明使用专用风险管理工具的合理性；该工具应与项目管理工具包和整个业务基础设施充分整合。大型项目的ATOM不依赖任何特定的软件包，但大型项目所处理的风险数据的数量很可能证明，对专业风险管理软件的投资是合理的，这将使分析和报告风险管理过程成为可能。

要完成大型项目的启动步骤，需要执行以下活动。

确定将为此步骤提供输入的关键干系人。

与关键干系人举行启动会议，以便：

- 确定项目规模。
- 明确项目目标。
- 设定风险管理过程的范围和目标。
- 确定要使用的工具和技术，并决定是否使用QRA。
- 为风险管理任务分配角色和职责。
- 商定报告和审查要求。

- 定义概率和影响的尺度。
- 识别项目潜在的风险源。

将启动会议的决定记录在风险管理计划中，并分发给关键干系人。

识别

许多人认为，风险识别是风险管理过程中最重要的步骤，因为未识别的风险没有得到管理，使项目面临不必要的威胁，或者错失潜在的机会。对于大型项目来说尤其如此，因为较高的固有风险意味着更高层级的不确定性。事实上，尽管组织可能能够应对小型或中型项目的失败，但是大型项目的问题可能带来灾难性的后果。因此，对于大型项目来说，必须特别注意ATOM中的风险识别步骤。

对中型项目的识别（见第5章）构成了首次风险评估的初始部分。这是一种结构化的方法，涉及关键干系人，目的是揭示所有已知风险。ATOM推荐了三种识别中型项目风险的基本技术，即头脑风暴、假设条件和制约因素分析及风险识别核对单。这些技术中的每一种在大型项目的首次风险评估的识别部分中都是有效的，并且可以预期识别出大量风险。然而，大型项目的复杂性和重要性日益增加，因此有必要在此步骤中使用其他风险识别技术。尤其建议采用以下三种方法：

- SWOT分析。
- 结构化访谈。
- 审查以往项目。

大型项目的风险识别讨论与中型项目的风险识别讨论都是通过由关键干系人出席并由风险倡导者主持的风险研讨会实现的。典型的风险研讨会预计持续两天，包括识别和评估步骤，一些大型项目可能需要更多的时间。风险研讨会的内容与第5章中描述的中型项目的风险研讨会的内容相同。风险倡导者可以用SWOT分析取代标准的头脑风暴会议，也可以把它作为一个额外的因素纳入风险研讨会。在风险研讨会之前，进行了同样的会前筹备活动，包括分发风险研讨会议程（见表14-1）和其他辅助材料。除了风险研讨会，大型项目的风险还可通过一系列结构化访谈和对过去项目的结构化审查来识别。

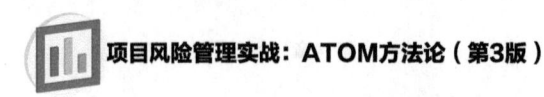

表14-1 大型项目首次风险评估/为期两天的风险研讨会议程示例

第一天
上午
1. 介绍
2. 确定项目目标
3. 确定本次风险研讨会的风险管理范围
4. 风险研讨会的基本规则
5. 风险管理简报（如果需要）
6. 期望与结果
7. 识别风险
使用 RBS 进行头脑风暴以识别风险
下午
分析产生额外风险的假设条件和制约因素
识别任何其他 / 最终风险的标准风险核对清单
8. 梳理风险
9. 使用风险元语言描述风险
10. 记录已识别的风险（在风险研讨会期间或会后）
第二天
上午
11. 评估方案说明（摘要）
12. 评估概率和影响
13. 风险分类
下午
14. 提名风险责任人
15. 初步应对优先级高的风险（如有时间）
16. 风险研讨会结束

以下总结了为大型项目推荐的三种额外风险识别技术。

SWOT 分析

用于风险识别的SWOT分析的四个要素是：

- **优势**。组织可以有效利用的特点、资源或能力（以实现其目标）。
- **劣势**。组织中可能阻碍其实现目标的限制、错误或缺陷。
- **机会**。不确定的有利事件或条件，如果发生，会给项目带来有利的结果。
- **威胁**。不确定的不利事件或条件，如果发生，会给项目带来不利的结果。

对于在ATOM中用于项目风险识别的SWOT分析，其重点不同于在战略决策上的应用。这里所用的SWOT分析的第一个要素是引导式的头脑风暴过程，该过程可识别与组织有关的项目优势和劣势（通常被限制在10个左右）。第二个要素是以已识别的优势和劣势为出发点，识别可能影响实现目标的机会和威胁（见图14-4）。风险元语言提供了一种机制，可使用结构化的风险声明来从组织的优势中获得机会，并发现由劣势引起的威胁：

- 由于"优势"可能会引出"机会"，这将带来"收益"。
- 由于"劣势"可能会产生"威胁"，从而导致"问题"。

	优势	劣势
第一步：使用头脑风暴识别并列出组织的优势和劣势	优势1…… 优势2…… ……	劣势1…… 劣势2…… ……
	机会	威胁
第二步：使用风险元语言从优势中发现机会，从劣势中发现威胁	机会1.1…… 机会1.2…… 机会2.1…… …	威胁1.1…… 威胁2.1…… ……

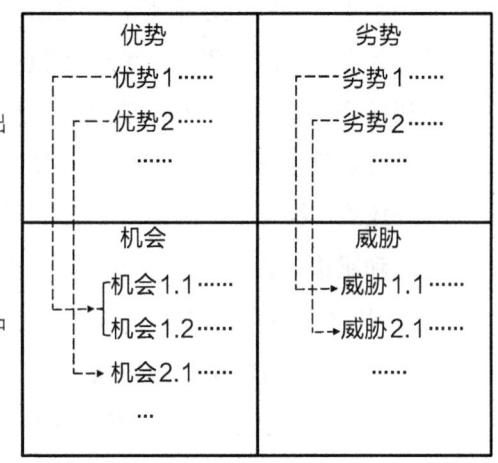

图14-4 使用SWOT分析来识别机会与威胁

通常，一个优势会带来多个机会，而一个劣势会带来多个威胁，因此，风险倡导者应确保在风险研讨会期间考虑所有选项。

结构化访谈

在风险研讨会结束后，风险倡导者应立即与干系人或干系人群体进行简短且有针对性的风险识别访谈。

- 确认访谈的人员是很重要的。进行过多的访谈会导致重复工作和浪费时间，所以我们的目标是只访谈涉及项目主要领域的关键干系人。
- 如果访谈是针对群体而不是个人进行的，则访谈者必须注意管理群体动态，以确保与每个参与者沟通，并且没有单个干系人占主导地位。群体访谈的所有参与者都应来自同一专业领域，并使访谈限定在小范围内进

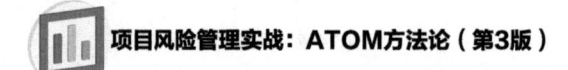

行,如三到五个人。受访者最好具有相同的资历,这能鼓励他们开诚布公,以避免他们不愿意在上级面前诚实讲话的情况。

结构化是风险识别访谈的重要辅助手段。ATOM使用的是基于工作分解结构或风险分解结构的框架。成功的风险识别访谈所需的其他因素包括:

- **准备。**为了充分利用访谈时间,访谈者和受访者都需要审查并熟悉项目的目标及现状,并且在访谈前花些时间考虑可能发生的风险。
- **信任。**访谈内容应该保密,这样受访者可以诚实地表达他们的关注点,而不用担心被报复或指责。应提出开放式的问题,避免持批判的态度,表示尊重并承诺保密可以提升信任度。
- **访谈技巧。**这包括积极倾听和选择性提问。积极倾听意味着关注,鼓励开放和表现同理心。选择性提问意味着适当地提出不同类型的问题,包括开放式、探究式、假设式、反思式和封闭式问题。
- **记录和跟进。**由于在访谈中讨论的许多内容可能没有很好地描述风险,所以风险倡导者必须在访谈中做好记录,并能够利用这些记录过滤掉非风险,合并重复的内容,记录正确描述的风险。在访谈结束后,可能需要受访者进一步说明访谈内容,以确保最终的输出反映了受访者的观点。

审查以往项目

虽然每个项目都有其独特性,但已完成的项目和新项目之间存在许多共性。因此,项目后审查提供了一种结构化的机制,可以从以往的项目中吸取经验教训,并应用到新项目中。

项目后审查涉及已完成项目的所有方面,包括风险管理。在项目后审查中,对于风险因素,应使用RBS来构建框架,以确保考虑到所有的风险源,并提供一个比较结构,以便在项目之间传递经验教训。项目后审查的结果通常记录在项目后审查报告中,可用于更新风险识别工具(如核对单),将主动的风险应对策略纳入未来的项目,并提高风险分析和风险管理过程的有效性。

在与项目经理的讨论中,风险倡导者通常需要进行项目后审查分析,以作为风险识别的一种机制(尽管它也可以在一个包括风险倡导者、项目经理和其他关键干系人的群体中进行)。以下步骤是必需的:

第14章　大型项目的ATOM

1．识别已完成的且与当前项目具有相似特征的相关可比项目。

2．审查这些项目的项目后审查报告，注意一般风险和有效应对措施。

3．考虑这些风险和应对措施可能适用于当前项目的程度。

识别并记录所有已知风险对ATOM的成功至关重要。对于大型项目来说，这需要执行以下活动以作为"首次风险评估"的一部分。

- 确定风险研讨会的与会者；准备风险研讨会的议程和风险研讨会的简要说明。
- 举行风险研讨会以识别所有已知风险，然后使用风险元语言对其进行适当描述。
- 合并风险以消除重复风险和非风险。
- 在风险研讨会会后进行风险识别访谈和项目后审查分析。
- 在风险管理工具中记录所有已识别的风险。

评估

对于大型项目来说，评估步骤的主要变化是纳入定量风险分析技术（通常指蒙特卡洛分析）。在第15章中，将详细描述蒙特卡洛分析，并概述如何建立风险模型，执行分析和解释输出。生成实际的风险模型的一个关键因素是，使用定性评估步骤中的数据作为确定风险模型参数的基础。为了评估计划的应对措施对项目风险敞口的影响，在对已识别的风险制定适当的应对措施之前（和之后），使用蒙特卡洛分析也是很有价值的。

由于定性评估是定量风险分析的先决条件，在大型项目中，评估步骤的定性部分必须首先执行，并作为首次风险评估的一部分。

大型项目评估步骤中的活动反映了中型项目的活动（见第6章），并在风险研讨会的后半部分进行。

根据商定的P-I量表对每个已识别的风险进行评估，以便利用双重P-I矩阵的红区/黄区/绿区（见表6-2）和P-I分数（见图6-3和表6-3）确定风险的优先级顺序。使用项目的WBS和RBS对风险进行分类，以识别由常见风险源和项目区域（尤其是面临风险的区域）引起的"热点"。对于大型项目来说，RBS和WBS分

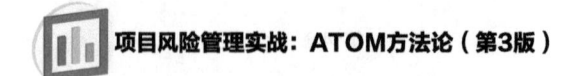

类可以合并成一个二维矩阵（见图14-5），以显示受影响的风险源和区域的特定组合，从而使风险应对措施的制定更有针对性。

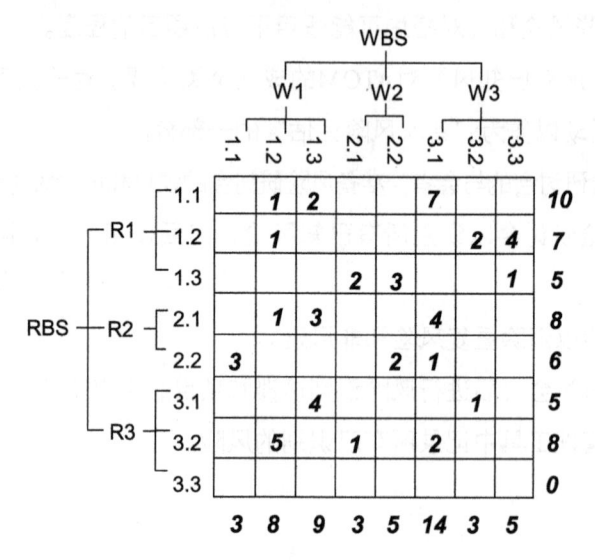

```
                        WBS
              ┌─────┬─────┬─────┐
              W1    W2    W3
            1.1 1.2 1.3 2.1 2.2 3.1 3.2 3.3
        1.1 │   │ 1 │ 2 │   │   │ 7 │   │   │ 10
    R1  1.2 │   │ 1 │   │   │   │   │ 2 │ 4 │  7
        1.3 │   │   │   │ 2 │ 3 │   │   │ 1 │  5
RBS R2  2.1 │   │ 1 │ 3 │   │   │ 4 │   │   │  8
        2.2 │ 3 │   │   │   │ 2 │ 1 │   │   │  6
        3.1 │   │   │ 4 │   │   │   │ 1 │   │  5
    R3  3.2 │   │ 5 │   │ 1 │   │ 2 │   │   │  8
        3.3 │   │   │   │   │   │   │   │   │  0
              3   8   9   3   5  14   3   5
```

图14-5　RBS与WBS的相关性

除了这些主要的风险特征（概率、影响、WBS类别、RBS类别），在对大型项目进行风险评估时，还要考虑每个风险的一些其他因素。

- **战略影响。**一些风险可能在项目之外产生潜在影响，可能影响其他项目、更高层级的项目集、常规业务活动，甚至整个组织。这些非项目影响也会被考虑，表14-2给出了一个示例。

表14-2　非项目影响的量表示例

量　　表	+/− 对非项目目标的影响（*）
很高（VHI）	至关重要
高（HI）	重大
中等（MED）	重要
低（LO）	小
很低（VLO）	无关紧要
零　（NIL）	无

（*）如战略目标、项目集收益或公司声誉

- **可管理性**。有些风险比其他风险更容易处理，在确定风险的优先级时应该考虑到这一点。例如，易于管理的高概率/高影响威胁的优先级可能低于无法管理的中等概率/中等影响的风险。如表14-3所示的量表可用于这种评估，其结果从"无法管理"到"通过正常活动来控制"。

表14-3 可管理性的量表示例

量　　表	可管理性
很低（VLO）	无法管理
低（LO）	需要创新或研究
中等（MED）	需要付出巨大努力来解决
高（HI）	如有需要，可适当地应对
很高（VHI）	通过正常活动来控制

- **影响窗口**。评估何时发生风险可能影响其总体优先级，因为很快发生的风险应比较晚发生的风险获得更高的优先级（这有时被称为邻近性）。
- **行动窗口**。在评估风险时，可以采取有效行动的时间是另一个重要因素（这有时被称为紧急性）。如果一个风险只有在未来几天内才有可能得到解决，那么该风险的优先级就会高于那些不需要立即采取行动的风险。影响窗口和行动窗口通常使用叠加图来显示（见图14-6），以表明高度邻近性和紧急性的风险。该图还显示了行动窗口晚于影响窗口的潜在问题区域——风险预计在项目管理人员有机会采取行动之前发生。在这种情况下，应寻求新的行动策略或制订应急计划。

第6章列出了通常在中等项目的风险研讨会之后产生的一组标准评估输出，如下所示：

- 初始风险登记册。
- 已确定优先级的风险清单。
- 重大威胁和重大机会清单。
- 按RBS要素进行风险分类。
- 按WBS要素进行风险分类。
- 双重P-I矩阵。

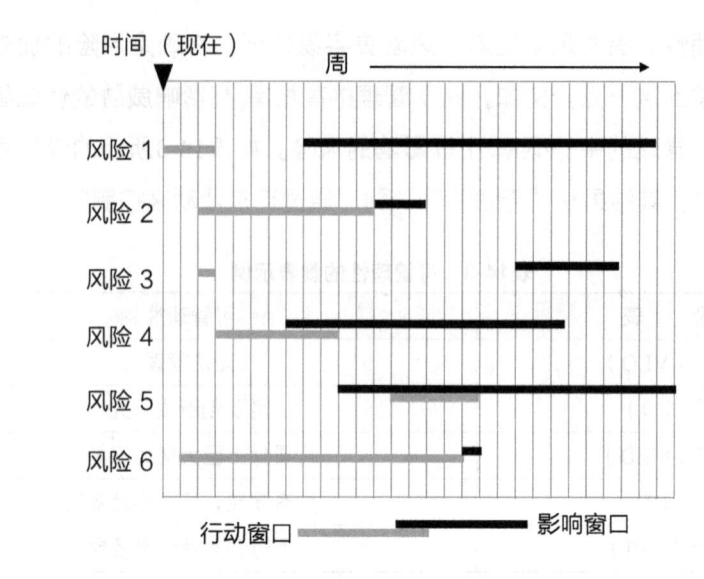

图14-6 影响窗口和行动窗口叠加图

这些也能为大型项目所用，并增加了一些其他评估输出：

- RBS×WBS交叉分类分析。
- 根据其他因素（战略影响、可管理性、影响和行动窗口）确定优先级。
- 风险度量指标。

可以在首次风险评估的此阶段建立许多风险度量指标，以为之后的趋势分析提供基准。这些包括：

- 活动风险的数量（分为威胁和机会）。
- 到期/已发生/关闭/删除的风险数量（最初为零）。
- 现存威胁和机会的总P-I评分。
- 现存威胁和机会的平均P-I评分。

图14-6展示了6种风险的不同情况。风险1的行动窗口从现在开始，行动必须在三周内到位，否则就太晚了；风险2有较长的行动窗口，但在最初的两周内不能开始行动；风险3必须在第三周采取行动，并且没有回旋的余地；风险4的行动窗口与影响窗口重叠，尽管执行行动需要更长的时间，但这可能是一种愚蠢的做法；风险5的计划行动只能在影响窗口打开三周后进行，在这种情况下，应寻求新的行动策略或制订应急计划；风险6有一个很长的行动窗口，因此，没有理由

不能成功地执行该行动。

在完成所有已识别风险的定性评估后，按照第15章的指导方针使用评估数据执行定量风险分析。该分析显示了已识别的风险对整个项目结果（成本或进度，或者两者皆有）的预期影响，并告知规划风险应对的步骤。

作为大型项目的首次风险评估的一部分，评估步骤需要进行以下活动：

- 评估每个风险的发生概率和影响，在双重P-I矩阵上标注风险，并计算P-I评分。
- 使用RBS（起因）和WBS（影响）对风险进行分类，以确定"热点"。
- 评估已识别风险的其他关键因素，包括战略影响、可管理性、邻近性和紧急性。
- 指定风险责任人。
- 生成风险度量指标基准。
- 基于定性风险数据建立蒙特卡洛风险模型，并进行初始分析，以证明风险对整体项目成果的预期影响。
- 在风险管理工具中记录所有额外的风险数据。
- 准备一组输出，以显示持续的风险管理过程及整个项目管理过程。

规划应对

在对中型项目的首次风险评估期间，规划应对活动应在与风险责任人的一系列访谈中进行（见第7章）。对于大型项目来说，此步骤基本上是相同的：利用风险责任人的专业知识和经验来确定适当的应对策略和有效行动，并提名行动责任人来实施商定的行动方案。假设情景规划可用于制订应对策略或备选计划（也称弹回计划），并确定适当的应对类型。因为对于一个大型的、有风险的项目来说，应对计划是非常重要的，所以它应获得与项目计划相同级别的详细计划。在大型项目的ATOM中，建议执行另外两个步骤：使用领结分析和更新QRA。

领结分析

该技术可以作为访谈的一部分或单独使用，以加深对关键或重要风险的理解

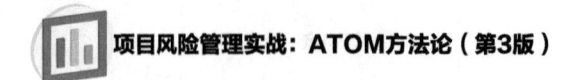

（由早期风险评估确定），特别是在风险事件有多种起因和多种影响的情况下。这种加深的了解有助于考虑替代的应对策略。在绘制领结图时，风险事件的起因在左边，风险事件在中间（领结的结），而风险发生时的结果在右边。潜在的风险应对被输入到风险事件两侧。

- 如果要分析的风险事件是威胁，则在起因和风险事件之间放置预防性应对措施，以降低风险事件发生的概率或完全避免风险事件的发生。风险事件的右侧是恢复性应对措施，如果威胁发生，恢复性应对措施就会降低消极影响。如图14-7所示。

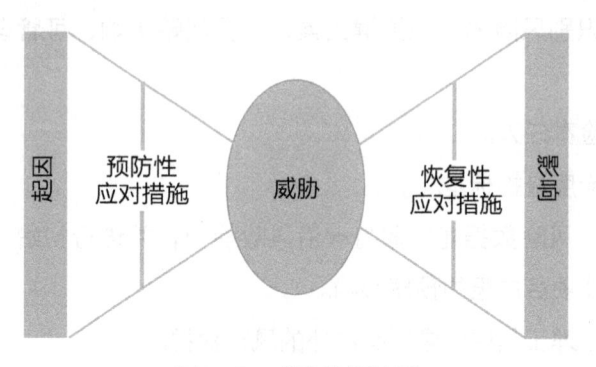

图14-7 威胁的领结图

- 机会的领结示意图如图14-8所示。在该图中，我们可以记录使能性应对措施，既可以提高机会出现的概率也可以确定机会。在风险事件的右侧是最大化的应对措施，如果出现机会，将增加积极的影响。

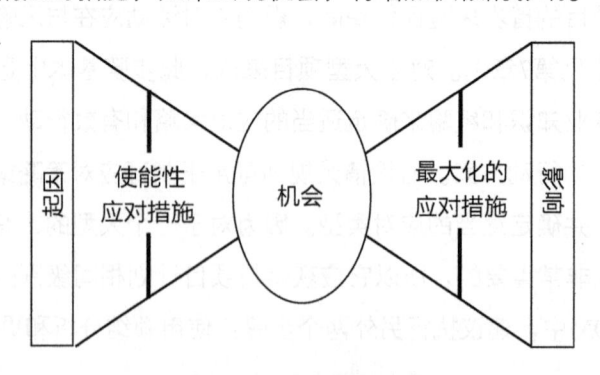

图14-8 机会的领结图

在使用领结分析时，应由项目经理、风险经理和风险责任人共同商定要审查的关键风险。将领结图画在一张大纸或白板上，并将风险事件置于中间。任何已识别的起因或影响都应写在相关列上。随后识别的任何其他起因或影响可以逐渐添加。然后，应使用便签记录"预防/使能"风险事件或"恢复/最大化"影响的应对措施。将便签与相关的起因或影响和风险事件排列在一起。该图形将显示缺少应对措施并需要开发的地方，或者可以使用多个应对措施的地方。应对该情况进行严格审查，并与行动责任人一起将选定的应对措施进一步发展为行动计划。

更新 QRA

如第15章所述，大型项目的规划应对步骤还需要更新蒙特卡洛分析，以考虑已规划的应对措施。通过与风险责任人进行一系列以收集数据为目的的访谈，对风险模型中的数据进行调整，指出个别模型的行动和其他参数值因将要采取的行动而需要更新的地方。对这些修正后的数据重复分析，可以预测应对措施（已规划）在改善项目整体风险敞口方面的预期效果。

这里的一个关键输出是洋葱圈图（见图14-9），它叠加了"所有风险/无应对措施"位置的S-曲线和显示所有应对措施效果的S-曲线。可以建立一系列中间的S-曲线来显示不同应对措施的累积效果，以表明哪些应对措施对整个项目结果的影响最大。该分析可以表明，当前规划的应对措施是否足以应对风险挑战，或者是否需要额外的应对措施。如果蒙特卡洛分析显示预期效果不好，则有必要与风险责任人进行额外的访谈，以制定新的应对措施。

要完成大型项目的规划应对，应进行以下活动：

- 与风险责任人进行访谈，以确定适当的应对策略和行动，并与指定的行动责任人一起使用领结图来分析关键风险。
- 与行动责任人确认并完善建议的行动。
- 根据应对策略和商定的行动更新风险登记册。
- 更新QRA，以反映应对后的期望。
- 如有必要，进行访谈来制定额外的应对措施。
- 修改项目计划和预算，并包含商定的行动。

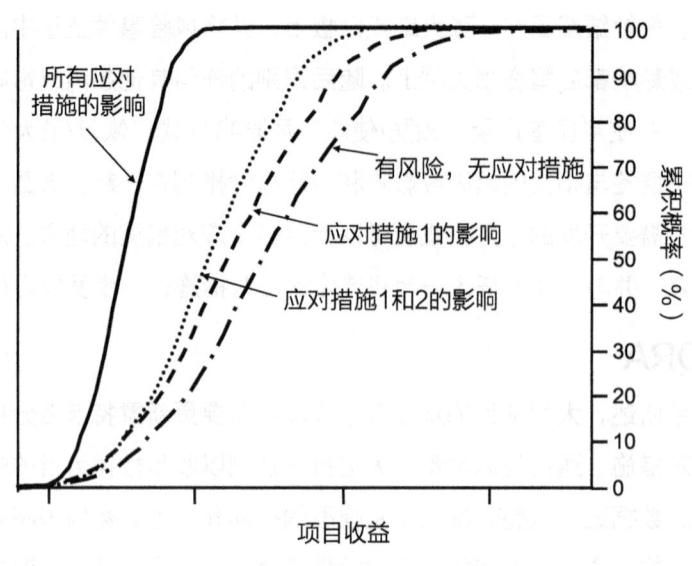

图14-9　重叠的S-曲线

报告

风险报告是ATOM的一个基本要素，因为它以一种支持有效决策和管理行动的方式将结果传达给干系人。正如预期的那样，大型项目的风险报告比中型项目的更为详细（见第8章）。尽管主要输出仍然是完整的风险报告，但是，该报告的内容包括在ATOM风险增强过程中生成的额外数据所产生的其他要素。图14-10给出了一个内容清单示例。

对于大型项目，在首次风险评估结束时生成的完整风险报告包括以下部分：

- **执行概要**。总结了适合高级管理层和关键项目干系人的重要发现、结论和建议。
- **报告的范围和目标**。描述了报告的目的，突出了报告在风险管理过程中的地位。
- **项目状态概要**。总结了项目状态，以表明报告的来龙去脉。
- **整体风险状态**。总结了当前的风险敞口水平，突出了主要风险领域，以及任何重大的单个风险及计划的应对措施。任何集中的风险敞口都被详细地分类、分析，包括常见起因和特别受影响的项目领域。

- **最高风险、行动和行动责任人**。本书按优先级顺序列出了最重要的威胁和机会，并依次讨论了详细的起因和影响、与行动责任人计划的行动以及预期的变更。最高风险清单中的重要模式也将被讨论。

- **详细的定性风险评估**。这是报告的主要分析部分，其中详细考虑了风险敞口，列出了每个红色/黄色/绿色类别中的风险数量、根据RBS和WBS进行的分类，以及RBS×WBS的交叉分析。基于应对前和应对后的双重P-I矩阵，讨论了预期的应对有效性。

```
执行概要
报告的范围和目标
项目状态概要
整体风险状态
最高风险、行动和行动责任人
详细的定性风险评估
    高 / 中 / 低风险
    因果分析（映射到 RBS）
    影响分析（映射到 WBS）

定量风险分析结果
    整体项目风险
    期望值
    主要风险驱动因素和关键风险

结论和建议
附录
    完整的风险登记册
    已确定优先级的风险清单
    风险模型输入数据
    详细的定量风险分析

输出值
 [ 要求的其他结果 ]
```

图14-10　完整风险报告的内容清单示例

还可以考虑其他分析输出，并且在风险管理计划中定义报告的要求。例如，可以准备一个风险瀑布图，以显示风险敞口随时间的预测和实际变化。可以使用定性评估步骤中的P-I评分来显示计划的应对措施的预期效果。也可以使用成本影响来表明何时可以释放应急费用以实现利润。图14-11展示了风险瀑布图的示例。

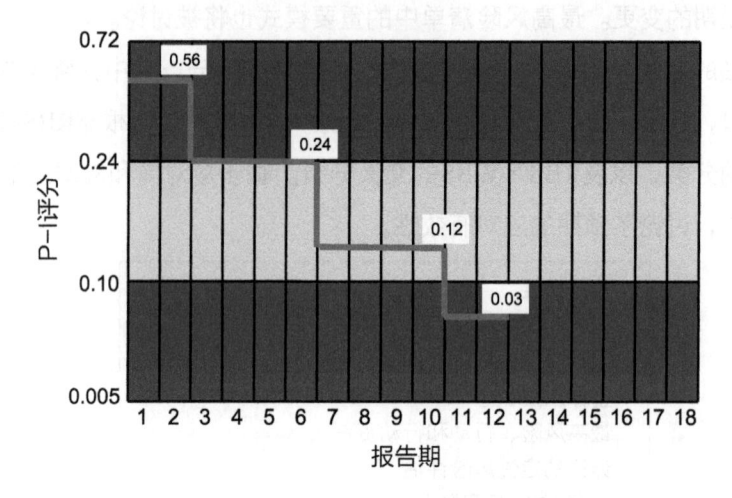

图14-11　风险瀑布图示例

- **定量风险分析结果**。这里介绍了蒙特卡洛分析的结果，它侧重于整体结果，而不是风险模型或特定输出的细节（这些细节将在附录中提及）。本书给出了项目结果的不确定性程度，并给出和讨论了计算的期望值，识别了主要的风险驱动因素和关键的风险，并涵盖了规划应对措施的预测有效性。如上所述，还可根据蒙特卡洛分析，从一系列有风险应对措施的或无风险应对措施的S-曲线中抽取50%或80%，列入风险瀑布图。

- **结论和建议**。主要的调查结果在概要处被提出，并根据报告主体内的数据得出结论。根据这些结论，针对项目当前的风险水平提出一系列有针对性的具体建议。

- **附录**。附录提供了辅助资料。其中应包含完整的风险登记册——包含所有已识别风险的详细信息，按优先级列出的所有风险的完整清单，可能包含风险模型的输入数据，QRA的详细输出也可以在附录中提供。附录的其他内容是可选的，具体取决于接收者对信息的需求。

在大型项目的首次风险评估结束时，报告应涉及以下活动：

- 收集当前风险敞口的所有信息来源，包括风险登记册和定量风险分析的输出。

- 执行所需的任何其他分析以了解信息。
- 起草一份完整的风险报告，以结构化的方式呈现这些信息。
- 审查报告草稿的完整性和正确性，并根据要求进行修正。
- 向项目发起人、项目经理、项目团队成员、风险责任人和其他关键干系人发布风险报告。
- 根据需要准备并分发概要、子集和附加报告。

实施

并非所有人都认为风险识别是风险管理过程中最重要的步骤。例如，有些人认为实施是风险管理过程中最重要的步骤，因为如果不付诸实践，最好的风险应对措施将毫无用处。因此，无论是对于小型、中型还是大型项目，ATOM都非常重视实施步骤。实际上，大型项目实施的行动与已描述过的中型项目（见第9章）和小型项目（见第13章）的行动完全相同。

因此，尽管实施步骤非常重要，但对于大型项目而言，并没有太多不同的或额外的内容。在所有项目中都需要对实施步骤有同等的关注和投入，并且涉及以下活动：

- 完成商定的行动并报告进展情况。
- 监督每个应对策略及其相关行动。
- 确定每个风险的总体状态。
- 识别额外的次生风险并提出新的风险。
- 修改项目进度计划和预算，包括新的行动或任何重新计划的行动。
- 提出任何问题和困难。
- 用每个风险的当前状态和商定行动的进展更新风险登记册。
- 生成风险报告和审查会议的信息。

审查

就实施而言，ATOM的审查步骤对于保持风险管理过程的活力至关重要。对

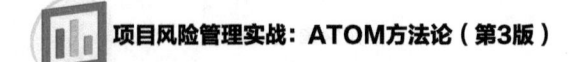

于大型项目来说尤其如此，因为它们具有引入重大风险敞口的特征。大型项目可能涉及重大的创新或具有技术复杂性，并且会持续很长时间，这是导致风险敞口水平发生较大变化的原因。因此，ATOM需要有效的审查步骤，以确保项目干系人拥有正确、及时的信息，从而支持良好的决策。

对于中型项目，ATOM包括一系列主要审查和次要审查，如第10章和第11章所述。对于大型项目，其预期的变化很大，这意味着要更多地依赖主要审查，以便对风险敞口进行全面的重新评估。在启动步骤中，确定并同意项目的审查周期，并将其记录在风险管理计划中。在项目生命周期中，大型项目通常比中型项目更频繁地使用主要审查。然而，即使是在最大型的项目中，你也不可能有足够的资源和精力每次都进行全面的主要审查，尤其是在审查周期为一个月的情况下。因此，对于大型项目，还需要交替使用主要审查和次要审查。

大型项目的次要审查与中型项目的完全相同（见第11章），并且不包括QRA模型的修订。次要审查需要进行以下活动：

- 召开一次研讨性的风险审查会，以审查当前所有的红色风险和新提出的风险，如果时间允许，就再对黄色风险进行审查。
- 识别、描述和评估新风险，任命风险责任人，并制定应对措施。
- 更新风险登记册。
- 修订和定义风险行动，并任命行动责任人。
- 更新项目计划以考虑风险行动。
- 起草并分发项目报告所需的风险概要报告和其他信息。

然而，对于主要审查，除了为中型项目执行的活动，蒙特卡洛分析会被重复使用：更新模型参数，以反映项目进展、单个风险的变化、实施风险应对措施的影响、识别新的风险及预测剩余行动的效果。与首次风险评估一样，蒙特卡洛分析在制定风险应对措施之前和之后进行——第一次是协助制定应对措施，第二次是模拟实施应对措施后的情况。

此外，大型项目的主要审查还包括风险度量指标，以便与首次风险评估期间确定的基准进行比较，这有助于进行趋势分析。因此，大型项目的主要审查需要进行以下活动：

- 举办风险研讨会，以审查所有当前风险和新提出的风险。
- 识别、描述和评估新风险，任命风险责任人，制定应对措施。
- 更新风险登记册。
- 修订和定义风险行动，并任命行动责任人。
- 更新QRA模型，以确定实施应对措施前后预测的项目成果。
- 更新项目计划，以考虑风险行动。
- 更新风险度量指标以进行趋势分析。
- 起草并分发项目报告所需的完整风险报告和其他信息。
- 考虑风险管理过程的效率和效果。

项目后审查

　　ATOM强调从经验中学习，在项目完成后进行项目后审查。组织开展项目有两个主要原因：创建特定的项目可交付物，从而实现收益；获得可用于未来类似项目的经验。即使是最小型的项目，也可以为未来的项目提供有用的经验。因此，小型、中型和大型项目都需要ATOM项目后审查。

　　与ATOM的其他步骤一样，项目后审查步骤是可扩展的。对于小型项目来说，这一活动是整个项目后审查会议的一部分，如第13章所述。对于中型项目来说，可以在项目后审查会议中执行ATOM项目后审查活动，也可以举行一个单独的与风险相关的会议，如第12章所述。然而，对于大型项目来说，可以吸取经验教训的范围可能更大，在项目后审查步骤中也需要付出更多的努力。因此，大型项目的项目后审查总是在主要项目后审查会议之前举行，并在专门的风险经验教训会议上举行。

　　风险经验教训会议由项目经理主持，由风险倡导者协助，并且所有关键干系人都需要参加。表14-4提供了一个议程示例。该会议的讨论围绕项目的RBS进行，以确保考虑到所有风险源，并为将经验教训传递到未来的项目提供一致的框架。在会议期间，风险倡导者会总结经验教训，生成风险教训报告，并向关键干系人和整个组织交流经验教训。

项目风险管理实战：ATOM方法论（第3版）

表14-4　典型的风险经验教训会议议程

时限（小时）	内　　容
$1/4$	1. 介绍
$1/4$	2. 确认最初的项目目标
$1/4$	3. 确认会议目标
1	4. 审查最终的风险登记册和风险报告
2	5. 识别与风险相关的经验教训
$1/2$	6. 总结经验教训
$1/4$	7. 结束会议

启动：
- 确定关键干系人并举行启动会议
- 起草并发布风险管理计划

识别：
- 通过召开风险研讨会、风险识别访谈和项目后审查分析来识别风险
- 在风险管理工具中记录所有已识别的风险

评估：
- 在风险研讨会期间评估已识别的风险（概率、影响和其他关键特征）
- 使用RBS和WBS对风险进行分类
- 为每个风险指定一位风险责任人
- 生成基准风险度量指标
- 建立蒙特卡洛风险模型并进行初始分析
- 在风险管理工具中记录所有额外的风险数据
- 生成评估和分析的输出

规划应对：
- 在与风险责任人的访谈期间，使用领结图来确定关键风险的应对策略和行动责任人
- 与行动责任人确认和改进所提议的行动，并将其纳入项目计划
- 更新风险登记册，制定应对策略和商定的行动
- 更新定量风险分析以反映应对后的预期

报告：
- 分析当前的风险敞口，起草、发布完整的风险报告（包括完整的风险登记册），并根据需要提供摘要

图14-12（a）　大型项目的ATMO活动

实施：
- 执行商定的行动，报告进展并识别所需的新行动
- 识别次生风险、问题、困难及新的风险
- 修改项目进度计划和预算，包括新的或规划的行动
- 更新风险登记册，记录每个风险的当前状态和商定行动的进展情况

审查：
- 次要审查
  ◎ 召开风险研讨会，审查所有红色风险和草拟风险，如果时间允许的话审查黄色风险
  ◎ 识别和评估新风险，任命风险责任人，并制定应对措施
  ◎ 更新风险登记册和项目计划，以考虑风险行动
  ◎ 修改和定义风险行动，并任命风险行动责任人
  ◎ 起草并发布风险概要报告
- 主要审查
  ◎ 通过风险研讨会审查所有当前风险和草拟风险
  ◎ 识别和评估新的风险，任命风险责任人，并制定应对措施
  ◎ 修改和定义风险行动，并任命风险行动责任人
  ◎ 更新风险登记册和项目计划，以考虑风险行动
  ◎ 更新QRA模型，以确定实施应对前后预测的项目成果
  ◎ 更新风险度量指标，以便进行趋势分析
  ◎ 起草并发布完整的风险报告
  ◎ 审查风险管理过程的效果和效率

项目后审查：
- 为会议准备风险数据
- 在风险经验教训会议中考虑风险
- 将结论纳入风险经验教训报告，作为对主要的项目后审查的输入

图14-12（b） 大型项目的ATMO活动

在大型项目中，执行项目后审查步骤需要进行以下活动：

- 准备风险信息以供会议审查。
- 举行风险经验教训会议。
- 将风险经验教训报告中的结论作为主要的项目后审查过程的输入。

小结

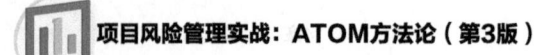

ATOM的可扩展性使其适用于所有项目,包括那些具有重大风险的项目。对于大型项目来说,积极有效地管理所有风险尤为重要,这样可以最大限度地为客户、组织和其他干系人带来收益,并最大限度地降低灾难性不良后果的发生概率。

关键是,要提供一个足够强大的风险管理过程,以应对重大项目的风险挑战,同时还不会给项目团队带来不可接受的官僚主义负担。通过在面向中型项目的ATOM的基础上进行构建,面向大型项目的ATOM只会在有明确需要的情况下才会增加工作量和复杂性。本章所述(见图14-12)的针对大型项目的增强型ATOM可经济、高效地提供所需的收益。

第 15 章

模拟可能的未来（定量风险分析）

一般来说，风险管理的一个好处是，它允许考虑未来可能出现的结果，而不需要"时间机器"。ATOM通常应用于中型或小型项目，它以一种纯定性的方式进行，而不使用统计分析。这种方法完全适用于此类项目，但在某些情况下，这还是不够的。对于一些较大的项目（例如，那些因成本高、工期长、具有创新性或战略性而具有固有风险的项目），会带来更高层级的风险挑战。在管理这些项目时，需要对风险有更深入的理解，因此，需要更严格的分析。

通过使用完善的统计分析技术和计算机软件可以构建、预测未来项目结果的模型，以反映项目的总体风险。可以将识别步骤和评估步骤中的风险信息与项目的进度或预算进行结合，并使用统计技术进行分析，以预测项目的未来前景。这种模拟整体项目风险的方法被称为定量风险分析（QRA）。

许多已证实的QRA技术可以用来对未来可能出现的结果进行模拟，如蒙特卡洛模拟、决策树和影响图。每种技术都适用于不同的情况，但在项目风险管理中，最常用的技术是蒙特卡洛模拟，因为它允许详细分析风险对项目目标的综合影响。蒙特卡洛模拟也是ATOM中QRA的选定方法。

在使用QRA，特别是蒙特卡洛模拟时有两种常见的异议：

1. 有些人认为这些技术太难了，不值得花费时间和精力。虽然这在过去可能是对的，但软件工具的可用性消除了这种异议。QRA的原理也不难理

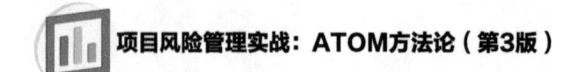

解或应用（见后文），潜在用户应该考虑其带来的回报是否值得投资。

2. 有些人认为QRA的结果总是悲观的。这种观点主要源于只分析负面风险（威胁）对项目的影响的传统做法，在这种情况下，唯一可能出现的结果是进度延迟或成本超支。当风险管理过程同时包含威胁和机会时，建模的输出既不悲观也不乐观，而是更加现实地反映项目真实的风险敞口。

使用QRA优于定性评估的要点总结如下：

- 考虑风险（威胁和机会）对项目成果的综合影响，认识到风险不是孤立存在的，它们将以多种方式相互作用。
- 根据关键目标（通常是时间和成本）预测未来的绩效，指出从最佳结果到最坏结果的可能范围，并计算当不采取进一步的措施时的预期结果（统计平均值或预期值）。
- 显示可能影响项目的全部风险所产生的整体项目风险敞口。
- 为敏感性分析或假设情景分析提供一致的基准，以探索规划应对的有效性。
- 使用明确的数字描述不确定性，而不是使用高、中、低等"标签"，因为不同的人可能有不同的解释。
- 揭示关键风险的驱动因素（对项目总体结果影响最大的风险），使管理层可以将注意力集中在风险最大的部分上。
- 回答答案为一个数字的问题，包括实现项目目标的概率、所需的应急储备、可能的支出率等。

ATOM是可扩展的，能适合所有类型的项目。通常，ATOM将项目分为三种规模：小型、中型和大型项目。作为ATOM的一部分，小型项目很少需要QRA，中型项目会选择QRA，但大型项目通常需要QRA。本章给出了在大型项目的QRA中使用蒙特卡洛模拟的实用指南，重点描述了任何特定软件工具的原理和运行过程。

定量风险分析的使用方法——蒙特卡洛模拟

本书不对定量风险分析或蒙特卡洛模拟进行深入解释，更多详情请参见本书的参考资料和扩展阅读部分。然而，在本节中，我假定读者有统计学和统计报告方法的基本知识。

基于蒙特卡洛的QRA基于随机数的生成，允许从风险模型预定义的输入数据中对一系列可能性进行随机抽样。输入的数据必须根据风险管理过程中所暴露的风险，反映项目的不确定性程度。单次分析是由多次迭代形成的，每次迭代都通过风险模型运行一次，从而产生一个结果，该结果根据从输入数据中随机抽取的样本计算得出。基于输入数据所反映的不确定性，可以分析、计算出数千种可能出现的结果，这些将包括最佳和最差的结果以及介于两者之间的所有值。蒙特卡洛模拟的结果通常有两种形式：

1．直方图。显示可能出现的结果的范围和达到特定结果的次数。

2．S-曲线。绘制可能出现的结果的范围与达到给定值的累积概率之间的关系。

图15-1显示了QRA的直方图，每个输出值的出现次数根据左侧的y轴绘制。这与来自相同数据的累积S-曲线重叠（根据右侧的y轴绘制）。

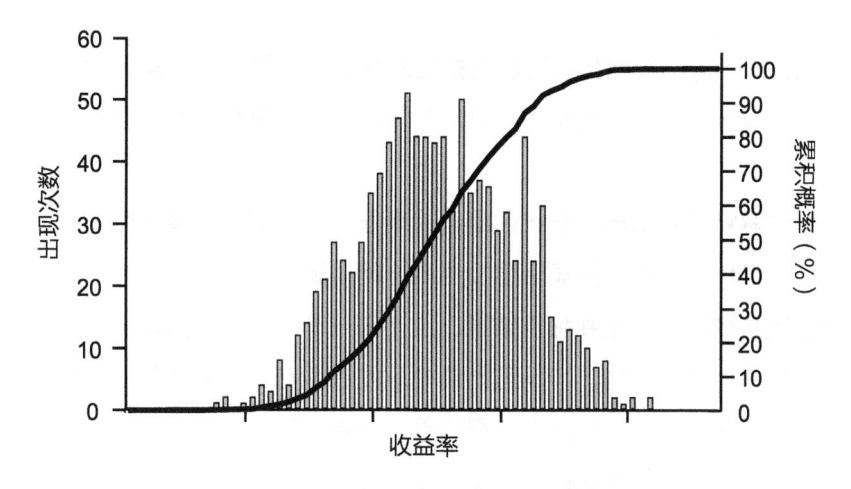

图15-1　蒙特卡洛直方图和S-曲线示例

为了有效地将QRA应用到项目中，必须采用若干关键步骤。这些步骤总结如下。

定义分析的目的。总体项目目标已经在通用ATOM的启动步骤中确定，并记录在风险管理计划中。利用这些信息，可以确定QRA的重点和目的。分析的范围

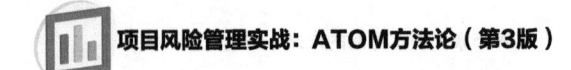

可能仅涵盖进度风险或成本风险，也可能需要一个综合的视图。QRA还可以应用于其他目标，如内部收益率或净现值。

建立一个或多个风险模型。在进度风险分析中，通常以项目的关键路径网络作为基础来建立风险模型。成本风险分析模型通常基于成本分解结构（Cost Breakdown Structure，CBS）并在电子表格中列出。通过使用关键路径网络并确保所有项目成本都包含在进度中，可以创建单个综合风险模型来分析进度和成本风险。

生成输入数据并建立分析模型。一旦开发了初始模型，就可以导出和输入分析所需的数据。这必须反映所有相关的风险，包括威胁和机会，并包括备选方案的可变性（以数值范围表示）和可能性（使用随机分支建模，详见下文）。

初始分析——运行模式和验证初始结果。通过运行大量迭代来分析建好的模型。应当初步了解模型的稳健性，以确保在输入数据时不会发生任何错误，并且不会包括任何不合逻辑的内容。任何错误都应在继续进行之前得到纠正。

二次分析——运行包括风险应对措施的模型。在进一步收集数据之后，调整风险模型，以包括风险应对措施和行动的影响。重复分析有助于理解规划应对的有效性。

产生和解释分析输出。分析的最终输出显示了可能的结果范围，从而可以评估实现项目目标的可能性并显示主要的风险驱动因素。

决定适当的行动方案并报告结果。应当仔细考虑所产生的输出，并决定是否需要采取任何相应的行动。行动可能包括从彻底调整项目战略到对项目活动的逻辑顺序进行细微调整等。作为该过程的最后一步，这将生成详细的分析报告，包括获得的结果以及任何由此产生的决策或建议的变更。

项目生命周期中的定量风险分析

像通用的项目风险管理一样，可以在项目生命周期的任何时期使用QRA。

作为ATOM的一部分，项目中的许多时间点都特别适合进行QRA。ATOM中的QRA使用了来自定性评估的信息，因此无法在评估步骤之前执行。以下段落描述了在项目生命周期中进行QRA的不同时间点。

项目前期。 对于客户组织来说，在项目被批准之前，为了确定与项目相关的风险，需要对商业论证中所包含的数据进行定量分析。这为项目开始前的关键项目决策提供了重要的数据。

对于承包商组织来说，通过进行QRA可确定最有可能的工期或产出成本，并与客户的需求进行比较，还可用来评估是否应进行投标。根据这一结果，可以就投标、价格和应急费用做出明智的决定。

项目启动。 项目一经批准，就要对计划的可行性进行测试，从而制订出更完善的计划。在这个过程中，对重大风险领域及如何管理这些风险会有进一步的了解。

在项目生命周期中定期进行。 风险管理计划定义了项目的审查周期，对于大型项目，这包括一系列的重大审查。每次主要审查都应使用在首次QRA期间建立的风险模型来更新分析，以反映当前的项目战略、状态及当前的风险敞口水平。

在重大变更时。 当大型项目发生重大变更时，ATOM包括一次主要审查，其中还应该包括QRA，以确定项目变更所导致的风险敞口的变化。

ATOM 中的定量风险分析

QRA取决于评估步骤所产生的信息。QRA的结果为规划应对提供了信息。然而，对于风险敞口的影响来说，使用风险模型来预测规划应对也是有价值的，因此在这些措施确定之后，应重复进行QRA。这意味着，QRA与ATOM的各个步骤相互交织在一起，如图15-2所示。

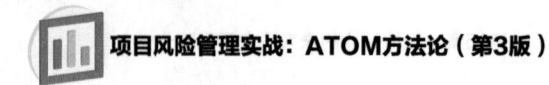

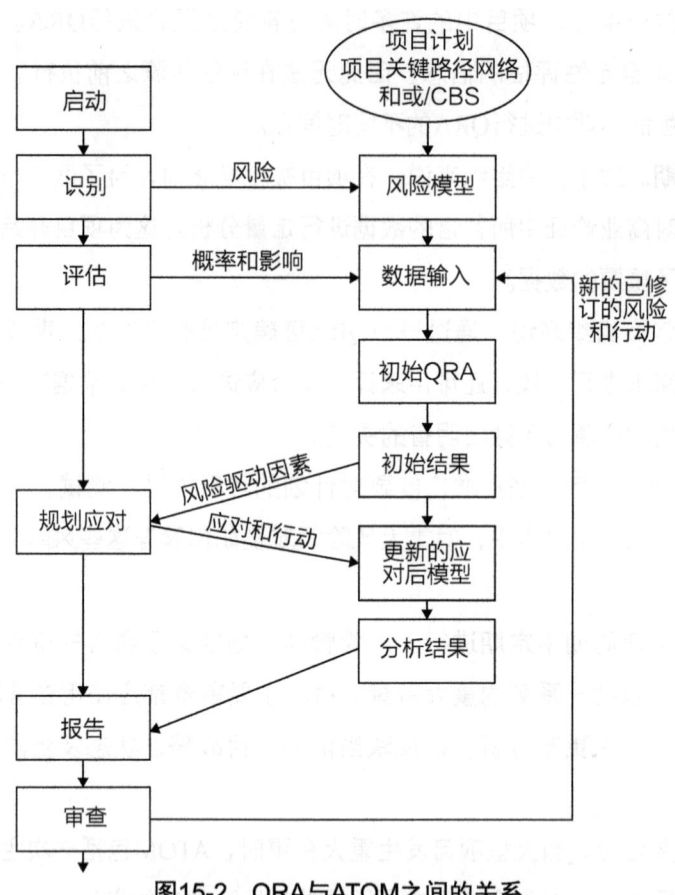

```
启动
  ↓
识别 ——风险——→ 风险模型
  ↓                ↑
评估 —概率和影响→ 数据输入 ←— 新的已修订的风险和行动
                   ↑              ↑
                   │         (项目计划 项目关键路径网络和或/CBS)
                   ↓
                 初始QRA
                   ↓
                 初始结果
                   ↓
规划应对 ←风险驱动因素─┤
        —应对和行动→ 更新的应对后模型
  ↓                  ↓
  │               分析结果
  ↓                  ↓
报告 ←────────────────┘
  ↓
审查
```

图15-2　QRA与ATOM之间的关系

开始

在开始项目的QRA之前需要大量的输入：

- 项目关键路径网络、CBS或两者兼而有之。
- 完整的项目风险登记册。这可能不包括所有的应对措施，具体取决于QRA在ATOM中的执行位置。
- QRA软件工具。

没有软件工具是不可能进行QRA的。一些组会为QRA开发定制的工具，当然，市场上也有很多这样的工具，通常最好买一个。然而，在决定使用哪个工具时，应该谨慎行事。在选择工具时要考虑的因素包括：

- 确保工具能够支持通用的ATOM。
- 确定具体功能，包括支持进度风险分析、成本风险分析或整体风险分析。
- 如果需要QRA，就要确定额外的功能，包括支持不同的分布类型、随机分支和相关性。
- 考虑整合问题，以确保风险管理工具能够与其他项目计划和估算工具无缝连接。
- 审查工具生成所需报告和输出的能力，以及定制这些报告和输出的难易程度。
- 识别用户基础，无论是个人，多用户还是多站点。
- 考虑培训需求以及如何落实培训工作。
- 确保提供适当的支持。
- 建立增长潜力。
- 选择一个工具来执行你所做的或想做的事情。不允许该工具支配或更改已采用的风险管理过程。

谁需要参与

QRA需要大量关键人员的参与，包括风险倡导者、项目经理、项目发起人、采购/合同专家、风险责任人和项目支持人员（如规划工程师、成本工程师或估算师）。与ATOM的其他方面一样，风险倡导者在执行QRA方面起着主导作用，尽管有些组织可能邀请熟练掌握统计建模和QRA软件工具的专业风险分析师来支持风险倡导者。

创建初始模型

风险倡导者与项目支持人员和风险分析师（如果有）一起准备初始风险模型，并与项目经理进行验证。

理论上，可以使用包含数百个条目的风险模型来执行基于蒙特卡洛的QRA，现有的软件工具能够处理这些海量数据。但是，风险模型中的大量要素会产生两个问题：生成输入数据的运营费用，以及复杂模型引起的统计问题。因此，最好将风险模型中的要素数量保持在最低限度，以反映项目的真实情况。对于大多数项目（包括大型项目），要素数量应少于100，但是对于非常复杂的项

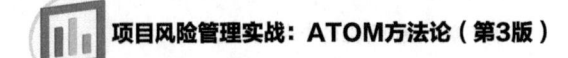

目，可能需要多达200个要素。如果大型项目的复杂性无法被容纳在较少数量的风险模型要素中，通常可以将模型拆分为多个较小的子模型进行分析，然后再合并结果，从而将要素数量保持在200以下。

在创建风险模型时，重要的是模型要包含项目的所有不确定领域。对于进度风险分析来说，起点是项目进度计划，而成本风险分析则从CBS开始。然而，QRA可能不需要进度计划或CBS中的完整细节。在定性风险评估步骤中，根据RBS和WBS映射，细节应该保留在或添加到项目的风险领域中。可以总结计划中风险较小的领域（如例行审查会议或定期报告），以降低详细程度。

在与规划工程师和成本估算人员协商后，风险倡导者必须准备风险模型要素的分布，以反映活动持续时间或估算的预算事项的一般变异（General Variability）。一般变异是在没有风险事件发生的情况下（从风险登记册中提取）最有可能值可以增加或减少的程度。最常见的分布类型来自三点估算，它可以通过对当前计划的最有可能值进行调整来得到，如图15-3所示。请注意，在这个例子中，交通顺畅、好天气和在通行中遇到绿灯被认为是可以改善情况的一般变异，而交通拥堵、下雨、能见度低和在通行中遇到很多红灯被认为是可以恶化情况的一般变异。风险登记册上的风险事件可能包括"在通行中遇到的都是绿灯"或"正在直播体育赛事，所以人都待在家里"。或者一些负面情形——"可能有事故""可能没油了"或"在通行中遇到的都是红灯"。

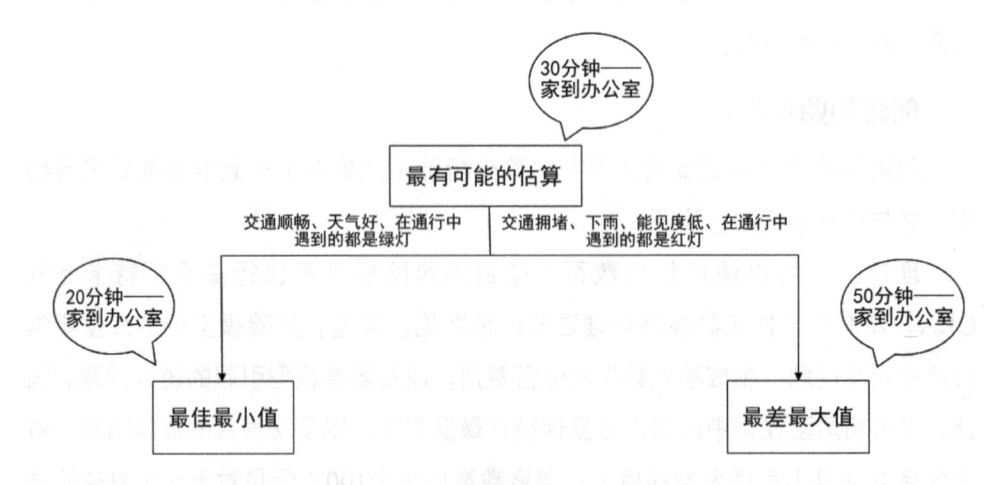

图15-3 一般变异的三点估算

一旦达成一致，可以直接将每项活动或预算事项的一般变异（包括建模参数）记录至风险模型中，也可以记录至简单的表格中，以便之后纳入模型，如表15-1所示。

表15-1 一般变异输入表示例

活动或预算项	一般变异的分布类型，包括建模参数	相关组（相关情况）

在项目的某些领域中，工作的细节可能还没有完全被定义，或者存在不同的选项。风险模型可以包括可选的逻辑要素，以反映与未来决策相关的不确定性。这是用随机分支（概率或条件）来完成的，以模拟在某些情况下可能需要的可选活动。图15-4和图15-5展示了这些分支的例子。

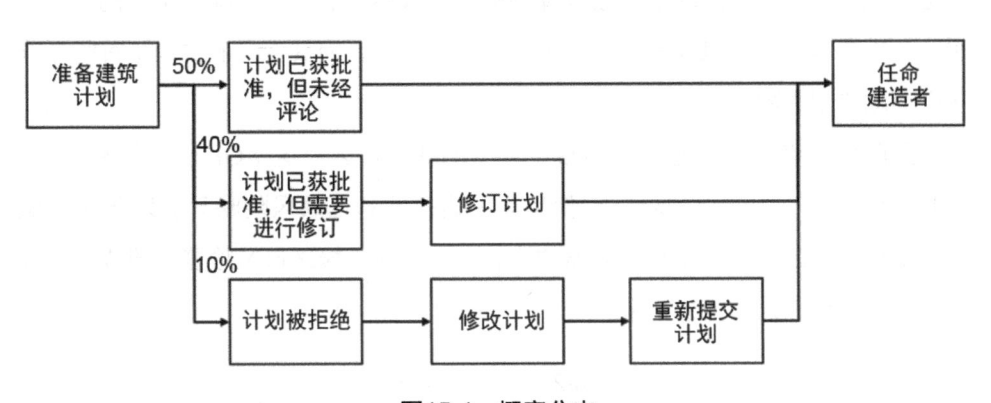

图15-4 概率分支

注：该项目需要计划许可才能继续进行。然而，计划许可仅有50%的概率在未经评论的情况下获得批准；有40%的概率计划将获得批准，但需要进行修订；有10%的概率计划将被拒绝，需要修改并重新提交计划。

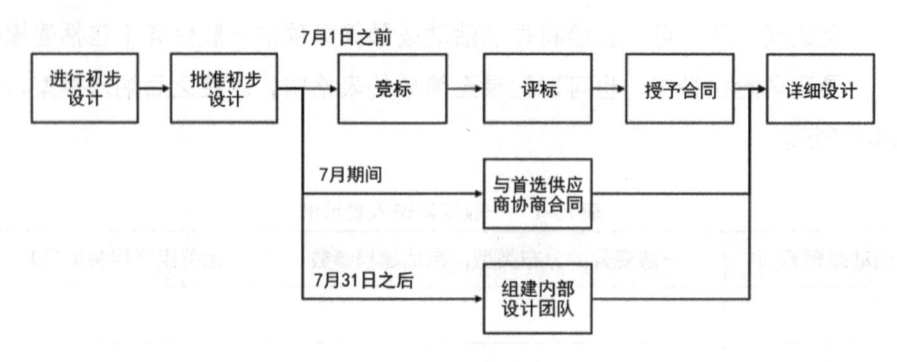

```
进行初步      批准初步              7月1日之前
 设计    →    设计      →  竞标  →  评标  →  授予合同  →  详细设计

                          7月期间
                                   与首选供应
                                   商协商合同

                          7月31日之后
                                   组建内部
                                   设计团队
```

图15-5　条件分支

注：该项目的采购策略是基于使用竞标和承包商的。然而，人们认识到，在使用这种方法时不能拖延项目，因此，确定了两种备选采购策略。如果最初的设计在7月1日至7月31日期间没有被批准，将与首选供应商协商合同。如果最初的设计在7月31日之后还没有获得批准，那么将组建一个内部设计团队。

将风险映射到模型上

一旦准备好初步的风险模型，风险登记册中包含的风险（有时也被称为离散风险）就会被映射到活动进度或预算项的电子表格上。一些风险有唯一的映射关系；也就是说，一个风险只影响一个活动或预算项，而其他一般的风险可能影响多个活动或预算项。

风险倡导者记录风险与风险模型要素的映射，因为这是QRA的关键输入。表15-2给出了一个建议的表格，使用其左边的两列记录风险映射。对于标有概率、最小值、最有可能值和最大值的列，其数值应直接来自风险登记册或风险倡导者和风险责任人协商的结果。

表15-2　风险映射表示例

风险 （机会或威胁）	映射到活动 或预算项	概率	最小值	最有 可能值	最大值	影响的 分布类型	相关组 （相关情况）

一些QRA工具允许将风险登记册中的离散风险直接映射到模型中的风险上。

当所选的QRA工具无法实现这一点时，也可以手动创建概率分支（非常耗时）。这也与风险登记册中的风险可能无法清晰地映射到风险模型中的现有要素上有关，特别是当这些风险描述了计划活动之外的异常事件，或者这些风险可能需要得到特别强调或更详细的建模时。这些风险可以包括在使用随机分支（通常是概率性的）的风险模型中。图15-6和图15-7展示了使用随机分支对威胁和机会建模的示例。

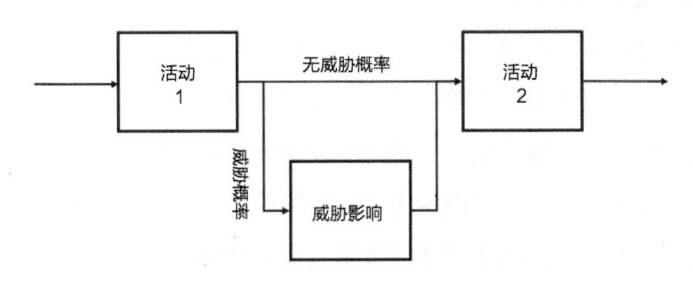

图15-6　基于概率分支的威胁建模

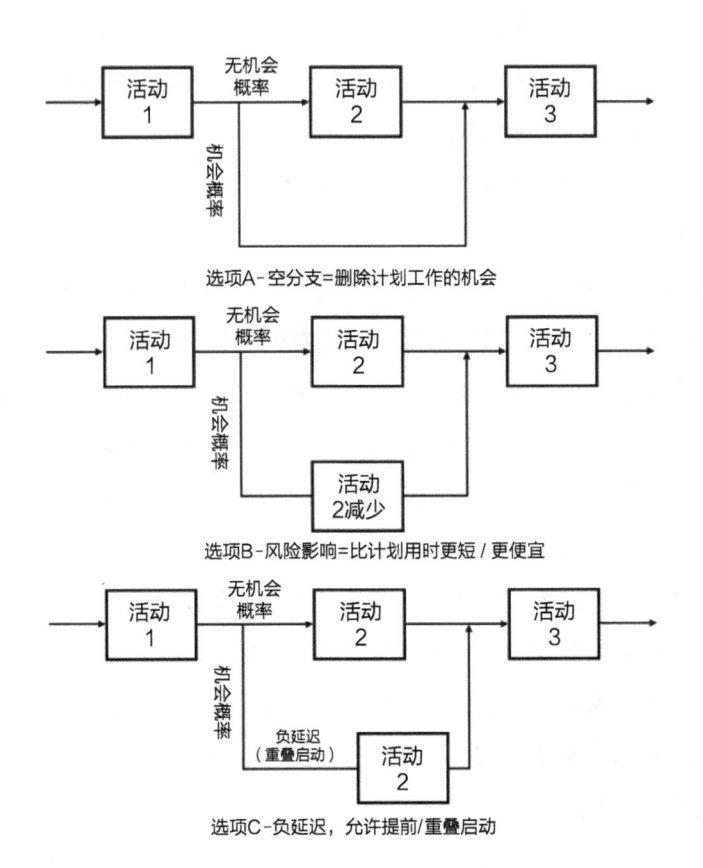

选项A - 空分支=删除计划工作的机会

选项B - 风险影响=比计划用时更短/更便宜

选项C - 负延迟，允许提前/重叠启动

图15-7　基于概率分支的机会建模

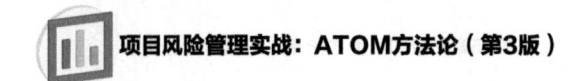

最后，不包括在QRA范围内的风险也可能出现在风险登记册中，这些除外情况应被记录下来。这些风险可能包括不可抗力、概率很低的风险或影响很小的风险，以至于没有必要对其进行建模。

相关组

蒙特卡洛模拟的默认条件是，假设整个风险模型中的所有不确定变量具有总体随机性。但是，这并不能反映现实，因为在风险模型中存在许多内部影响。

两项活动可能受到同一风险的影响，或者一个因素（活动或预算项）可能直接影响其他因素。这需要在使用相关组的风险模型中反映出来。

风险倡导者根据以下信息确定潜在的相关组：

- 风险模型中受相同风险影响的要素（使用RBS）。
- 由公共资源执行的活动［使用组织分解结构（Organization Breakdown Structure，OBS）］。
- 来自共同来源的成本项，如供应商或地区或原产国（使用CBS）。
- 相似的活动类型（使用WBS）。
- 影响多个风险模型要素的一般风险。
- 风险模型要素之间的因果关系。

活动或预算项对相关组的分配可以记录在一般变异输入表的最右列（见表15-1），而风险则记录在风险映射表的最右列（见表15-2）。

未能在风险模型中包含相关性，会导致要素的依赖关系发生变化，而实际上并非如此。例如，如果将"承包商的生产率可能明显低于计划"的风险映射到风险模型中的多个活动上，那么我们应该期望承包商正在从事的所有活动的生产率都是相似的。由于不相关要素中的随机不确定性被抵消，相关性的缺失减少了分析过程中计算结果的扩散。实际上，风险是相互依赖的，规划的活动也是相互关联的。这些关系必须包含在风险模型中，并通过创建相关组来将可能相互影响的活动和风险联系起来。此类联系可能由共同原因、外部依赖性驱动，或者由单个风险影响模型的多个要素驱动。在这些情况下，必须限制基于蒙特卡洛的QRA工具的随机采样能力。

在相关组中，使用相关系数（-1～+1或-100%～+100%）对关系的强度进行建模，从而确定模型中的与采样值相关的正要素或负要素。如果没有更好的数据，通常使用0.7～1.0之间的值（或70%～100%）。有关相关强度与相关系数之间的指标转换，见表15-3。

表15-3 相关强度与相关系数

相关强度	相关系数
弱	0.70
中等	0.80
强	0.90
很强	0.95
完全依赖	1.00

确认风险模型

一旦创建了初始的风险模型，风险倡导者和风险分析师就会与指定的风险责任人一起确认如何使风险模型包含一般变异，并进行风险映射，以确保模型的结构是切实可行的。这可以在风险研讨会或一系列的访谈中完成。风险责任人还对如何在与其职责范围相关的风险模型领域中使用分支和相关组发表评论。

在某些情况下，对于一般变异或离散风险的影响，可能无法或不宜使用三角分布，因此可以使用其他类型的分布。最常用的分布类型如图15-8所示（下文将对此进行简要说明）。使用这些分布类型中的一种来对一般变异或离散风险建模，在风险模型中，活动或预算项的影响可以用两种形式来记录（见表15-1和表15-2）。

修正三角分布。修正三角分布是代表三点估算的连续分布。这种分布在风险模型中应用最广泛，因为它要求通过非绝对值的最小值和最大值来识别不确定性。通常，假设小于"最小值"的概率为5%，大于"最大值"的概率为5%。这些百分数可能改变，以表示估算中不同程度的不确定性。

均匀分布。均匀分布就是连续分布，其中只能估算最小值和最大值。通常，在活动持续时间或预算项的数值上存在相当大的不确定性，因此无法估算最有可能的数值。

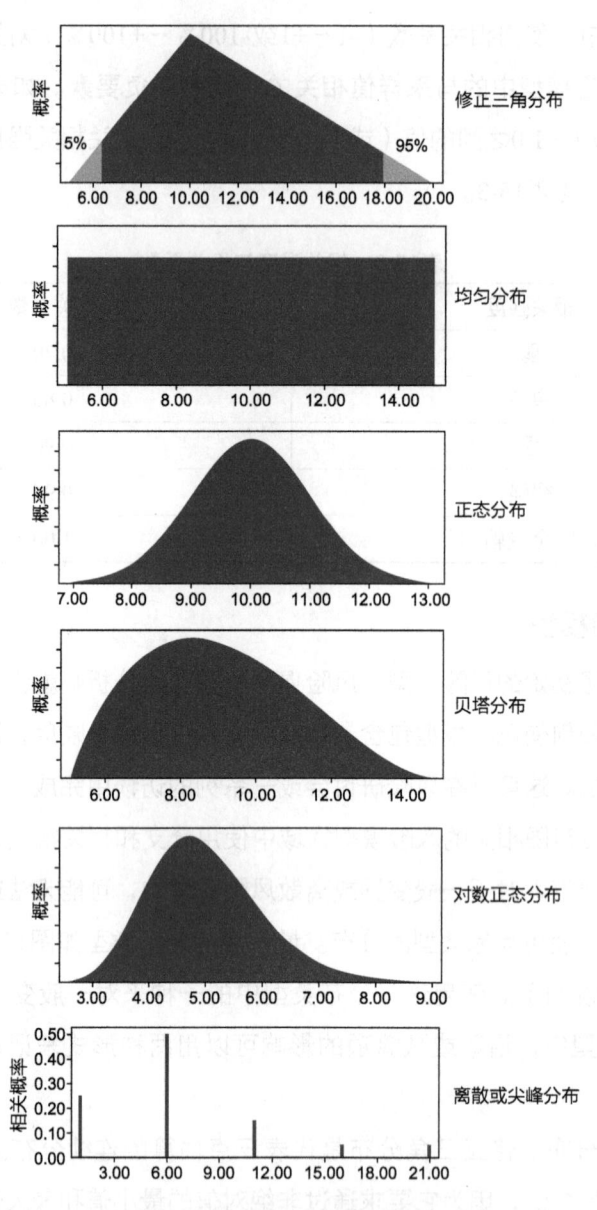

图15-8 蒙特卡洛模拟中的典型分布

曲线分布。各种曲线可以表示围绕风险模型要素的不确定性分布。最常用的曲线是正态分布曲线、贝塔分布曲线和对数正态分布曲线。尽管它们显然是不确定性的更真实的表示，但是这些曲线很难被定义，因此仅当对特定风险模型要素的可变性有良好信息时才使用它们。

离散或尖峰分布。有时，风险模型要素只能采用特定值，也就是说，它不是连续分布的，这被称为离散分布或尖峰分布。当只有固定数量的可能值（其他值不可能存在）时，才应该使用这种分布。例如，如果审批委员会每周开一次会，那么只能在一周、两周或三周后才能做出决定，而在两次会议间的任何时间都不能做出决定。

一旦进行了所有的协商，风险倡导者就会生成最终的风险模型，然后由项目经理进行验证。

分析

分析分两个阶段进行。在第一阶段，使用的是原始状态的模型，无须考虑可能改变项目风险敞口的规划应对措施或行动。在第二阶段，应考虑到规划的应对措施和行动（通常，要多次重复该过程）。

初始分析

一旦生成模型，就可以使用基于蒙特卡洛的QRA工具对其进行分析或运行，以从输入数据（分布和随机分支）中随机采样，并计算可能结果的范围。QRA工具可以非常快速地处理大量数据，因此获得良好结果所需的迭代次数几乎是无关紧要的。通常，会使用1万次迭代来确保在复杂的风险模型中对所有可能的结果进行抽样，但是如果模型相对简单，则可以将迭代次数大大减少——可能只有1000次。初始分析的结果可用于检查模型的有效性，包括任何输入误差。

二次数据汇总和二次分析

通过与风险责任人进行数据汇总访谈来调整风险模型中的数据。该访谈的重点是，确定单个模型要素（如一般变异或风险映射）和其他参数（如随机分支）的值可能因要实施的行动而发生的变化。重复使用修改后的数据进行分析，可以预测规划应对在改善项目整体风险敞口方面的预期效果。

在完成分析后，大多数软件都将生成一些标准的输出或报告。

输出：S-曲线。基于蒙特卡洛的QRA的主要输出是一个累积的概率分布函数，被称为S-曲线。它可以由直方图来支持（直方图可表示获得每个特定结果的发生概率）。S-曲线可分析、估算不确定性，并可明确风险的综合影响。在进度风险分析中，可以创建与完成整体项目、阶段性里程碑、子项目或主要活动相关的S-曲线。在成本风险分析中，可以按最终支出成本、主要项目预算或子项目的成本来生成成本。时间和成本的S-曲线示例如图15-9所示。

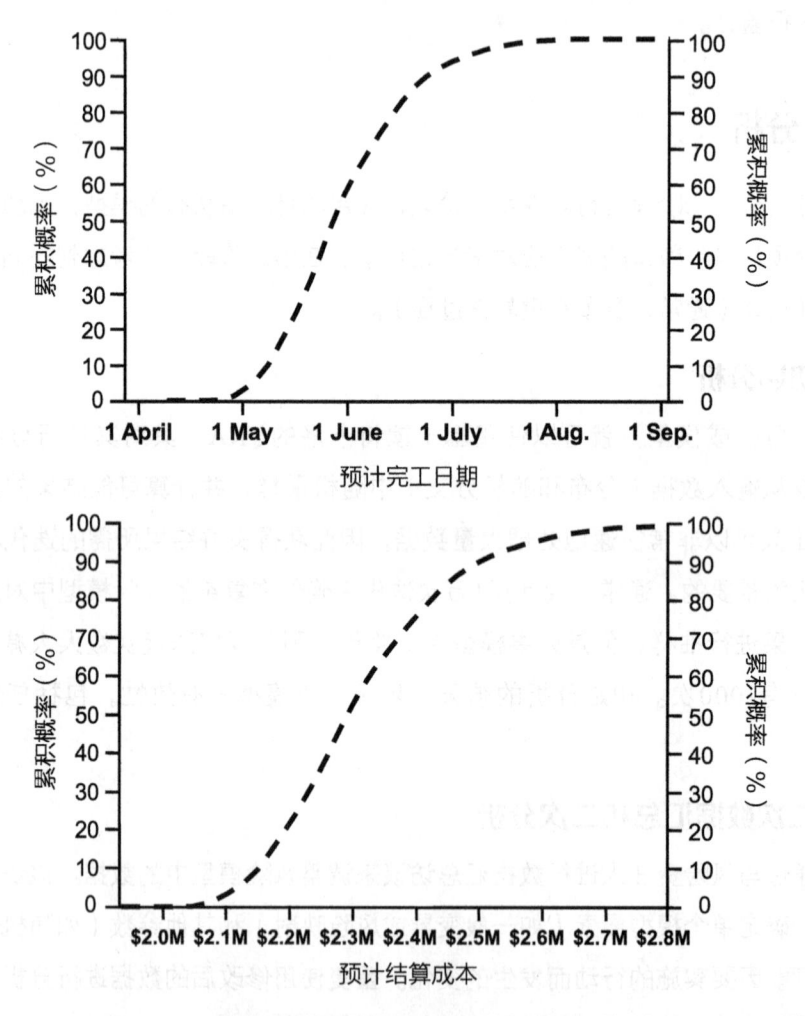

图15-9 时间和成本的S-曲线示例

输出：关键性分析。可以从基于蒙特卡洛的QRA中获得许多其他输出，这些输出给出了比S-曲线更详细的附加信息。有一种分析仅与进度风险分析有关，被称为关键性分析。在进度计划中至少有一条关键路径，这是从头到尾最长的路径，它确定了整个项目的持续时间。但是，在进度风险分析过程中，要多次运行基于蒙特卡洛的QRA工具，并根据反映不确定性和映射风险的输入数据随机更改活动持续时间。一些活动将花费比计划持续时间更长的时间，而另一些活动将花费更少的时间。结果，在分析过程中，关键路径几乎都会发生变化，因为先前的关键活动可能在更短的时间内完成，而非关键活动会花费更多的时间。事实上，在风险模型的多次迭代过程中，可能要遵循许多替代性的关键路径。

对于风险模型中的每个活动，都可以计算一个关键性指数，该指数被定义为一个活动出现在关键路径上的次数，通常表示为迭代总数的百分比。因此，始终处在关键路径的活动的关键性指数为100%，而永远不在关键路径上的活动的关键性指数为0。我们感兴趣的活动是那些关键性指数在1%~99%的活动，因为它们在某些情况下可能变得很关键。可根据关键性指数来对活动进行排名，以突出那些最有可能影响总体持续时间和完成日期的活动，因此需要重点对它们进行风险管理。通过关注高关键性指数活动的威胁和机会，可以有效地降低进度风险。图15-10给出了一个关键性分析图示例。

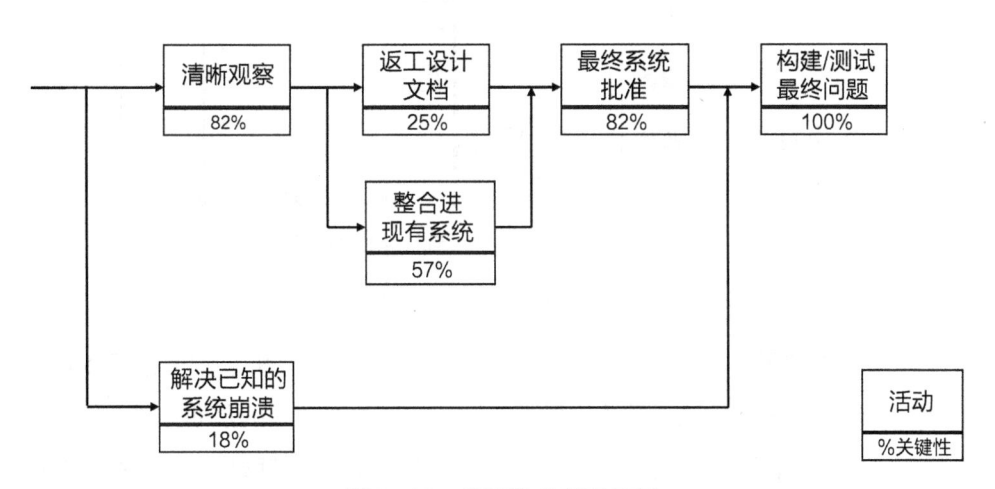

图15-10 关键性分析图示例

输出：关键性分析。另一个对详细风险驱动因素的有用分析将风险模型中特定要素的变化程度与整个项目结果的变化联系起来，这被称为关键性，它可以应用于进度和成本风险分析,表示为相关系数(-1~+1),可表明每个活动或风险与总体结果之间的关系。

具有高关键性(有时也被称为敏感性)的要素是风险的关键驱动因素,因为要素的大幅变化会相应地使整体结果产生变化。对于威胁和机会来说也都是如此,因为具有高敏感性的威胁对整个项目有很大的负面影响,而具有高敏感性的机会则会产生很大的正面影响。

与关键性分析一样,可以按敏感性对风险模型中的要素进行排序,以表明哪些风险影响了总体结果。这些信息通常以龙卷风图的形式显示,以突出显示主要的风险驱动因素。在确定需要进一步风险管理和采取行动的领域时,应优先处理进度活动、成本项或具有高敏感性的风险。图15-11是一个龙卷风图的示例。

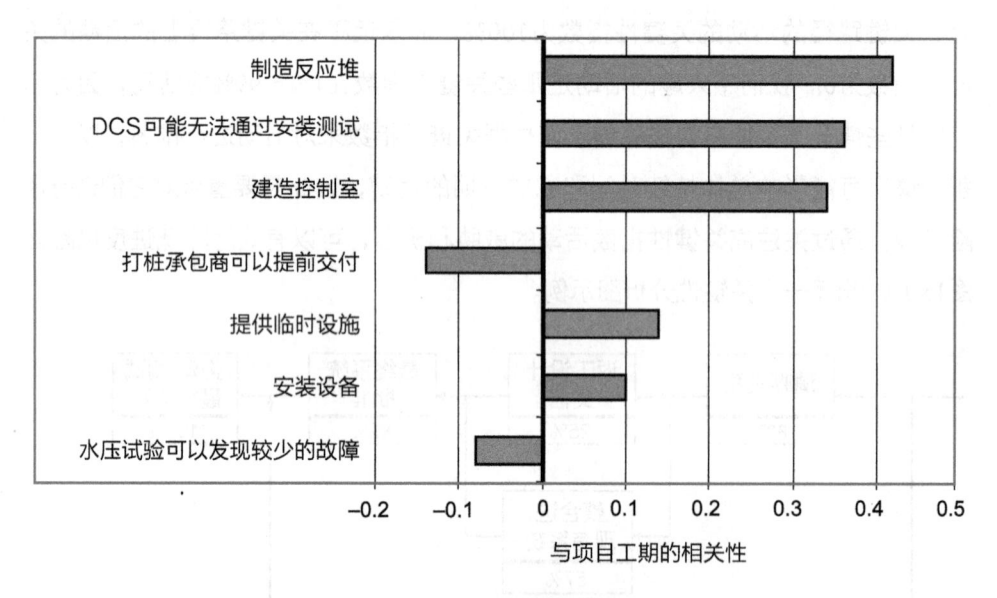

图15-11 龙卷风图示例

输出:眼球图。如果进行了综合的时间—成本风险分析,则通常可以得到另一个输出,它被称为眼球图(或橄榄球图)。通过将项目的预期完成时间与预期成本绘制成图,可将项目的所有可能结果包含在图中的"眼球"内。眼球图体现了最小持续时间和成本、最大持续时间和成本,以及最有可能的持续时间和成本。"眼球"代表了所有可能的结果。"眼球"越大,项目的不确定性就越大(见图15-12)。

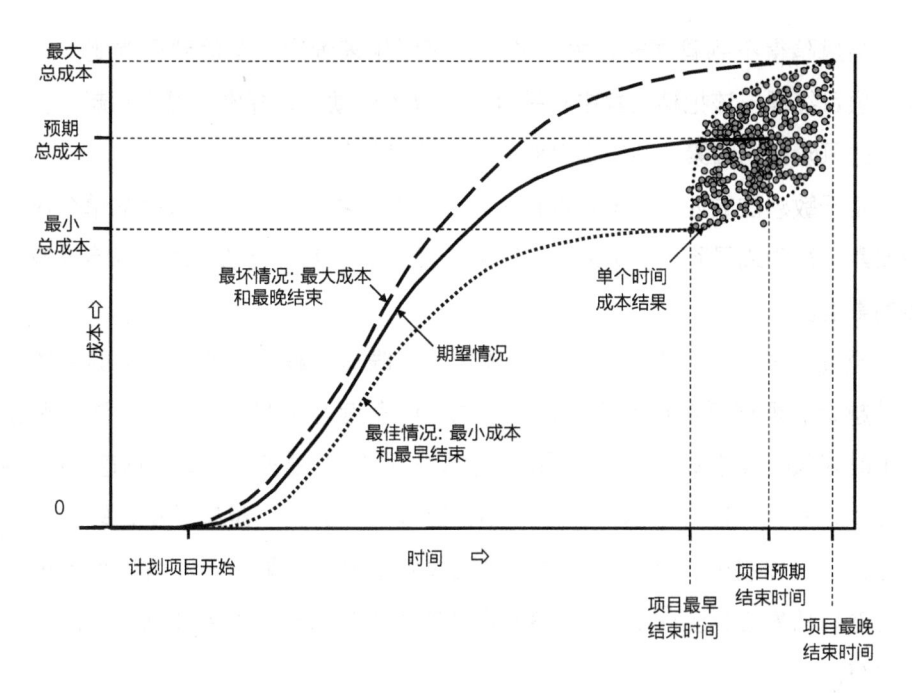

图15-12　眼球图（橄榄球图）示例

输出解释

基本或标准S-曲线可以用来理解任何目标的可能结果的范围：范围越大，结果越不确定，也可以从S-曲线中读取实现这些目标的可能性（百分数）。常用的值包括第10、50和90个百分位数（P10、P50、P90）。这些也可以被描述为置信度水平，因为它们代表了满足特定值的机会。特别是，可能实现目标的置信度可以用百分比表示。平均值代表给定输入数据的预期结果以及模型中包含的风险级别。对S-曲线的正确解释有助于确定适当的时间和成本的应急水平。最后，可以使用S-曲线评估整体项目风险，因为它反映了项目的不确定性程度（最佳情况与最差情况之间的范围），并表明了与实现项目目标相关的置信度。

可以绘制叠加的S-曲线，用来代表不包括风险应对措施的风险模型，或者在渐进基础上包括所有应对措施或单个应对措施的风险模型。可以将一系列S-曲线叠加起来，以显示每次处理特定风险的效果，以及应对所有风险的效果。这种叠加图通常被称为"洋葱圈图"（见第14章，见图14-7）。

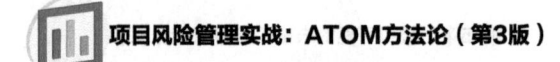

当风险得不到管理时，关键性指数可以用来确定哪些活动可能变得至关重要。项目经理应该把精力集中在关键性最高的活动上，探索其潜在的起因，确定主要的风险驱动因素，并制定针对次关键路径的行动。

基于敏感性的龙卷风图可以用来锁定对整体项目结果影响最大的单个风险模型要素（行动或风险）。另外，减少其中的变异性对降低项目的不确定性有着直接的影响。

通过眼球图可以看到整体项目风险。"眼球"越大，项目结果的总体不确定性越大。根据所使用的尺度，"眼球"的角度可表明项目更容易受到哪些因素（时间风险或成本风险）的影响。假设水平（x）轴代表时间，垂直（y）轴代表成本，那么"眼球"越靠近水平轴，时间风险越大；越靠近垂直轴，成本风险越大。可以将分析不同风险的眼球图叠加起来，以显示：随着项目的进行，风险敞口所发生的变化。图15-13显示了实现项目目标的概率如何随时间的推移而提高。

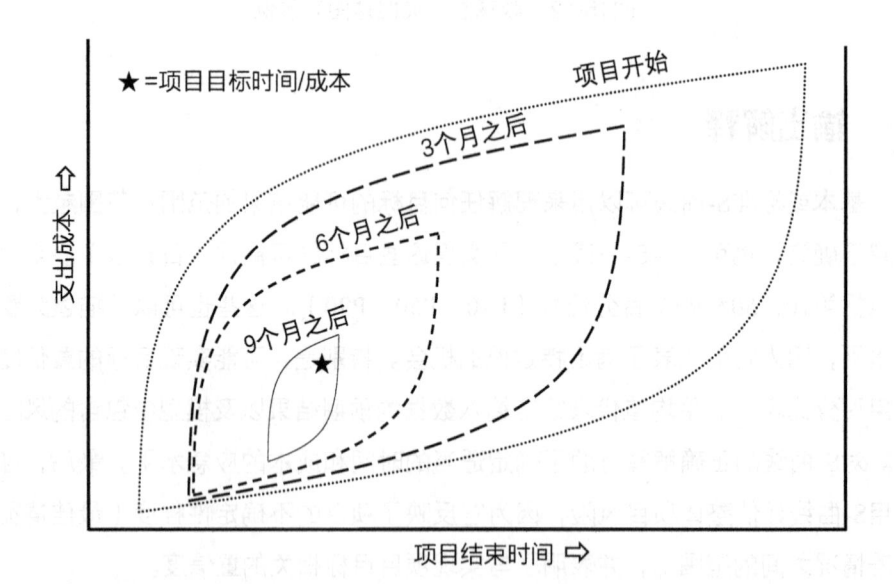

图15-13　叠加眼球图

第15章 模拟可能的未来（定量风险分析）

使用结果

QRA的结果可以为整个项目生命周期中的关键决策提供依据。在决定该项目是否应该进行或是否应该投标时，QRA的结果可以提供重要的信息。另外，在选择或修改项目的实施策略时，QRA的结果也能发挥重要的作用。

如果分析结果表明，实现关键项目目标（如项目的预期完成时间或支出成本）的概率非常小，这并不一定意味着一切都损失了。项目经理应与项目团队一起考虑：如何通过变更项目策略，缩小范围或修改绩效要求来增加机会。

分析结果还可以侧重于关键风险（最大的威胁和最好的机会），如果应对好这些风险，管理活动将产生最大的收益。此外，还可以确定主要的风险驱动因素，即那些最关键的、最重要的或两者兼而有之的风险，以制定应对措施，从而优先解决这些问题。

使用分析结果有助于通过比较应对前和应对后的分析结果（可以用洋葱圈图）来确定规划应对措施的有效性。这也有助于集中注意力，如果规划的应对措施的预测效果不够显著，则可能导致应对策略的改变。

风险管理的众多明显收益之一是，有利于设定切实可行的目标。QRA的结果可用于设定总体和中期目标/里程碑及适当的应急水平。在项目前期使用QRA特别有用。可以设置不同的目标，包括实现概率较低（但并非不可能）的延伸目标，以激励和挑战项目团队，从而使他们达到更高的绩效水平。

最后，分析与提议的重大变更相关的风险敞口的变更，有助于决定是否应该接受变更。如果变更不能被拒绝，那么无论有没有进一步的应对措施，它都会对项目目标产生影响。

报告

QRA的最终输出通常以独立的风险分析报告的形式提供，或者作为首次风险评估或主要审查之后的完整风险报告的一部分提出。无论是哪种情况，都应包括以下内容：

- **执行概要。** 在最多一页纸的范围内总结了报告主体的主要发现、主要结论和建议，并省略了所有不必要的细节。

- **本QRA的目的、范围和目标。** 阐述了QRA的主要目的，突出了它在风险管理过程中的位置。
- **项目状态概要。** 该部分简要总结了项目的当前状态，包括与项目进度和预算相关的进展、产品的交付情况以及存在的主要问题。概要还确定了进行风险分析的背景。
- **关键发现。** 说明了实现目标（如进度和成本目标）的机会及主要的风险驱动因素。此外，讨论了结果中不太寻常的地方，并说明了其背后的原因。
- **详细结果。** 首先介绍S-曲线，因为它是主要的分析输出。S-曲线的解释包括可能的结果范围、完成日期和成本的预期值，以及实现项目目标的可能性。S-曲线的洋葱圈叠加层可确定重大的风险驱动因素，就像龙卷风图、关键性图、敏感性图和眼球图一样。

  提出并讨论了应对措施前后的分析，以表明规划应对的有效性，并就是否需要规划额外的应对措施提出建议。

  这部分介绍了每种类型的输出（包括对其的分析和评论），突出了结果的任何显著特征或任何需要特别注意的管理事项。

- **结论和建议。** 总结发现了什么和应该做什么。根据对输出的解释，列出并讨论了最大限度地增加项目成功机会所需的应对措施和行动。
- **附录。** 提供了未包含在报告主体的支持性信息和其他细节，可能包括：
  - **映射信息和模型数据。** 详细说明了如何将风险映射到项目计划或成本估算中，并包括生成的输入数据，以供风险模型使用。
  - **详细的输出。** 报告的正文包括了主要的分析结果，在附录中可能包括更详细的支持性结果，如统计表。
  - **背景信息。** 列出了QRA期间所做的任何假设或排除条款，以及影响风险分析的任何与项目相关的特殊条件或特征。
  - **风险登记册。** 一份独立的风险分析报告，应将风险登记册包含在附录中以供参考。

中小型项目的 QRA

本章的重点是，在大型项目中使用QRA。这是因为正确地进行分析并避免可能出现的错误结果需要严谨和努力。在大多数情况下，在中小型项目中进行如此大量的工作来执行完整的QRA是不值得的。但是，得益于QRA软件的不断发展，它们更加容易使用，也更容易获得。因此，一些QRA专家建议，所有项目（包括小型和中型项目）都可采用基于一般变异和敏感性的QRA时间表。请注意，基于敏感性的简单分析与QRA成本分析的相关性较低，原因如下。

大多数QRA软件都允许将正负百分数应用于关键路径网络中使用的最有可能持续时间，如+20％、–10％。这些百分数代表活动持续时间的一般变异，不包括风险登记册中的风险（离散风险）。在考虑一般变异时，人们认识到所有估算都是可多或可少的猜测，当然，在活动持续时间内，增加的机会大于减少的机会（见图15-3）。另外，持续时间可以减少的量可能小于它可以增加的量。换句话说，我们可以得到一个负偏态分布（见图15-14），它基于图15-3和开车上班的例子。

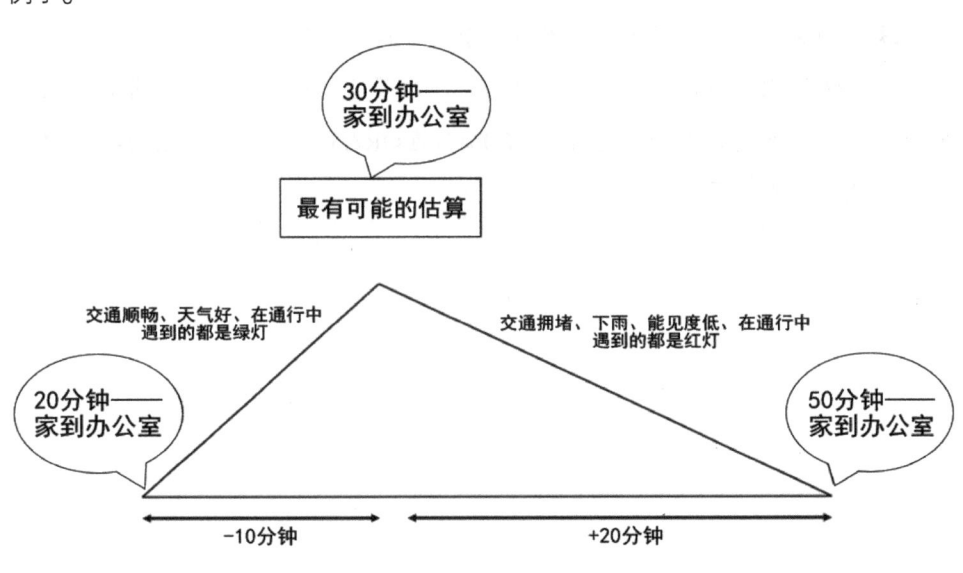

图15-14 一般变异的三点估算

请注意，在前述方法中没有使用相关组（使用相关组能提高输出质量，但也会增加所需的时间）。使用这种方法来执行基于敏感性的QRA，即使不包含

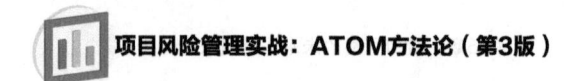

离散风险，也能说明实现预期完成日期的可能性。这可能需要更改交付项目的策略，或者可能需要管理与完成日期有关的预期。此外，审查每个活动的关键性指标也可以突出显示在应对风险时应考虑的次关键路径。

虽然这种方法可以用于进度计划，但与成本的相关性较低。其主要原因是，如果不包括相关组，正负值就会相互抵消，最终得到的是一个非常狭窄和不合适的结果范围。

小结

> 图15-15给出了在ATOM中执行全面的QRA所需的步骤。QRA在大型项目的整体风险管理过程中扮演着关键角色。一些人将其视为可选的"锦上添花"，而对于另一些人来说，QRA是风险管理中最重要的部分。在ATOM中，QRA的应用更加务实：它不是所有项目都需要的，小型项目就很少使用QRA（除了前面讨论的简化形式），中型项目会酌情选用QRA，但大型项目通常要用到QRA，因为大型项目的风险更高。
>
> 毫无疑问，使用QRA可以带来好处，尽管这些好处的代价通常只有在大型项目中才是合理的。这就是ATOM仅在QRA能带来可观回报的项目中才应用该技术的原因。

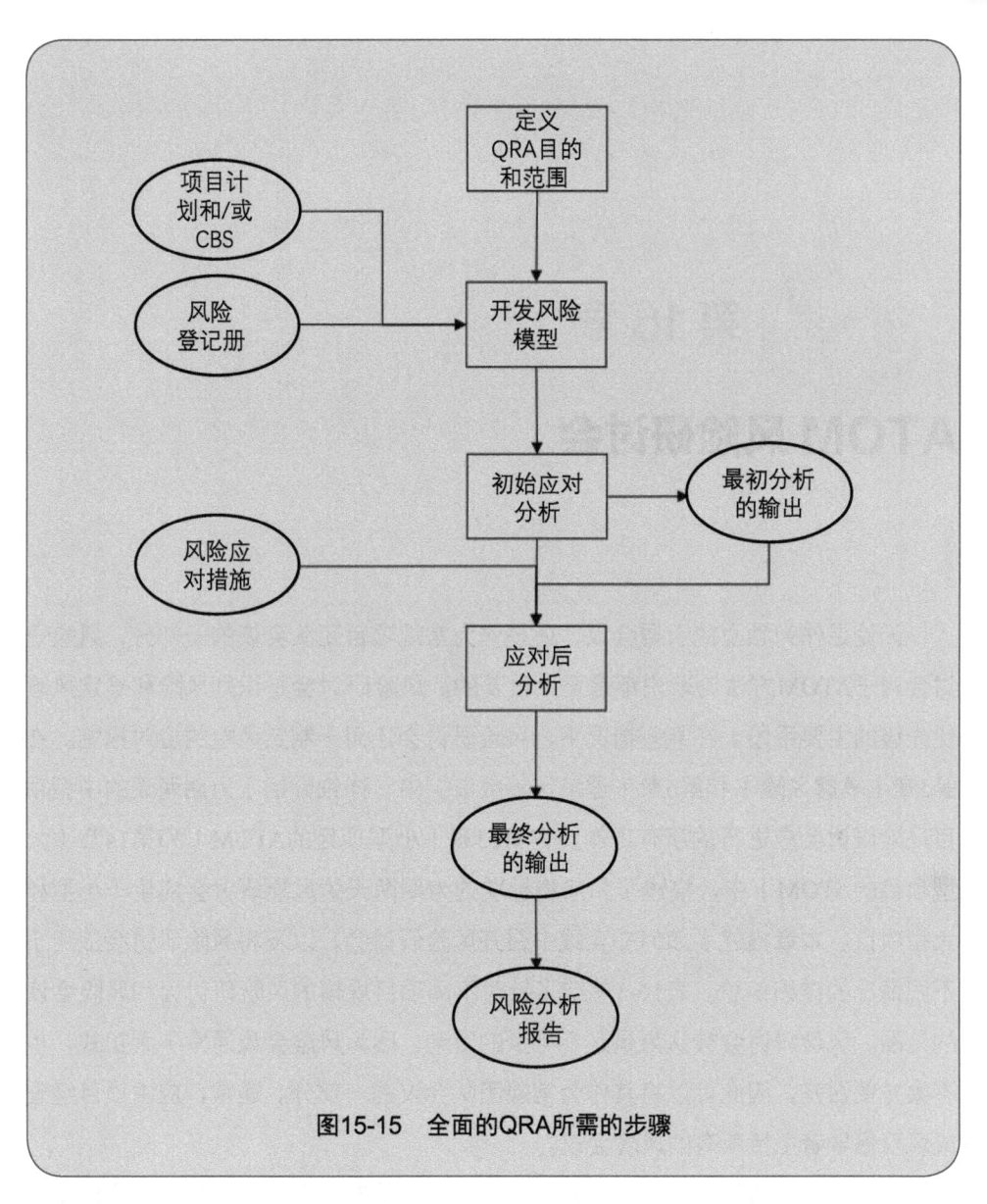

第15章 模拟可能的未来（定量风险分析）

图15-15 全面的QRA所需的步骤

第 16 章

ATOM 风险研讨会

无论是作为独立的引导会议,还是作为常规项目团队会议的一部分,风险研讨会对于ATOM方法论来说都是至关重要的。风险研讨会是识别风险和确定风险优先级的主要手段。在某些情况下,风险研讨会还用于制定风险的应对措施。在第5章(暴露风险)和第6章(理解风险敞口)中,详细介绍了为期两天的中型项目风险研讨会应进行的所有工作。在第13章(小型项目的ATOM)和第14章(大型项目的ATOM)中,描述了如何将标准的为期两天的风险研讨会应用于小型和大型项目。本章描述了如何在实践中召开风险研讨会,以及将风险研讨会应用于不同情况的详细信息。表16-1总结了针对不同项目规模的风险研讨会和风险会议的范围。风险研讨会被认为是必不可少的活动,因为风险会议通常不太正式,也不太方便召开,因此可以将其作为常规团队会议的一部分。通常,应由项目经理或风险倡导者主持所有的风险会议。

当召开风险研讨会或风险会议时,为了达到最佳效果,往往需要考虑许多因素。在这些因素中,最重要的就是引导——关于引导的更多信息,见第17章。以下部分详细介绍了需要考虑的其他因素。

第16章 ATOM风险研讨会

表16-1 ATOM风险研讨会或风险会议的范围

ATOM 步骤	小型项目	中型项目	大型项目
启动	—	一般会议	专门的启动会议
识别	一般会议	风险研讨会	风险研讨会 + 访谈
评估	一般会议	风险研讨会	风险研讨会
定量风险分析	不适用	不适用	风险研讨会 + 访谈
规划应对	一般会议	风险研讨会 + 访谈	访谈
报告	不适用		
实施	不适用		
主要审查	不适用	风险研讨会	风险研讨会
次要审查	一般会议	一般会议	一般会议
项目后审查	一般会议	一般会议	一般会议

风险研讨会的各种形式

虽然ATOM方法论的重点是为期两天的风险研讨会，但还要考虑到，许多人从工作中抽出两天时间可能既困难成本又高。而且，确认所有与会者（团队成员和关键干系人）方便参会的时间和地点，筹备为期两天的风险研讨会都要花费一定的时间（也许需要几周时间）。在这种情况下，可以使用其他方法。

风险研讨会前

在参加风险研讨会之前，应要求与会者做一些准备工作。不要在最后一刻提出准备工作的请求。在理想情况下，此请求应在风险研讨会开始前七天左右提出。对于准备工作，可以采取提出一系列问题的形式。以下是一些可能提出的问题示例：

- 造成实现项目目标更加困难的事情有哪些？
- 使得实现项目目标更加容易的事情有哪些？
- 哪些假设条件是项目成功的关键？
- 哪些制约因素对项目的影响最大？

可以将这项准备工作提前转发给风险研讨会的与会者，或者由引导者带到风

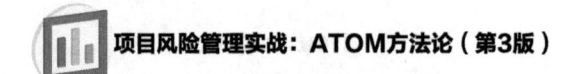

险研讨会。我们的建议是提前转发，因为这将使风险研讨会的与会者有机会尽早合并收到的数据，以便可以在标准风险研讨会的早期阶段使用。为期两天的风险研讨会和较小的、更有针对性的风险研讨会都能会从筹备工作中受益。

小型焦点研讨会

引导风险研讨会能体现风险管理有效和高效的一面。如果有需要，可以使用完整的、多日的风险研讨会来交付以下输出：

1. 确认项目目标。
2. 识别和梳理风险。
3. 使用风险元语言来描述风险。
4. 评估（每个风险的）概率和影响。
5. 对风险进行分类。
6. 任命风险责任人。
7. 制定风险应对措施。
8. 进行定量风险分析。

但是因为它包含了更多的要素，实现上面列出的输出会十分耗时，而且往往会比标准的为期两天的风险研讨会的时间更长。在许多情况下，将风险研讨会分成较小的、更易于管理的模块，同时仍交付相同的输出（如果有必要），也是一种有益的做法。这些"分块的"（或更小的）、有针对性的风险研讨会的时长应设置为3~4小时，以便可以在一个上午或下午内完成。表16-2给出了为期两天的标准的风险研讨会的要素，可以用于较小的风险研讨会。

表16-2 小型焦点风险研讨会要素

要　　素	注　　释
确认项目目标，识别和梳理风险 可选：任命风险责任人	可以在风险研讨会之前就讨论并确认项目目标
使用风险元语言来描述风险*	如果已经指定了风险责任人，则该风险研讨会可能仅限于项目经理（如果不是风险责任人）、风险责任人、风险倡导者和风险引导者（如果不是风险倡导者）

续表

要　　素	注　　释
评估（每个风险的）概率和影响 *	同样，这应该与项目经理和风险责任人共同完成
制定风险应对措施 *	同样，这应该与项目经理和风险责任人共同完成
考虑蒙特卡洛模拟	这将涉及更广泛的群体，包括项目经理、规划师/估算师、风险责任人和风险分析师

*注意：这些要素也可以通过直接访谈风险责任人，以及在适当的情况下访谈行动责任人来实现。

远程会议

虚拟风险研讨会。风险研讨会不一定非要采用面对面的形式来举行，也可以采用基于Web的交互式软件举办虚拟风险研讨会。此类风险研讨会最适合用来识别风险，但对风险评估的用处不大。

虚拟风险研讨会需要比规模较小的、更聚焦的面对面风险研讨会更有针对性。由于受到所使用的Web软件以及每位与会者所处地理位置的限制，在理想情况下应将虚拟风险研讨会的时长设置为两小时，将与会者的人数限制在8~10位。虚拟风险研讨会需要专业的引导方式，以使它发挥有效的作用，在理想情况下，应对会议进行记录以供会后分析。

全员头脑风暴似乎并不奏效，但是听或读（使用某种形式的虚拟消息或白板）其他人的意见仍然很重要。虚拟风险研讨会的引导者需要确保所有与会者都参与讨论，提醒还没有发言的与会者发表他们的意见。充分的准备工作不仅可以使与会者保持正确的心态，还可以构筑前期讨论的基础，在这种情况下，前期准备工作一定要转发给引导者。

在虚拟风险研讨会开始之前，引导者应了解所有人的前期准备工作，并深入了解每位与会者的详细情况：他们在哪里工作，工作的内容是什么，经验水平如何，有多资深。掌握这些信息后，引导者可以在虚拟风险研讨会上提出相应的问题。虚拟风险研讨会的一个引导技巧是，引导者可以想象所有人坐在一个配有大圆桌的会议室中。引导者可在一张大纸上画一个圆圈，并在图中与会者的"座位"上写下他们的名字。随着虚拟风险研讨会的进行，引导者可以记录谁在做出

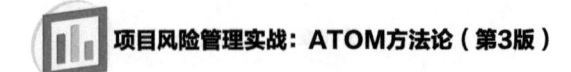

贡献，谁没有做出贡献，并提醒未发表意见的与会者发表他们的看法。在虚拟风险研讨会中还能实时地看到与会者清单。

在虚拟风险研讨会结束后，引导者应记录虚拟风险研讨会的内容，如果有录音，请听录音以记录虚拟风险研讨会的结果。应以报告的形式进行记录，并附上初步的风险清单。不必在报告中提供十分准确的内容，但应包括与会者的姓名、角色、职能等，以及在适当情况下尽早提出的有关报告内容的要点、更难（或更容易）实现的项目目标及关键的假设条件和最大的制约因素。报告应以商定的跟进行动作为结束。风险清单应包括风险描述、所使用的风险元语言及任何其他重要信息，如建议的风险责任人。

然后，可以使用风险清单来为风险登记册添加数据并形成风险评估的基础。不建议在同一次虚拟风险研讨会中进行风险评估。风险评估通常只涉及少数人，如风险倡导者、风险责任人和项目经理，并且大多数与会者做出的贡献可能微乎其微。因此，最好通过电话或面对面访谈的形式进行风险评估，或者在需要多人（两人以上）参与的情况下通过电话会议进行。

德尔菲技术。在某些情况下，将所有必要的与会者聚在一起是不太可行或不太可能的，即使是召开2小时的虚拟风险研讨会。德尔菲技术是一种可以在这种情况下使用的方法。

德尔菲技术起源于兰德公司，是一种预测现行政策的决策会产生何种后果的方法。该技术适用于风险管理，尤其适用于风险识别和风险事件评估。德尔菲技术通过专家小组收集并反馈意见，其优点是可以远程和/或匿名执行，例如，通过电子邮件或在线平台实时开展。这消除了虚拟风险研讨会的一些群体偏见和地域限制，还留出了一些交流意见的空间。经验还表明，如果管理不当，德尔菲技术可能非常耗时。因此，超过两轮的数据收集可能增加与会者的退出率。

德尔菲技术可用于以下情况：参与风险识别（或评估）的人员身处各地，召开面对面风险研讨会的成本过于高昂，时差的限制导致虚拟风险研讨会不便召开。至关重要的是，在使用这种技术时，任何人都不会被其他人的意见所左右，也不会知道谁识别了哪些风险。

使用德尔菲技术进行风险识别的一种典型方法是，通过电子邮件向所有与会者发送表格（见表16-3），让他们填写表格并回复电子邮件。在收到所有反馈后，风险倡导者应准备一份综合清单（删除非风险和重复项，同时确保使用风险元语言来正确描述所有风险）。然后，应将合并后的清单再通过电子邮件发送给所有与会者，以进行审核、评论，并根据审核来确定其他风险。如上所述，没有与会者知道谁识别出了哪些风险。在经过第二轮确认后，风险倡导者就可以准备最终的风险清单，并将其进一步纳入ATOM。

表16-3　使用德尔菲技术进行风险识别的表格示例

识别人（对他人保持匿名）	原　　因	风险事件	影　　响	注　　释

在使用德尔菲技术进行风险评估时，可以遵循几乎与风险识别相同的过程，但是这两个过程不能同时执行。在进行风险识别的同时进行风险评估可能分散注意力，并降低两个过程的质量。在风险识别过程中得出的正确描述的风险清单将构成风险评估的输入。但是，与其将完整清单群发，不如将特定的风险发送给具有特定专业知识的人员，这包括识别风险的人员、潜在的风险责任人（可能与识别风险的人员相同），以及由项目经理和风险倡导者确定的其他干系人。

应要求每位贡献者在其认可的范围内评估每个风险的发生概率和影响。"不知道"也是有效的回复。和风险识别过程一样，应该使用包括风险描述的表格来完成，要包括对每个项目目标商定的概率，以及正面或负面的影响，还要允许发表评论。

一旦收到反馈结果，风险发起人就应再次整合结果，如果人们对概率和影响达成了共识，就不用再采取进一步的行动了。在有分歧的地方，风险发起人应与选定的风险责任人合作，在充分考虑所有人的意见的基础上，确定最终的发生概

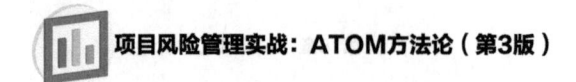

率和将带来的影响。

本节讨论了使用德尔菲技术进行风险识别和评估的机制，当然，我们还可以使用其他方法和平台来达到同样的效果，包括应用程序和社交媒体。风险倡导者应意识到此类工具，并考虑其适用性，以及是否有利于ATOM。

在评估步骤中评估概率和影响

影响风险研讨会的因素

关于评估风险的最佳方法，例如，应该同时评估风险的发生概率和影响，还是应该分别评估风险的发生概率和影响，已经展开了大量辩论。

同时评估概率和影响。 虽然这似乎是最自然的事情，但这样做也会产生副作用。众所周知，作为本能的一部分，人们会降低不利事件的发生概率："如果情况真的很糟，那它可能不会发生。"证据表明，当人们识别出一个具有巨大潜在影响的威胁时，总是将其发生的概率降到很低。如果识别出一个可以节省50%项目预算的机会，则团队成员可能持怀疑态度，并认为这种情况发生的概率也很小。话虽如此，但评估风险的最快方法实际上是，依次考虑每个风险的发生概率和影响，然后继续评估下一个风险。在完成此操作后，引导者必须寻找现存的任何偏见，并设法消除它们。见下文。

概率优先。 对于每个风险，应首先考虑其发生的概率，在对概率达成一致后再考虑影响，这样就可以消除偏见，即如果影响确实很严重，那也不会发生在我们身上。此方法也是我们推荐的方法。

- 首先，使用一组商定的概率量表（如很高、高、中等、低或很低）来估算风险发生的概率。风险是一个不确定事件或一系列不确定情形，因此它只有一个概率，代表与风险相关的不确定性级别。

- 其次，会议或风险研讨会的与会者会想象发生了某项风险，并确定了风险对项目目标的影响。再次从商定的一组量表中进行选择，如很高、高、中等、低或很低。当然，风险可能对不同的目标产生不同程度的影响。例如，风险可能具有中等的发生概率，如果发生，则可能对项目的时间和规模有较小影响,对项目的预算有很大影响,而对质量没有影响。

影响优先。风险不仅会影响多个目标,而且还会对这些目标产生一系列影响。例如,考虑以下风险:关键设备的交付可能延迟,从而导致整体进度延迟1~8周,延迟1周的概率可能比延迟8周的概率高。应在消除风险复杂性之前就风险的影响达成共识(在定量风险分析中,通过使用分布曲线来模拟一系列影响,这可以消除这种复杂性,如上一章所述)。

分别考虑概率和影响的一种变体是,让两个单独的小组查看每个方面,然后合并结果。这可能引起关于高(或很高)影响风险的发生概率的有趣讨论。当高影响的风险被评估为中等或很高发生概率的风险时尤其如此(见上文关于降低不利事件发生概率的讨论)。但这可能带来压力,导致降低高(或很高)影响风险的发生概率,对此我们应当加以抵制,否则会使流程变得毫无意义。

潜意识偏见的影响

潜意识偏见会对ATOM产生显著影响,尤其是在识别和评估方面。引导者必须能识别出可能由感知因素或启发法引起的任何潜意识偏见。启发法是在不确定的情况下用于做出决定或判断的捷径或"经验法则"。在识别和评估步骤中可能起作用的三种常见启发法是:

- 代表性(或"在类似情况下总会出现相同的风险")。尽管这可能是正确的,但它可能未考虑任何本地差异或环境变化。
- 可用性(或"最新的是最难忘的")。人们认为某风险具有很高的发生概率或很大的影响,这可能是由于他们最近遇到过这种风险。
- 锚定和调整(或"第一个答案几乎总是正确的")。这会使团队不好意思不同意或更改某人提出的第一个意见,即使他们认为这是错误的。

启发式知识可以使引导者确定何时开始发挥作用。当引导者发现一种或多种启发式的证据时,他应向参加风险研讨会的人员提出挑战。应通过使用以下问题来谨慎地做到这一点,并要做到对事不对人:

- 代表性
    □ 你最后一次遇到这种风险是在什么时候?

☐ 从那以后，情况有所改变吗？
- 可用性

　　☐ 该风险最后一次发生是在什么时候？在此之前遇到过该风险吗？

　　☐ 该风险在这个项目中会再次发生吗？
- 锚定和调整

　　☐ 你确定吗？为什么这么说？

　　☐ 其他人的看法呢？

　　除了上述三种常见的启发法，对概率和影响及风险的感知还有许多其他影响因素。这些可以分为三类：意识因素、潜意识因素（包括启发式和其他认知偏见）和情感因素（见表16-4）。意识到这些可以进一步提高风险管理过程的引导效率及其有效性。

表16-4　对风险感知的常见因素（改编自莫雷-韦伯斯特和希尔森，2008）

意识因素（情境和理性）	潜意识因素		情感因素（情绪和感觉）
^	启发式	认知偏见	^
熟悉性 可管理性 邻近性 密切性 影响的严重性 群体动态 组织文化	直觉 代表性 可用性 现实陷阱 确认陷阱 选择的诱惑 影响启发法 锚定 群体效应（如群体思考）	前景理论 重复偏见 控制的错觉 知识的错觉 智力陷阱 乐观偏见 宿命论偏见 预防原则 事后偏见	恐惧（害怕、担忧、忧虑等） 欲望（兴奋、奇迹等） 爱（欲望、崇拜、吸引力等） 憎恨（不喜欢、厌恶等） 欢乐（幸福等） 悲伤（抑郁等）

第16章 ATOM风险研讨会

小结

　　风险研讨会是ATOM的核心，可以采用完全引导的形式，也可以将其作为例行会议的一部分。因此必须举行风险研讨会并确保其成功和取得成果。为了做到这一点，必须采取具体的方法并适当地进行引导（见第17章），尤其是与评估概率和影响有关的方法。此外，必须意识到潜意识偏见的影响，并在可能的情况下由引导者进行干预。虽然风险研讨会是ATOM的核心，但为期两天的面对面风险研讨会不一定总是可行的。为了减少面对面风险研讨会的时间，可以在风险研讨会开始前开展更多的工作，也可以缩小风险研讨会的规模，并专注于ATOM的特定步骤。

　　如果半天的面对面会议不可能实现或不被接受，则需要考虑远程会议，例如，用于风险识别的虚拟风险研讨会或用于风险识别和评估的德尔菲技术。

第 17 章

风险管理过程中的引导

引导式风险研讨会是ATOM中的关键要素，同时，我们也经常提及为风险研讨会配备一位技巧娴熟的引导者的重要性。为什么这个角色如此重要？引导者需要做什么来使风险研讨会更加有效？

风险管理成为一项挑战是有原因的。有效的风险管理存在许多障碍，它们来自组织、实践、程序和个人等方面。所以许多人干脆将风险管理置之一旁，或者将其视为不得不完成的琐事或例行公事。所谓的"风险管理"大多只是走走过场——参加一下风险研讨会和审查会议，尽快完成风险管理过程，然后回到"真正"的工作中。上述的这些行为，丝毫起不到管理风险的作用。

有许多方法可以克服管理风险的障碍。最有效的方法之一是使用技巧娴熟的引导者。"引导"一词起源于拉丁语"facilis"，意为"容易"。因此，引导者的作用是使他人更容易地做事，帮助他人尽可能有效地实现既定的目标。在风险研讨会上，引导者可以通过两种方式"使事情更加容易"：

- **比个体单独工作更容易。** 通过帮助团队有效地协同运作，引导者可以开诚布公地汇集多方观点，以便对项目面临的风险及处理这些风险所需的应对措施达成共识。
- **比群体单独工作更容易。** 通过风险研讨会的流程和实践要素，引导者可以将团队从原有的工作中解放出来，专注于手头的任务，以确保他们可以全神贯注地识别和评估风险，并制定适当的应对措施。

第17章 风险管理过程中的引导

引导技能在很多情况下都是有帮助的，当我们处理风险时，它还具有特别的价值。风险是"重要的不确定性"，内在的不确定性和潜在的重大后果都可能使人们在对待风险的方式上保持谨慎。这会影响他们在风险研讨会中的行为，在风险研讨会中，他们需要识别风险（在寻找威胁时，这可能被视为承认失败或软弱）、评估风险（依赖于他们的主观判断，其他成员不一定会赞同）并提出风险应对措施（可能需要他们承担风险，以增加他们的责任感和工作量）。

但是，风险研讨会是ATOM非常重要的一部分，我们需要正确处理它。引导者可以通过采取适当的引导风格，发现如何处理困难来提供帮助。当项目经理在风险研讨会中必须做出决定时，引导者也可以提供有价值的帮助。

引导频谱

引导者可以在风险研讨会期间采取一系列的引导风格，这些引导风格因引导者的控制程度和群体可以接受的控制程度而有所不同。图17-1展示了引导频谱，它显示了引导者控制和群件控制之间的连续平衡范围。在最左侧，引导者几乎可以完全控制风险研讨会或会议中发生的事情。在最右侧，群体几乎完全掌控了整个进程。在这两个极端之间，由于引导者和群体间的控制平衡是不同的，所以存在着各种有交集的立场。

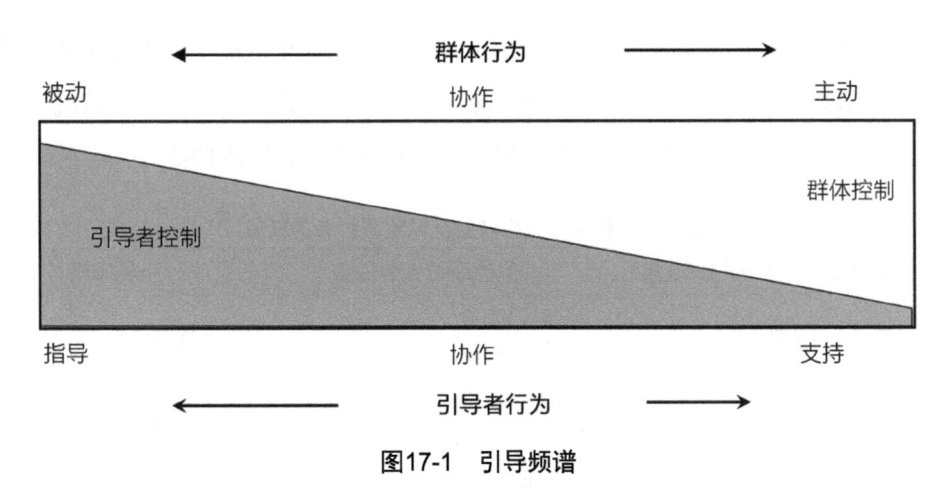

图17-1 引导频谱

尽管引导频谱呈现的是一个连续的范围，但区分范围中的三个不同区域还是很有帮助的。在第1区中，引导者以指导型风格进行领导，而群体处于跟随者的被动模式。在第3区中，群体是主动的，而引导者处于支持模式。在这两个区域之间是

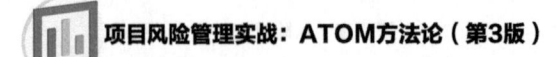

第2区，引导者和群体都处于协作模式，二者共同努力，以实现风险研讨会的最佳结果。我们可以通过几种方式来描述引导者在每个区域中运用的方法，如表17-1所示：

表17-1　在引导范围中的第1区、第2区和第3区中的引导角色

描　　述	第1区（指导）	第2区（协作）	第3区（支持）
头衔	领导者	合作伙伴	朋友
位置	前面	旁边	后面
口头表达	"就这样做"	"我们是否可以……"	"我能帮助你吗？"

1. 引导者以指导型风格负责风险研讨会，并被视为这种情况下的领导者。他直接领导人们并告诉人们该如何做。
2. 协作型风格的引导者与团队合作，站在群体旁边，一起工作，指导群体取得成功。
3. 当引导者表现出支持型风格时，群体将控制风险研讨会，引导者将帮助群体实现其目标。他像朋友一样鼓励人们前进。

在风险研讨会中使用不同的引导风格

在风险研讨会的不同时间点，应使用不同的引导风格，并且引导者需要知道在什么情况下使用哪一种引导风格。

典型的风险研讨会将经历与布鲁斯·塔克曼"团队发展模型"相对应的几个阶段：形成期、震荡期、规范期、成熟期和解散期。在这些阶段中，团队成员在做不同的事情，引导者可以在每个阶段采取不同的措施，如表17-2所示。

表17-2　将引导风格映射至风险研讨会的任务

塔克曼阶段（塔克曼，1965年）	风险研讨会的任务	引导风格
形成期/震荡期	目标设定 议程和基本规则指令	指导
规范期	启动风险研讨会 纠正措施输入	指导/协作
成熟期	识别并评估风险 制定应对措施	协作/支持
解散期	结束风险研讨会 总结和后续步骤	指导

表17-2显示，在风险研讨会的开始和结束时，引导者需要使用指导型风格，为风险研讨会规定明确的起点（明确目标，定义议程和制定基本规则）和终点（处理未解决的问题和疑问，总结成果，并澄清后续步骤）。当引导者负责为团队提供必要的输入和指南时，这两个阶段均能最好地发挥作用。

但是，表17-2还表明，其他的引导风格在风险研讨会的中间部分可能起到作用。引导风格的选择取决于团队的成熟度和经验，无论是作为个人还是一个团队。在团队更成熟的情况下，引导者可以使用协作型或支持型风格，使团队可以对风险研讨会承担更多的责任。但是，当团队或单个团队成员的经验不足时，引导者应回到指导型风格以使风险研讨会正常进行。风险研讨会的其他两种引导风格如图17-2所示。

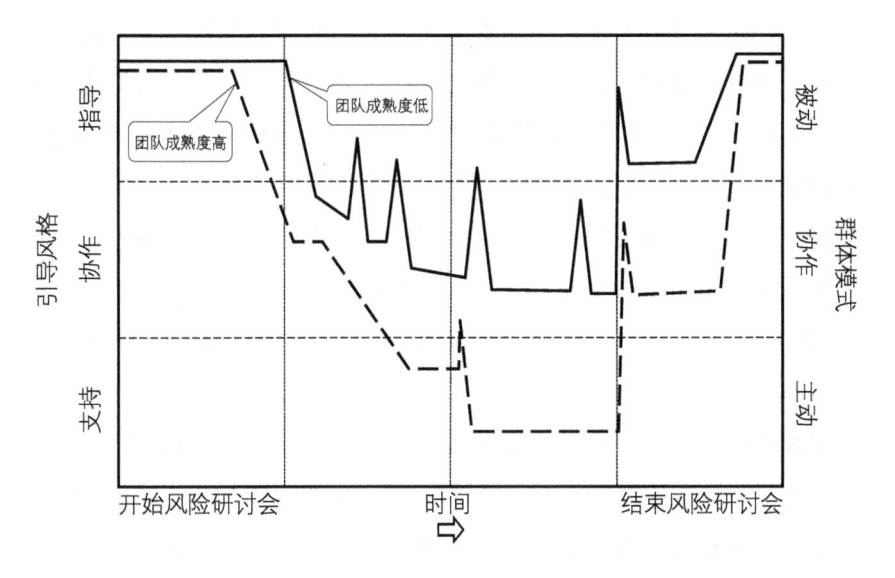

形成期 / 震荡期	规范期	成熟期	解散期
目标设定 议程和基本规则	启动风险研讨会 纠正措施输入	识别并评估风险 制定应对措施	结束风险研讨会 总结和后续步骤

图17-2 在风险研讨会期间使用的引导风格

使用不同的引导风格来识别风险

有很多可用的识别风险的技术，不同的风险识别技术有其最适合的引导风格。例如：

- **头脑风暴**。此技术要求引导者具有强烈的指导型风格，以建立和执行基本规则，管理团队动态，鼓励不发言的人做出贡献，疏导优势个体，防止分散和转移注意力，跟进项目进度，在输出上达成共识，并确保清楚、准确地描述已识别的风险。

- **假设条件和制约因素分析**。将项目假设条件和制约因素作为潜在风险源进行审查，这需要一种规范和结构化的方法，使用指导型引导风格能提供最好的支持。在两个维度（稳定性和敏感性）上对每个假设条件或制约因素进行测试，将那些被评估为不稳定和敏感的假设条件或制约因素转换为风险描述。引导者需要让团队专注于分析过程，以确保输出的质量。

- **SWOT分析**。这种技术要求团队从有关项目组织的已知事实（优势和劣势）开始，然后使用这些因素来考虑它们如何为项目带来机会或威胁。由于基本信息来自团队，引导者需要一种协作的方式来利用他们的知识和经验，与他们合作，将优势转化为机会，并探究劣势如何产生威胁。

- **影响图**。当小组正在构建影响图来对项目中的关键关系和依赖关系进行建模，以确定最具不确定性的区域时，协作型风格会很好地发挥作用。团队成员带来了有关项目特征和参数的详细信息，而引导者具有将该信息构建成影响图的知识。仅当引导者和团队一起工作时，该技术才能发挥作用。

- **审查过去的项目**。审查过去的类似项目的经验可以帮助人们发现可能与当前项目相关的风险，并且在ATOM中，该技术可用于大型项目（见第14章）。风险倡导者可以和项目经理共同审查，也可以召开由其他干系人参加的风险研讨会。在进行风险研讨会时，引导者应使用支持型风格，鼓励与会者借鉴其相关经验和专业知识。

人际交往技能

除了能够改变其引导风格以满足风险研讨会的各种挑战和不同风险识别技术的要求，引导者还需要与风险研讨会的与会者打交道，与他们合作，并获得他们的支持和贡献，从而使他们的投入价值最大化。这就需要在个体和群体两个层面上都具有广泛的人际交往技能。

理解个体行为

遗憾的是，几乎每个风险研讨会都包括一些没有充分参与，或者不愿做出贡献的成员。表17-3列出了7种不具帮助性的行为，引导者必须对此做好适当的准备。另外，表17-3还包含了有关如何处理每种无用行为的策略。

表17-3 处理困难行为

类型	类型特点	管理策略
进攻型	这类人不想参加风险研讨会，认为这是在浪费时间，并反对引导者要实现的目标。他们经常大喊大叫，经常与人争论，他们的行为破坏了其他人的贡献	化解。给他们时间表达自己的观点，不要与他们争论。耐心地倾听，并使用安抚性的话语。如有必要，请在休会后与他们交谈，要求他们更加包容并寻求他们的积极支持
抱怨型	从房间大小、温度到会议召开时间和持续时间、与会者清单、茶点类型、风险研讨会的议程和范围等，对于抱怨型人员而言，所有事情都是不对的	拖延。听他们的抱怨，并认同任何有效的内容。然后，同意在会后解决问题。休息时先处理紧急事件，再处理其他问题
自以为是型	即使不是真正的专家，有些人也喜欢表达自己的观点，并展示他们在某个主题方面的专业知识。他们很有见解，并能自信地表达意见。他们是第一个回答问题的人，常常认为别人的看法是无知或幼稚的而不予理睬	异议。要认可有效的专业知识并发表意见，以使他们知道自己的意见已被听到和赞赏。然后，在有可能的情况下让他们详述自己的意见，并以此为基础来重新获得主动权
赞同型	虽然赞同型的人看起来是引导者的好朋友，但他们常常因为害怕引起他人的不快或受到批评而无法分享自己的真实观点。他们表面上微笑地点头，令人鼓舞，但他们回避与他人的分歧，并通常不愿意在任何辩论中先发表观点	指导。注意让他们摆脱"老好人"的形象，并督促他们表达自己的真实观点。时常要求他们先做出贡献
否定型	这些人在原则上会与他人意见相左，可将其视为提出不同观点的角色（他们也不一定认同自己提出的观点）。他们通过怀疑意见的真实性或可靠性来破坏引导者和其他与会者的劳动成果，并通过不断地否定来阻止人们达成共识	分离。保持一定程度的中立，不支持他们批评他人的行为，接受有效的替代观点，但力求切实可行，对事不对人

续表

类型	类型特点	管理策略
旁观型	作为旁观者,他们没有足够的信息来做出肯定的判断或给出明确的意见。他们希望将一切推迟,直到有更多数据可用或取得更多进展为止	授权。探索他们不愿对可用数据发表意见的原因,确切地找出他们需要的其他信息,并采取行动将其带入下一次会议。鼓励他们根据现有数据进行中期评估
沉默型	有些人拒绝发表言论。他们安静地坐在那里,即使受到挑战或被邀请也不发表意见	拒绝。拒绝不参加互动或退出的行为。问他们直接、开放的问题,然后以沉默为激励,等待答案。在休息时与他们交谈以鼓励他们参与

理解群体行为

群体不仅是其组成个体的总和,群体行为对主动理解和管理也具有挑战性,尤其是在他们应对风险时。引导者必须理解在风险研讨会上推动群体行为的因素,并且还必须能够消除潜在偏见的来源,以最大限度地提高结果的稳健性和可靠性。引导者必须知道如何解决风险研讨会与会者之间的冲突,尤其是当遇到困难的个人之间发生冲突时。

群体行为由个人和共同的风险感知驱动,而风险感知又受多种因素影响,如前所述(见图6-2)。

要理解和管理这些驱动因素,需要引导者运用一定程度的情感素养,如图17-3的"6A模型"所示。

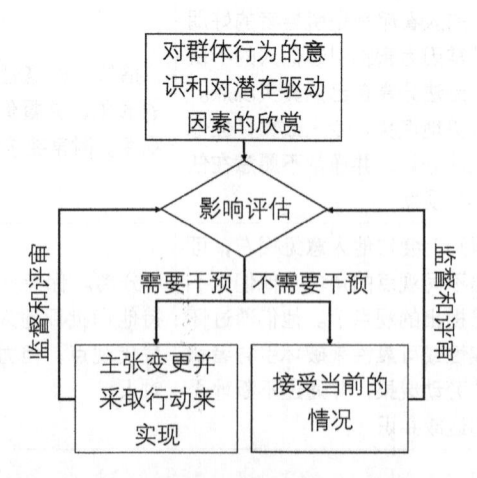

图17-3 运用情感素养的6A模型(莫雷-韦伯斯特和希尔森,2008年,经授权使用)

"6A模型"可以概括如下：

- 首先，引导者要有了解风险研讨会上群体行为的意识（Awareness），以及对潜在的驱动因素（内部和外部）的欣赏（Appreciation）。
- 接下来是评估（Assessment），引导者通过评估来确定当前的群体行为是否可能给风险研讨会带来可接受的结果。
- 如果评估结果表明，现有的群体行为不太可能给风险研讨会造成重大困难，则引导者可以接受（Acceptance）当前的情况。
- 另一方面，如果评估结果表明，需要干预才能改变当前的状况，则引导者需要通过主张（Assertion）和行动（Action）来进行必要的变更。进行主张时要明确说明当前方法的含义以及为什么需要对其进行变更。然后采取行动来为风险研讨会创建一个变更的环境。这可以通过以下方式来实现：使用指导型风格以强化商定的基本规则，或者使用协作型风格，由群体和引导者共同制定商定的前进方式。
- 是否接受或改变当前的群体行为，在整个风险研讨会期间，引导者必须不断监督和评审当前的情况，以确定之后是否需要干预。

风险研讨会的关键成功因素

除了引导者可使用的三种引导风格，还有几个关键成功因素，它们可以最大限度地提高风险研讨会中引导者的效率，如下所示：

- 确保风险研讨会的目的清晰明确，引导者有明确的角色并且人们对其角色达成共识。
- 在风险研讨会前进行充分的准备和规划，以了解项目、人员和项目的当前状态。
- 能够使用恰当的引导风格，能够根据实际需要在指导型、协作型和支持型风格之间进行切换。
- 针对在风险研讨会中可能预见的问题，尤其是潜在的困难，事先准备好应急计划。
- 确保风险研讨会的前5分钟很充实，包括详细的介绍、准确的目标设定、结构合理的议程和明确的基本规则。
- 进行适当的干预以克服困难,根据需要平衡支持和挑战。
- 在整个风险研讨会上要注意群体行为,以了解发生了什么以及为什么发生。
- 积极主动,使风险研讨会充满活力。

小结

> 经验丰富的引导者是风险研讨会成功(或其他活动)的关键因素。很多时候,人们没有在风险研讨会中引入引导者,或者引导者缺乏必要的技能和经验。有效地引导风险研讨会需要专门的技能,通过遵循本章介绍的指南,引导者将能够更好地协助其项目团队发现项目中的实际风险,进行客观和现实的评估,并制定适当的风险应对措施,从而将威胁最小化,机会最大化。

第18章

管理项目集和项目组合中的风险

项目被公认为是为企业创造价值的有效手段，项目管理也随之成为成熟的学科（也可被称为专业）。组织正在寻求最有效的实现项目交付的方法，项目集管理和项目组合管理应运而生。这两个学科都提供了用于组织项目工作，以及将其与业务需求关联起来的框架。然而，项目集管理和项目组合管理都尚未达到项目管理所达到的成熟度。

为了弥补这一差距，项目管理界已将其关注扩展到项目集和项目组合的管理中。例如，项目管理协会（PMI®）于2006年发布了《项目集管理标准》和《项目组合管理标准》的第1版，并于2017年发布了第4版。与此同时，英国政府将《管理成功的项目群》修订至第4版，并发布了《项目组合管理》。最近，英国项目管理协会（APM）在其《APM知识体系》的第7版中明确论述了项目组合管理，并且出版了《项目组合管理：实用指南》（均于2019年出版）。主要组织已经开始考虑如何用"P3M"的方法，以整合的方式管理项目、项目集和项目组合，其中一些组织已经开始实施此方法。

尽管ATOM的目标是项目的风险管理，但是了解ATOM与项目集和项目组合层级之间的关系是十分重要的。确实，ATOM方法论的要素可以应用于这些层级，尽管这还不是全部。本章利用当前的思想和实践，探索了项目集和项目组合

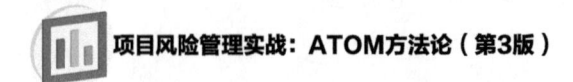

风险管理的具体特征，并解释了ATOM如何与它们进行交互。

项目集和项目组合风险管理的目标和范围

项目集风险管理的目标是，在项目集层级上进行风险管理。同样，项目组合风险管理管理的是项目组合的风险。事实上这并没有听起来那么简单。风险通常可以被定义为不确定性条件，如果出现，则会对一个或多个"< >"目标产生积极或消极影响。在标记为"< >"的位置插入"项目"一词，可以对项目风险进行具体定义，也可以通过插入其他词来定义其他类型的风险，包括战略、技术、环境或个人风险。也可以将项目集风险定义为不确定性条件，如果出现，则会对一个或多个项目集目标产生积极或消极影响。也可以将项目组合风险定义为不确定性条件，如果出现，会对一个或多个项目组合目标产生积极或消极影响。

由于项目集和项目组合位于项目与组织战略之间，风险可能来自不同的"方向"，如图18-1所示，即从较低的层级自下而上，从较高的层级自上而下，或者从项目集或项目组合的层级由外向内。项目集风险管理和项目组合风险管理的范围必须包括所有风险来源。

如图18-1所示，项目集可能受到项目/运营层级上报或汇总风险的影响，以及战略或项目组合层级委派风险的影响。当然，项目集层级还存在一些独特的风险。

同样，项目组合风险包括从项目/运营层级上报或从项目集汇总的风险。项目组合也可能受到战略层级委派风险的影响或特定项目组合层级风险的影响。

下面会对这些路径中的每个风险来源进行详细说明。

风险来自低层级的上报或汇总。 影响项目集或项目组合的某些风险可能来自较低的层级。当然，并非所有较低层级的风险都与较高层级相关，因此需要制定风险上报的标准，该标准将定义一个风险上报的界限。这些标准需要包括影响高层级目标的低层级风险，以及需要高层级响应的低层级风险。例如，如果通过ATOM（或其他项目风险管理方法）识别并上报的单个项目风险超过了相关的上报的界限，就将显示为项目集或项目组合层级的风险。

还必须能够汇总较低层级的风险，在这类风险中，许多相似和相关的风险可能通过简单的结合来创建较高层级的风险。例如，10个无关紧要的项目风险可能等于一个重大的项目集风险，或者作为协同作用的结果（整体可能大于各部分的总和）。ATOM评估步骤中的风险分类步骤可通过识别共性和可能的协同作用来优化此类汇总。通用的组织范围的RBS可以用于此目的。

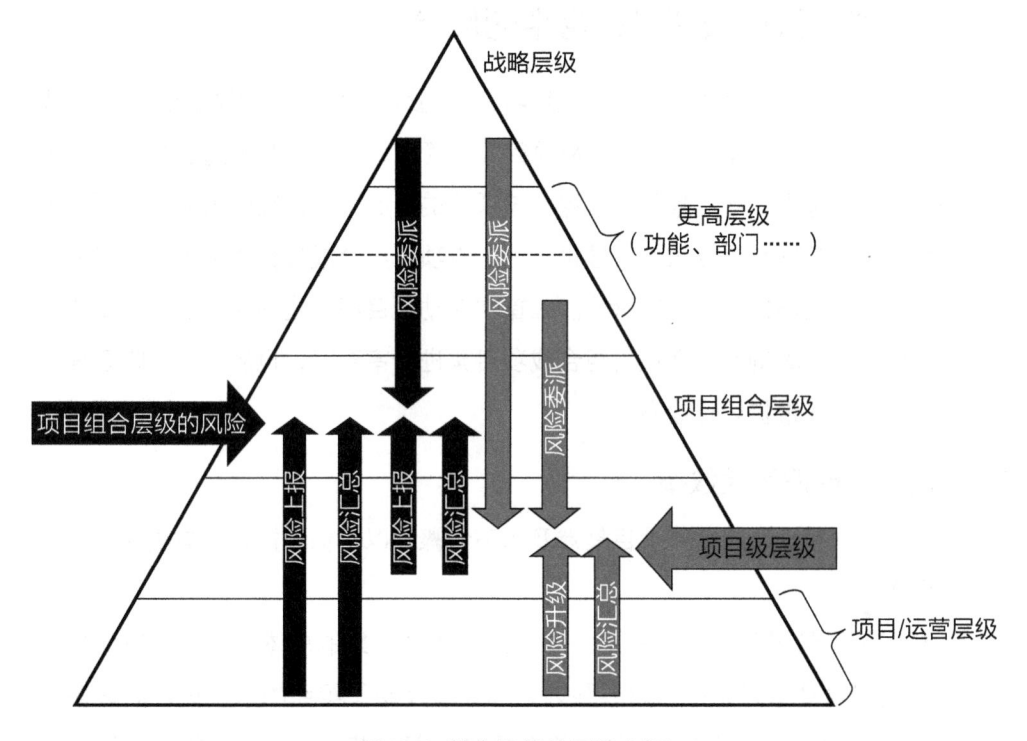

图18-1 整个组织的风险来源

风险来自高层委派。项目集和项目组合的存在是为了提供与所属组织的战略相一致的利益，并承担与组织总体方向相关的战略风险。虽然许多战略风险应该由组织的高级管理层解决，但是其中一些风险还是影响了实施战略和产生商业利润的项目组合和项目集。例如，战略风险会影响较低层级目标的实现，或者需要指定项目组合和项目集的风险应对措施。这要求定义明确的风险标准和界限，以及畅通的沟通渠道，以确保将委派给低层级的战略风险的管理情况报告给高级管理层。我们的目标就是不放弃委派。

风险直接在项目集或项目组合层级产生。除了来自低层级上报或高层委派的风险，项目集和项目组合还受到特定不确定性的影响。其中包括各种风险类型的威胁和机会，包括技术、管理、商业和外部风险。这些风险可分为两大类：由模块之间的接口引起的风险，以及与项目集或项目组合本身的执行和管理有关的"纯"风险。

管理项目集和项目组合中的风险

当我们考虑如何管理项目集和项目组合中的风险时，一个明显的问题摆在我们面前：是否可以简单地应用ATOM项目风险管理方法，并在更高层级上应用相同的风险管理过程？项目集和项目组合与项目的情况不同，因此项目集和项目组合层级的风险管理与项目风险管理也不同。在项目组合或项目集启动后，就要对可能影响成功实施的风险进行管理。在首次启动项目组合或项目集时，以及在其生命周期的关键时刻对现有项目组合或项目集进行审查时，也应启用风险管理。挑战在于建立和维护风险效率。

建立和维护风险效率

建立或调整项目组合或项目集涉及以下步骤，以确保维持风险与收益之间的适当平衡。

- **了解风险界限**。重要的是，项目组合或项目集的总体风险敞口应保持在高级管理层设定的风险界限内，而这又反映了组织的风险偏好。许多组织通常很少了解或实施这一至关重要的第一步。如果不了解项目组合或项目集的风险有多大，就不可能知道要包括哪些组件。

- **使用共同的风险/收益框架来评估候选组件**。应明确定义和理解要包括的候选组件，这包括与每个组件相关的风险程度及承诺的收益水平。这两个参数都要使用共同的框架进行量化，以便可以直接进行比较。这需要对如何确定项目集、项目和其他组件的总体风险敞口有很好的了解。

- **选择组件以平衡风险敞口与收益**。在评估了每个候选组件的风险敞口和潜在收益后，可以使用风险效率原则创建（如果在发布之前）或重塑（在生命周期中的关键审查点）项目组合或项目集。这是马科维茨于1952年首次提出的，当时，他将现代项目组合理论引入了金融投资领域。

风险效率涉及开发项目组合或项目集的各种备选版本，每个备选版本包含候选模块的不同组合。对于每个备选版本，都应确定总体风险敞口及总的预期回报/收益。

然后，将备选版本绘制在图上，该图显示了风险敞口与潜在收益之间的关系，还显示了风险效率的边界（将具有可接受风险或收益水平的版本与其他版本分开）。边界左侧的区域是不可行的，在相关的低风险临界水平下无法达到回报水平。边界右侧的区域包含可行的版本，最靠近边界的区域具有最佳的风险和收益组合。远离边界右边的区域是低效率区域，那里承诺的收益水平太低，无法证明相关的风险水平是合理的。

图18-2给出了风险效率图的示例，其中包括五个备选版本，每个版本都具有不同的组件。在此示例中，对于给定的风险水平，版本A、C和D都可以实现较高的回报（即使它们的效率低下），而版本B和E位于风险效率边界上，相对其风险水平，它们可以实现最大的回报。

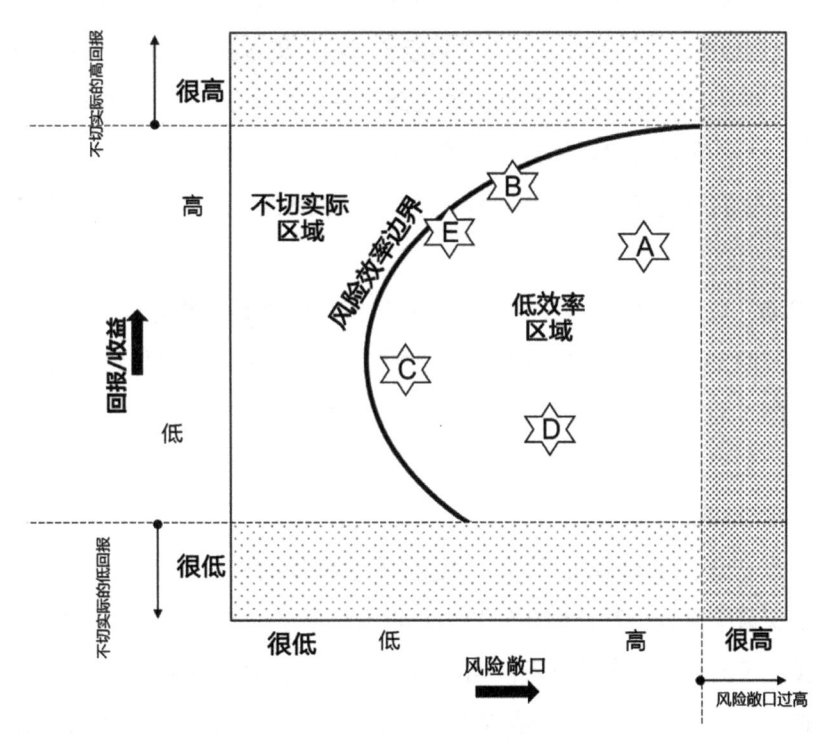

图18-2 风险效率图示例

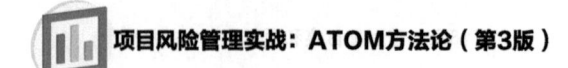

位于风险效率边界上的每个版本都应被认为是可行的，但选择执行的实际版本的风险级别应处于或低于定义的风险界限。在图18-2中，如果风险界限介于版本B和E之间，则应选择E。

如果对现有项目组合或项目集的审查表明，由于风险界限过高，或者收益水平过低，或者同时符合两种情况，就表示已超出风险效率边界，应对混合组件进行必要的审查和变更，以恢复风险效率。

对于效率低下的偏离风险效率边界的现有项目组合或项目集，情况也是如此。

执行期间的风险管理

除了在项目组合或项目集最初的构建阶段，以及在生命周期的关键审查点上要确保项目组合或项目集具有风险效率，还要管理在项目组合或项目集的执行过程中出现的风险。这就需要类似ATOM项目风险管理方法的结构化风险管理过程。在该过程中，必须迭代地识别风险，评估其意义和重要性，制定适当的应对措施，实施应对措施并监督后续变更。这需要解决由低层级上报或汇总产生的风险、从更高层级委派的风险以及源自项目组合或项目集本身的风险（见图18-1）。

当前，用于项目组合或项目集风险管理的许多方法仅限于这种结构化的风险管理过程，大多数只是建议采用或调整项目风险管理的方法。尽管在执行过程中用于管理风险的风险管理过程的结构与项目的ATOM相似，但仍存在一些重要的区别，如下所述。

- **启动**。此步骤启动项目组合或项目集的风险管理过程，定义将在其中识别风险的风险管理过程的范围，并针对风险的每个主要目标设定了风险界限（可以使用收益分解结构）。如上所述，在该步骤中定义了风险上报、汇总和委派的标准，还定义了过程参数，包括角色和相应职责，以及审查和报告要求。

  这最初是在发布时执行的，但也应在生命周期中的关键点重新审查，以确保风险管理过程能够应对与项目组合和项目集的不断发展和紧急性质相关的不断变化的风险状况。启动决策应记录在风险管理计划中。

- **识别**。在启动之前，应使用上述针对风险效率的方法来对总体风险水平进行识别、评估。单个风险也应被视为风险管理过程的一部分，包括定期的和临时的，同时还要考虑产生这种风险的三种途径（见图18-1）。风险可能从较低的层级上报或汇总，也可能从较高的层级委派，需要明确的标准来确定是否应接受这些风险，以进行项目组合或项目集层级的管理。除了这些，还可以使用常用的风险识别技术（例如，头脑风暴、风险核对清单、假设条件和制约因素分析及德尔菲技术）来查找由项目组合或项目集的特定层级引起的风险。在识别风险时应同时寻求威胁和机会，并考虑在RBS中定义的所有潜在风险源。风险将被记录在风险登记册中。

- **评估/定量风险分析**。应根据已识别的风险的发生概率及其对目标的影响，对已识别的风险进行评估并确定其优先级。从组件层级上报或汇总的风险，以及从战略层级委派的风险将根据相关风险的界限进行重新评估，以便在共同的基础上衡量其优先级。

  定量风险分析技术可用于对风险敞口进行总体评估，应结合所有类型的风险的影响并考虑风险的依赖性。定量风险分析的结果应纳入上述风险效率的考虑范围。

- **规划应对**。通过调整项目组合或项目集的组成以保持风险效率，可以对风险敞口的整体水平做出反应。还需要对单个风险制定明确的应对措施，这些应对措施应与ATOM提供的选项相匹配，包括规避/转移/减轻/接受威胁，开拓/分享/提高/接受机会，以及上报为较高层级风险（例如，如果影响到战略目标的实现，则需要高级管理层采取风险应对措施，或者同时满足两种条件）或将风险委派到组件层级（如果主要影响和/或风险所有者处于较低层级）的可能性。对于这些选项来说，需要合适的上报或委派标准。

- **实施、报告和审查**。风险是项目组合和项目集中动态的挑战。为了对管理风险保持适当的关注度，风险管理过程也必须是迭代的。必须实施既定的风险应对措施，将风险管理过程的结果报告给干系人，并定期进行风险审查。这些工作都是日常风险管理过程的一部分。但是，必须严格

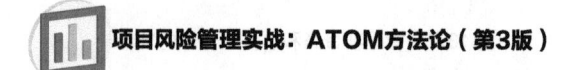

控制风险审查的范围，以避免讨论项目组合或项目集范围之外的组件或战略风险。
- **风险的经验教训**。当项目组合或项目集终止/完成时，对于组织来说，总结和学习能为今后工作带来帮助的知识是很重要的。应当召开正式的关于风险的经验教训研讨会。在生命周期的关键时刻开展临时的经验教训研讨会，对在项目组合或项目集的后期识别经验教训很有帮助，对于其他类似的项目集工作也是如此。

与建立和保持风险效率的挑战相比，在现有项目组合或项目集的整个生命周期中，风险管理相对简单，因为它在很大程度上遵循了ATOM。但是，这取决于建立明确的风险界限的能力，在该界限内，风险将从组件层级上报或从更高层级委派，并为项目组合和项目集层级的风险定义了明确的风险评估标准。

迎接挑战并勇往直前

本章介绍了在项目组合和项目集中管理风险的结构化方法，包括确保在初始构建过程中实现风险效率，并在整个生命周期中保持风险效率，以及实施更传统的风险管理过程。与ATOM类似，它解决了来自各种来源的风险。尽管本章描述的原理很明确，但在确保有效实施方面至少存在以下三个挑战。

- **定义风险界限**。首先，有效地管理项目组合和项目集风险需要清楚地了解特定项目组合或项目集可以承受的风险程度。如果不了解如何定义企业的风险承受能力，并将其表示为量化的风险界限，就不可能回答这个问题。然后，还要将企业风险界限转换至项目组合和项目集层级。最后，还要明确定义商定的界限，以及在层级之间进行风险上报和委派的标准。

- **实施风险效率**。使用上述技术来构建具有风险效率的项目组合需要具备将风险效率理论付诸实践的能力。虽然风险效率原则已经有60多年的历史了，并在金融投资组合中已广为人知，但人们并不清楚如何将这种方法应用在项目组合或项目集层级。特别是，在推导、建立和执行风险效率模型所需的措施时可能存在挑战，包括在一致的基础上量化组件总体风险和预期收益的能力。即使定义了这两个参数，许多组织也不确定如何及在何处定义能反映关键干系人对特定项目组合或项目集风险偏好的风险效率边界。一些专业机构开始认识到风险效率的概念，但是仍然缺少有关实施和应用的详细指南。

- **避免项目思维方式**。许多现有的项目组合和项目集管理指南都是由具有项目管理背景的组织和从业人员开发的。然而，他们在思考和管理风险时的出发点都基于项目。以这种基于项目的思考方式来思考项目组合或项目集会误入"陷阱"，其中大多数源于底层思维的局限性。如果不改变大多数项目组合和项目集管理从业人员在项目领域的现状，或者在项目组合和项目集管理的概念和实践变得更好以前，这都将是一个挑战。

尽管存在这些挑战，但毫无疑问的是，与项目一样，项目组合和项目集都是需要承担一定风险的，成功的交付取决于有效的风险管理。尽管单个风险的风险管理过程与完善的项目风险管理过程之间存在相似性和平行性，但项目组合风险和项目集风险可能来自高层级、低层级及内部，并且该过程必须解决所有这些问题。此外，项目组合和项目集的风险管理必须通过应用风险效率方法来解决总体风险敞口，以达到构建和持续执行项目组合或项目集的目的。

结语

后续步骤

ATOM展示了"从实践者中来,到实践者中去"的项目风险管理的务实观点。重点在于,如何有效地工作,以及如何使用经过验证的工具和技术的简单框架及实用指南。

最后一章介绍了如何将基本的ATOM从书中提取出来,并将其应用于工作场所,回答了这么一个问题:"好吧,我已经读过本书了,那我现在该怎么做?"建议采取图E-1所示的一些步骤。这些步骤像ATOM的其他内容一样,基于多位从业者多年的实践经验,简单而务实。

结语 后续步骤

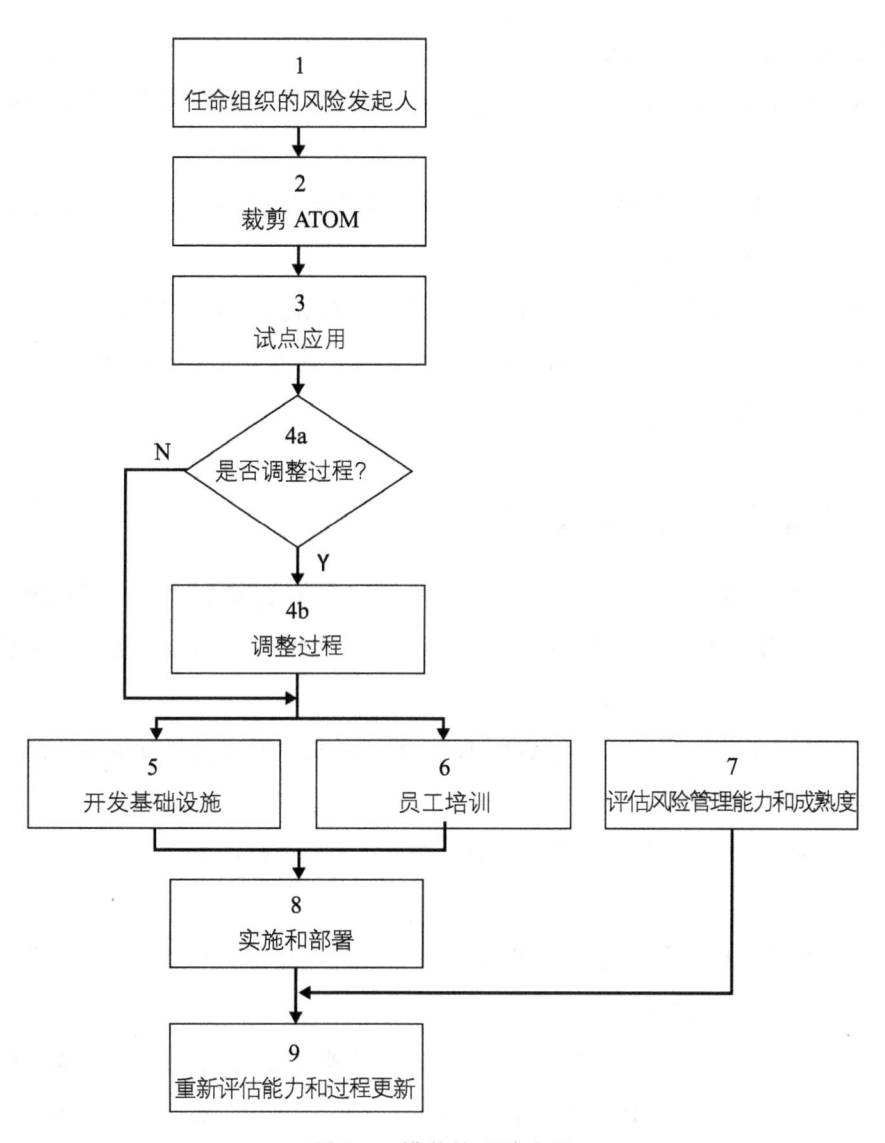

```
1 任命组织的风险发起人
  ↓
2 裁剪 ATOM
  ↓
3 试点应用
  ↓
4a 是否调整过程?
  N →
  Y ↓
4b 调整过程
  ↓
5 开发基础设施    6 员工培训    7 评估风险管理能力和成熟度
  ↓                ↓                ↓
8 实施和部署
  ↓
9 重新评估能力和过程更新
```

图E-1　推荐的后续步骤

步骤1：任命组织的风险发起人

　　成功的关键因素之一就是强有力的组织支持，这已经在第2章中有所讨论。其表现形式之一就是，由组织任命的风险发起人将风险管理引入业务。在理想情况下，组织的风险发起人应该是一位组织经验丰富，背景深厚，并在各层级受到

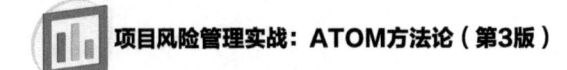

广泛尊重的高级经理。他必须：

- 有相应的应用风险管理过程的知识，并对组织的风险管理定位有清晰的认识。
- 有足够的时间和精力，致力于将风险管理应用在整个业务中，并根据需要与组织中的其他人一起合作。
- 有权定义和实施必要的变更，并有能力使各级员工参与合作。

应该在整个组织中宣布已任命的风险发起人，让人们知道谁是组织的风险发起人和他们自己的期望。

步骤2：裁剪ATOM

ATOM的主要吸引力在于，它适用于任何行业或业务领域的、任何规模的项目，满足关键成功因素对可扩展过程的要求（见第2章）。可以根据项目规模来裁剪ATOM，以形成三个版本：

1. 适用于小型项目的简化ATOM，以最小的成本将风险管理活动整合到项目的日常管理中。
2. 适用于中型项目的标准ATOM，在正常项目过程中添加了特定的风险管理活动。
3. 适用于大型项目的扩展ATOM，使用风险定量分析和更严格的审查周期来应对不断增加的风险挑战。

然而，项目的形式和规模不尽相同，在此把项目归为大、中、小三类可能过于简单。尽管有些组织能够直接应用ATOM对应小型、中型或大型项目的版本，但大多数组织会发现，还是有必要定制ATOM以满足其特定需求。

裁剪ATOM需要对组织通常实施的项目类型进行审查。应该先开发一个用于确定项目规模的标准工具（见第3章），来评估以往实施的大量项目，由此可以得出ATOM在小型、中型和大型项目的分布情况。应将与项目的最大集中程度相对应的ATOM版本作为裁剪风险管理过程的基础。例如，如果组织中有70％的项目都属于小型项目，则应将小型项目的ATOM作为裁剪基础。

从三个版本的ATOM之一开始，由组织的风险发起人领导的项目干系人代表小组审查该过程，并根据需要进行过程变更。这些变更可能包括更改标准ATOM中建议的某些技术，修改报告需求，或者为风险管理过程分配特定角色。在这个过程中，会产生以ATOM的某个版本为基础的、用于特定组织的、满足了项目需要的、新的风险管理过程。虽然组织应以将ATOM的不同版本应用于小型、中型和大型项目为目标，但并不妨碍将裁剪过程作为大多数项目风险管理的基准。

在用上述方式定制了ATOM后，还应按照组织的文档标准生成一组过程文档。

步骤3：试点应用

应在典型项目中试着裁剪ATOM，以证明其对组织特定业务的适用性，并为试点项目带来收益，从而验证ATOM是否是适当的。然后，可以根据试点经验来完善该过程。应谨慎选择组织中有代表性的项目作为试点项目。还应获得所有项目干系人对将其项目作为风险管理过程试点的充分承诺，如果缺乏支持将会给实施带来障碍。组织的风险发起人要为项目干系人做相关的简短介绍，阐明要使用的工具和技术，强调试点的重要性。

引导试点项目的风险管理过程可能需要外部支持，例如，来自组织其他风险管理方面的或外部顾问的支持。

试点项目应严格遵循过程文档，全面实施量身定制的风险管理过程。鼓励所有项目干系人在此过程中充分发挥积极作用，并指出试点项目完成后可能需要修改的任何困难领域。

步骤4：调整过程（如有必要）

在试点项目结束时（或者在适当的中期里程碑），组织的风险发起人要举行一次有主要项目干系人参加的审查会议。在该会议上，与会者审查在试点项目中实施的经裁剪的ATOM，组织的风险发起人需要参考所有相关人员的评论。如果有可能，在会议上就风险管理过程的必要变更做出决策。在审查会议后，组织的风险发起人应解决所有未解决的问题，并确保将商定的变更纳入过程文档。

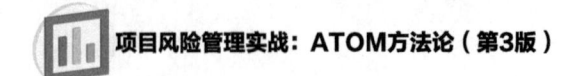

步骤5：开发基础设施

一旦对裁剪的ATOM进行了试点和审查，并且对所有商定的变更都进行了详尽记录，组织就必须确保能够提供支持风险管理过程所需的基础设施。我们在第2章中已指出，适当的方法、工具和技术都是有效风险管理的另一个关键成功因素。如果要实施风险管理过程，就必须使用这些方法、工具和技术。

基础设施的一个关键领域是，提供软件工具以支持风险管理过程的各个步骤。如第2章所述，先决条件是确定组织所需要的、通过试点项目得出的实施级别。为了简化实施过程，组织可以使用基本的电子表格和风险数据库来支持风险管理过程。对于更复杂的实施过程，需要购买专用的风险管理软件包，但应谨慎行事，事先充分考虑选择标准（包括第15章介绍的针对风险定量分析工具的标准），并根据要求对每个候选软件进行评分。由组织的风险发起人决定使用何种工具，并提供这些工具。

基础设施的另一个关键领域是为风险管理过程提供合适的模板。ATOM提供了一系列通用模板（见附录A），可以直接使用这些模板，也可以对其修改以满足组织风险管理过程的特定需求。组织应生成以下模板：

- 风险管理计划。
- 风险登记册。
- 风险核对清单。
- 风险分解结构（或提示清单）。
- 风险报告。

应将这些模板提供给组织中的所有项目，可以通过互联网或共享知识数据库来共享。

在确定了工具和模板后，就要考虑如何将这些工具和模板集成至其他系统及过程，尤其是那些用于常规项目管理的工具。对于风险管理而言，成为项目管理的一个完整组成部分是非常重要的。风险管理基础设施与项目支持系统的其余部分之间的接口，在很大程度上决定了这一点如何成功实现。

步骤6：员工培训

在第2章详细介绍的最后一个关键成功因素是，需要由能胜任的人员实施风险管理过程，运用工具和技术，并做出基于风险的适当决策。因此，员工培训是裁剪ATOM的重要元素。员工培训应专门针对组织定制的ATOM进行。

每个参与风险管理过程的干系人也需要不同类型的培训。应制订一个多层级的培训计划，并根据他们在风险管理过程中的职责，在各个层级向每个干系人群体传达有针对性的信息。针对高级经理（收益意识）、项目/项目集经理（风险管理过程的管理）、项目团队成员（风险管理过程的实施）及风险专家（如风险倡导者和风险分析师）进行不同类型的培训（风险技能培训）。为了解决问题并提供实施帮助，可能还需要持续的指导。

如果组织具有内部培训能力，就在组织内部提供所需的培训；如果没有，就要向组织外部寻求培训支持。

步骤7：评估风险管理能力和成熟度

在全面实施和部署ATOM之前，组织会评估现有的风险管理能力和成熟度。这项评估提供了一个基准，可以衡量组织管理风险能力的提高程度。

有几种工具可用于评估通用项目管理能力，其中包括项目风险管理。最好使用特定的风险管理评估框架，如风险成熟度模型（Risk Maturity Model，RMM）。该模型根据四个属性（文化、过程、经验、应用）评估组织的项目风险管理能力，并将组织划分为四个成熟度级别（幼稚、新手、规范、自然）。该模型还可对组织的子集（如部门或项目团队）进行类似的评估。

这种对组织的风险管理能力和成熟度的评估被定义为将ATOM引入组织的起点，此后通过重复进行此评估来彰显实施的结果。

步骤8：实施和部署

由组织的风险发起人领导和支持的，在组织质量体系中记录、商定、裁剪过的ATOM将在所有项目和整个业务中实施。由组织的风险发起人记录早期经验，以吸取经验教训并不断进行风险管理过程的改进。

建议由组织的风险发起人领导结构化的沟通活动，以便在整个组织中分享关于项目风险管理的信息，并鼓励所有人发挥作用。该活动的具体细节取决于组织的性质，但应把重点放在分享管理项目风险的原理、过程和收益上。它可能包括以下部分或全部内容：

- 高级管理层意识简介会。
- 路演展示。
- 公司出版物和内刊中的文章。
- 组织外部网站和互联网上的内容。
- 工作场所的海报和传单。
- 特别推广活动。

值得强调的是，在部署期间，随着在各种项目中实施风险管理的经验不断积累，组织希望持续吸取经验教训。对此，我们建立了反馈机制，用于接收使用风险管理的员工提出的建设性批评和改进建议。组织的风险发起人要确保所有反馈均得到考虑并采取了适当的行动，还要确保建议人随时可以了解其建议的最新进展。

步骤9：重新评估能力和过程更新

经过一段时间的实施（6~12个月），应使用步骤7所述的框架重新评估风险管理能力和成熟度，以证明改进的效果并指出需要持续关注的领域。再根据需要立即进行调整，例如，对风险管理程序、工具、模板和培训进行相应的更改，以确保风险管理的有效性达到最佳。

此外，建议每个组织在两三年后更新风险管理方法，以确保员工保持积极性，并主动管理项目面临的风险。组织的风险发起人应进行结构化的审查，处理项目风险管理的各个方面（也可能更为广泛），并确定需要调整或改进的领域。例如，可以建议关键人员采用新的风险管理技术或为其安排风险管理方面的培训。

结语 后续步骤

小结

　　尽管诸如ATOM之类的简单、可扩展的风险管理过程为项目风险管理提供了强大的框架，但任何一个认真对待风险管理的组织都需要做更多的事情，而不仅是盲目地遵循风险管理过程。在结语中概述的步骤有助于将通用的ATOM方法论应用于具体组织所面临的具体风险挑战。

　　风险管理并不困难，因为它只是结构化的常识。通过本章所述的步骤在组织的所有项目中实施ATOM，可以获得有效风险管理带来的收益，提高项目成果的可预测性——使项目更容易成功，从而提高客户的满意度，改善团队的合作精神，减少浪费，增加利润，提高竞争力。总而言之，ATOM提供了项目风险管理和应对不确定性挑战的方法，应用ATOM可以确保项目更加成功。

附录 A

模板和示例

ATOM提供了有关"如何做"的实用方法,可适用于任何规模的任何项目。为了帮助项目实践者将ATOM付诸实践,本附录提供了一系列模板和示例来支持ATOM的每个步骤。其中,一些模板和示例可以直接使用,而另一些则需要根据项目和组织的特定需求进行裁剪。相关章节中提供了关于如何使用每个模板和示例的更多详细信息。

下面列出了本附录中的模板和示例。

议程模板

A-1:启动会议的典型议程。

A-2:首次风险评估/为期两天的风险研讨会的议程示例。

A-3:风险研讨会的议程示例。

A-4:为期半天的风险审查会议的议程示例。

A-5:项目后审查会议的典型议程。

报告格式模板

A-6:风险登记册格式示例。

A-7：简化的风险登记册格式示例

A-8：完整风险报告的内容清单示例。

A-9：风险概要报告的内容清单示例。

技术模板

A-10：项目规模分级工具示例。

A-11：干系人分析模板。

A-12：RACI表示例。

A-13：风险核对清单示例（基于RBS）。

A-14：特定项目的P-I量表示例。

A-15：双重P-I矩阵。

A-16：风险分解结构示例。

A-17：假设条件和制约因素分析模板。

A-18：风险映射表示例。

议程模板

时间分配（小时）	内　　容
$\frac{1}{2}$	1. 介绍
$\frac{1}{4}$	2. 项目背景
$\frac{1}{2} \sim 1$	3. 澄清项目目标：范围、时间、成本、质量和其他目标
$\frac{1}{4}$	4. 风险管理过程的范围和目标
$\frac{1}{4}$	5. ATOM 的应用
$\frac{1}{4}$	6. 要使用的技术和工具
$\frac{1}{2}$	7. 风险管理中的角色和相应的职责
$\frac{1}{4}$	8. 报告和审查需求

续表

时间分配（小时）	内容
$1/4$	9. 定义 P-I 量表
$1/4$	10. 风险临界值
$1/4$	11. 该项目的潜在风险来源
$1/4$	12. 下一步的计划

图A-1　启动会议的典型议程

第一天
上午
1. 介绍
2. 确认项目目标
3. 确认风险研讨会的风险管理过程范围
4. 风险研讨会的基本规则
5. 风险管理简介（如有必要）
6. 期望与结果
7. 识别风险
使用风险分解结构对风险进行头脑风暴
下午
分析产生后续风险的假设条件和制约因素
识别任何后续/最终风险的标准风险核对清单
8. 梳理风险
9. 使用风险元语言描述风险
10. 记录已识别的风险（在风险研讨会期间或会后）
第二天
上午
11. 解释评估计划（重述要点）
12. 概率和影响的评估
13. 对风险进行分类
下午
14. 任命风险责任人
15. 如果有时间，制定高优先级风险的初步应对措施
16. 结束风险研讨会

图A-2　首次风险评估/为期两天的风险研讨会的议程示例

时间分配（小时）	内　　容
$1/2$	1. 设置初始场景
3	2. 审查当前风险
1	3. 审查草拟风险
1	4. 考虑新风险
—	5. 更新风险登记册（在步骤1～4中完成）
$1/2$	6. 审查风险管理过程的有效性
$1/4$	7. 结束风险研讨会

图A-3　风险研讨会的议程示例

时间分配（小时）	内　　容
$1/4$	1. 介绍
2	2. 审查红色风险
$1/2$	3. 审查草拟风险
$1/2$	4. 考虑新风险
—	5. 审查黄色风险（如果时间允许）
—	6. 更新风险登记册（在之前的步骤中完成）
$1/4$	7. 结束会议

图A-4　为期半天的风险审查会议的议程示例

时间分配（小时）	内　　容
$1/4$	1. 介绍
$1/2$	2. 审查最终风险登记册
2	3. 识别与风险相关的经验教训
$1/2$	4. 总结经验教训

续表

时间分配（小时）	内容
¼	5. 结束会议

图A-5　项目后审查会议的典型议程

📄 报告格式模板

标题信息
项目名称，项目参考编码（如果使用），阶段 项目经理 客户 风险登记册编码，日期 最近风险审查日期
风险识别数据
唯一风险识别符 标识的数据 威胁/机会说明 风险短标题 完整风险描述（起因/风险/影响） 风险来源（RBS 组件） 受影响的项目区域（WBS 组件） 风险责任人 风险状态（草拟、活跃、关闭、删除、过期、已发生）
风险评估数据
概率/发生频率（当前，应对前） ● 很低、低、中等、高、很高 每个项目目标的影响（当前，应对前） ● 很小、小、中、大、很大 ● 影响的文字描述 整体风险排名 ● 红色/黄色/绿色（或类似颜色） ● 风险评分（概率和影响估算）
风险应对数据
风险应对策略 风险行动责任人的每次风险行动和目标完成日期 风险行动状态

图A-6　风险登记册格式示例

项目名称:
项目经理:
状态日期:

风险编号	提出日期	风险描述			风险应对前评估			风险责任人	风险应对策略	风险应对措施（包括风险责任人）	行动状态	风险应对后评估		
			起因	风险	影响	概率	影响	优先级（红/黄/绿）						概率	影响	优先级（红/黄/绿）
1														
2														
3														
4														
5														

图A-7 简化的风险登记册格式示例

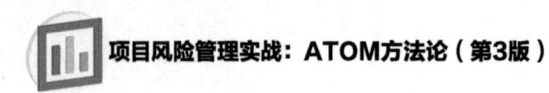

```
执行概要
报告的范围和目标
项目状态概要
总体风险状态
首要风险、行动和责任人

详细风险评估
  高 / 中 / 低 风险
   起因分析 ( 映射到 RBS)
   影响分析 ( 映射到 WBS)

结论和建议
完整的风险登记册
优先级风险列表
其他需要的结果

附录
  完整的风险登记册
  风险优先级清单
  [ 其他要求的结果 ]
```

图A-8 完整风险报告的内容清单示例

```
执行概要
报告的范围和目标
总体风险状态
最高风险、行动和责任人
上次审查后的变更
结论和建议

附录
按优先级排序的完整的风险登记册
```

图A-9 风险概要报告的内容清单示例

技术模板

此项目规模分级工具将项目分为三类（小型项目、中型项目和大型项目），以表明适当级别的风险管理过程。使用了两个快捷方式：将价值小于 5 万美元的项目自动定义为小型项目；将价值大于 500 万美元的项目自动定义为大型项目。价值 5 万美元至 500 万美元的项目将根据以下 10 个标准进行评估。为每个标准选择最接近的描述，并将相应的标准得分（2、4、8 或 16 中的一个）记录在该行的右侧。标准得分的总和为总体项目得分，表明的项目规模如下所示：

- 当得分大于 75 时，项目被定义为大型项目，需要扩展的 ATOM；
- 当得分为 35～75 时，项目被定义为中型项目，需要标准的 ATOM；
- 当得分小于 35 时，项目被定义为小型项目，需要简化的 ATOM

标 准	标准分值 = 2	标准分值 = 4	标准分值 = 8	标准分值 = 16	标准得分
战略重要性	对业务目标有较小的贡献	对业务目标有重要的贡献	对业务目标有较大的贡献	对达成业务目标至关重要	
商业/合同复杂性	寻常的商业安排或条件	与现有的商业实践略有差异	至少对一方而言是新的商业实践	开创性的商业实践	
外部制约因素和依赖关系	无	对项目要素有一些外部影响	关键项目目标取决于外部因素	总体项目成功取决于外部因素	
需求稳定性	明确的、充分定义的、确定的目标	需求具有一定的不确定性，在项目执行过程中会有较小的变更	需求具有较大的不确定性，在项目执行过程中会有较大的变更	需求没有最终确定，有待协商	
技术复杂性	重复常规的业务，没有新技术	改进现有的产品/服务	有一些创新的产品/项目	创新度很高的开创性项目	
市场领域的监管特征	无监管要求	标准的监管框架	具有挑战性的监管要求	受到高度监管的领域或新兴领域	
项目价值	项目价值小（<25 万美元）	项目价值中等（25 万～100 万美元）	项目价值大（100 万～300 万美元）	项目价值重大（>300 万美元）	
项目工期	工期小于 3 个月	工期为 3～12 个月	工期为 1～3 年	工期大于 3 年	
项目资源	组织内部的小型项目团队	组织内部的中型项目团队	包括外部承包商的大型项目团队	国际项目团队或合资企业	
项目后责任	无	可接受的风险敞口	重大的风险敞口	惩罚性风险敞口	
				总体项目得分	

图A-10　项目规模分级工具示例

干系人	利益领域	态度（+/-）	权力（+/-）	关注程度（利益）（+/-）	干系人类型

说明：
- 在左边两列列出所有的关键干系人和他们在项目中的利益（或利害关系）。
- 确定每个干系人对项目的态度是支持还是反对（+/-），影响项目的权力是高还是低（+/-），以及对项目的关注程度（利益）是高还是低（+/-）。

图A-11　干系人分析模板

	项目发起人	项目经理	风险倡导者	风险责任人	行动责任人	项目团队成员	其他干系人
制订和维护风险管理计划	C	A	R	I	I	I	I
引导风险管理过程（风险研讨会、访谈、风险审查会议等）		A	R				
识别风险	R	R	A	I		R	R
评估风险		R	A	I		R	R
制定应对措施		A	C	R	C	C	I
实施应对措施		I	I	A	R	C	I
报告行动进展（单个风险）		I	A	R	R		
编制和维护风险登记册	I	A	R	C	I	I	I
编制和维护风险报告	I	A	R	C	I	I	I

说明：
R＝执行　A＝担责/批准　C＝咨询　I＝被告知

图A-12　RACI表示例

RBS 0级	RBS 1级	RBS 2级	风险示例	是否对项目带来影响：是 / 否 / 不知道 / 不适用
0. 项目风险	1. 技术风险	1.1 范围定义	在项目进行期间可能发生范围变化。 可能发现冗余范围	
		1.2 需求定义	客户在项目期间可能引入重大变更（正面或负面）。 需求可能存在内部不一致。 正式的需求规范中可能缺少关键需求	
		1.3 估算、假设条件和制约因素	估算的依据可能是错误的。 在项目期间，计划的假设条件可能失效。 施加的制约因素可以解除或取消	
		1.4 技术过程	标准过程可能无法满足特定解决方案的需求。 可能需要新的过程。 可以改进过程并使之更有效	
		1.5 技术	在项目生命周期内可能开发出新技术。 技术变更可能使设计无效	

图A-13　风险核对清单示例（基于RBS）

续表

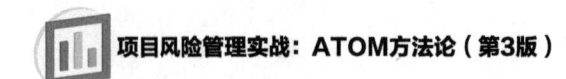

RBS 0级	RBS 1级	RBS 2级	风险示例	是否对项目带来影响：是 / 否 / 不知道 / 不适用
0. 项目风险	1. 技术风险	1.6 技术接口	在关键接口上可能发生预料外的交互。跨接口的数据不一致可能需要返工。关键接口可能减少。	
		1.7 设计	在设计的限制内可能无法满足某些需求。有可能重复使用现有的设计元素	
		1.8 性能	最终解决方案可能无法满足性能要求。某些性能要求之间可能是互斥的	
		1.9 可靠性和可维护性	所选解决方案可能无法达到目标可靠性标准。使用创新技术可以提高可靠性。可维护性需求可能对不可接受的设计约束施加影响	
		1.10 安全性	解决方案可能带来额外的费用。安全法规的更改可能需要重大的重新设计	

图A-13 风险核对清单示例（基于RBS）（续）

续表

RBS 0级	RBS 1级	RBS 2级	风险示例	是否对项目带来影响：是/否/不知道/不适用
0. 项目风险	1. 技术风险	1.11 安保	在设计过程中可能忽略安保隐患。在项目期间，政府的法规可能发生变化	
		1.12 测试和验收	测试协议可能显示出重大的设计错误，需要返工。客户可能出于合同之外的原因而拒绝最终验收	
	2. 管理风险	2.1 项目管理	项目管理系统可能不足以支持项目要求。决策不当可能造成任务分配不当。采用最佳风险管理过程可以提高项目绩效	
		2.2 项目集/项目组合管理	在项目中，可能为项目设定不适当的优先级。其他项目可能转移走本项目的关键资源。其他项目可能被取消并释放资源	
		2.3 运营管理	设计可能暴露现有产品或风险管理过程的弱点。日常业务需求可能减少项目资金或应急费用	

图A-13 风险核对清单示例（基于RBS）（续）

续表

RBS 0级	RBS 1级	RBS 2级	风险示例	是否对项目带来影响：是/否/不知道/不适用
0. 项目风险	2. 管理风险	2.4 组织	重组可能对项目组织产生积极或消极影响。 公司结构的变化可能对项目产生积极或消极影响	
		2.5 资源	关键资源在需要时可能不可用。 特定技能在需要时可能不可用。 有可能需要长期聘用现有的分包工作人员	
		2.6 沟通	客户的需求可能没有被正确理解。 项目报告的需求可能在项目期间发生变化。 主要干系人的利益可能发生变化（正面或负面）	
		2.7 信息	客户可能无法及时提供所需的信息。 客户提供的信息可能不足以支持项目的开展	
		2.8 健康、安全和环境法规	在项目进行过程中，健康和安全法规可能发生变化。 可能发生导致项目延期的事故或事件	

图A-13 风险核对清单示例（基于RBS）（续）

续表

RBS 0级	RBS 1级	RBS 2级	风险示例	是否对项目带来影响：是/否/不知道/不适用
0. 项目风险	2. 管理风险	2.9 质量	在整合过程中发现的缺陷数量可能与预期不符（更多或更少） 质量管理循环会显著减少工作量。 有效的质量管理还能减少返工	
		2.10 声誉	企业声誉事件可能破坏对项目的支持。 高级管理人员可能对项目团队失去信心。 声誉的提高会增加资金和资源的可用性	
	3. 商业风险	3.1 合同条款和条件	客户的标准合同条款可能是难以接受的 合同条款可能存在内部不一致之处 一致认可的客户/分包商条款可以减少风险敞口	
		3.2 内部采购	其他部门可能无法按预期交付 其他部门可能无法提供所需的技能 随着项目的进展，内部支持可能增加	

图A-13 风险核对清单示例（基于RBS）（续）

续表

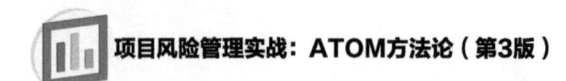

RBS 0级	RBS 1级	RBS 2级	风险示例	是否对项目带来影响：是/否/不知道/不适用
0. 项目风险	3. 商业风险	3.3 供应商和卖方	关键供应商可能倒闭。 供应商之间的合并可能削弱竞争力。 供应商也可能提前交付	
		3.4 分包	关键分包商可能拒绝合作。 分包合同人员可能采取罢工行动。 与选定的分包商合作可以改善工作关系	
		3.5 客户/顾客稳定性	客户可以更改业务重点并撤销对项目的支持。 客户（人员）的变动会产生额外的项目管理成本。 客户可能被收购或与更具支持性的公司合并	
		3.6 合作伙伴和合资企业	我们的合作伙伴可能有相互竞争的商业利益。 合资企业可能解散	
	4. 外部风险	4.1 法律	法律的变化可能导致解决方案的变更（正面或负面）。 法律要求可能增加不可预料的设计需求	

图A-13　风险核对清单示例（基于RBS）（续）

续表

RBS 0级	RBS 1级	RBS 2级	风险示例	是否对项目带来影响：是/否/不知道/不适用
0. 项目风险	4. 外部风险	4.2 汇率	在项目期间，汇率可能发生变化（有利或不利）。 关键供应商可以用外币开具发票	
		4.3 场地/设施	场地条件可能比预期的要困难得多 场地可能无法提供所需的设施 新的运输安排可能使项目物流变得简单	
		4.4 环境/天气	天气可能不尽如人意（比预期更好或更糟）。 意外的环境条件（正面或负面）可能影响进度	
		4.5 竞争	关键竞争对手可能推出有竞争力的产品，从而使项目失效 关键项目人员可能被竞争对手挖走 重要竞争对手可能退出市场	
		4.6 监管	监管要求可能带来意想不到的设计约束 在项目进行过程中，监管可能发生重大变化（积极或消极）	

图A-13 风险核对清单示例（基于RBS）（续）

续表

RBS 0级	RBS 1级	RBS 2级	风险示例	是否对项目带来影响：是/否/不知道/不适用
0. 项目风险	4. 外部风险	4.7 政治	政治因素可能影响高层管理人员对该项目的支持 政府层面的变化可能导致优先级或法律发生变化（积极或消极）	
		4.8 国家	当地的劳动力资源可能缺乏所需的技能 货币不稳定可能破坏项目的商业论证 地方政府对项目的支持可能发生变化（积极或消极）	
		4.9 社会/人口结构	社会需求的变化可能带来其他需求 公众对项目的看法可能发生变化（积极或消极）	
		4.10 施压小组	极端主义者可能影响项目进度 游说团体可以促进项目的进展	
		4.11 不可抗力	可能发生破坏项目的不可抗力事件 不可抗力事件的发生可能为解决潜在问题创造机会	

图A-13　风险核对清单示例（基于RBS）（续）

量 表	概 率	+/− 对项目目标的影响		
		时 间	成 本	质 量
很高	71% ~ 99%	>20 天	>20 万美元	对整体功能有非常显著的影响
高	51% ~ 70%	11 ~ 20 天	10.1 万 ~ 20 万美元	对整体功能有显著的影响
中	31% ~ 50%	4 ~ 10 天	5.1 万 ~ 10 万美元	对关键功能领域有一些影响
低	11% ~ 30%	1 ~ 3 天	1 万 ~ 5 万美元	对整体功能有微小的影响
很低	1% ~ 10%	<1 天	<1 万美元	对次要功能有微小的影响
无（零）	<1%	没有变化	没有变化	功能不变

图A-14　特定项目的P-I量表示例

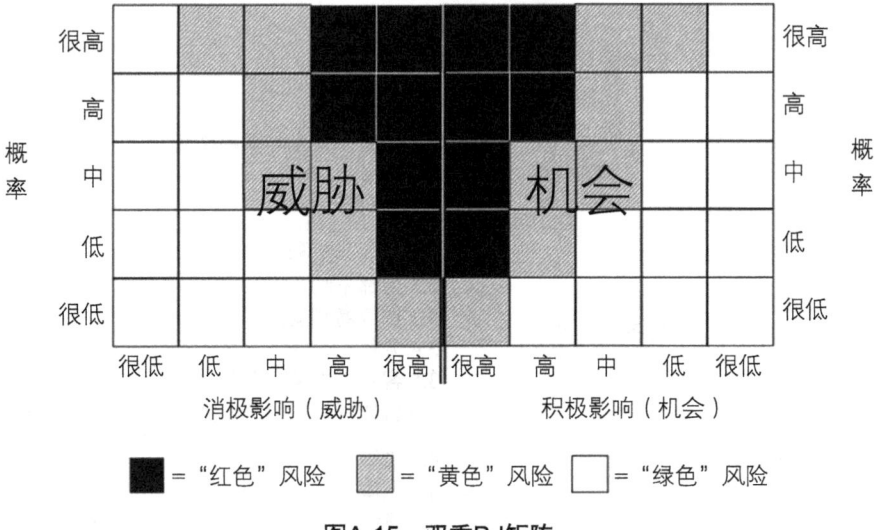

图A-15　双重P-I矩阵

RBS 0 级	RBS 1 级	RBS 2 级
0. 项目风险	1. 技术风险	1.1 定义范围 1.2 需求定义 1.3 估算、假设条件和制约因素 1.4 技术过程 1.5 技术 1.6 技术接口 1.7 设计 1.8 性能 1.9 可靠性和可维护性 1.10 安全性 1.11 安保 1.12 测试和验收
	2. 管理风险	2.1 项目管理 2.2 项目集/项目组合管理 2.3 运营管理 2.4 组织 2.5 资源 2.6 沟通 2.7 信息 2.8 健康、安全和环境法规 2.9 质量 2.10 声誉
	3. 商业风险	3.1 合同条款和条件 3.2 内部采购 3.3 供应商和卖方 3.4 分包 3.5 客户/顾客稳定性 3.6 合作伙伴和合资企业
	4. 外部风险	4.1 法律 4.2 汇率 4.3 场地/设施 4.4 环境/天气 4.5 竞争 4.6 监管 4.7 政治 4.8 国家 4.9 社会/人口结构 4.10 施压小组 4.11 不可抗力

图A-16 风险分解结构示例

假设条件和制约因素	假设条件和制约因素是否被证明是错误的？（是/否）	如果是错误的，是否会影响项目？（是/否）	是否会转化为风险？

说明：

在左栏中列出项目所有的假设条件和制约因素。

确定每个假设条件或制约因素是否会被证明是错误的（是/否），以及错误的假设条件/制约因素是否会影响项目（是/否）。

如果两个答案均为"是"，则将假设条件/制约因素标记为风险

图A-17 假设条件和制约因素分析模板

风险（机会或威胁）	映射到活动或预算项	概率	最小值	最有可能值	最大值	影响的分布类型	相关组（相关情况）

图A-18 风险映射表示例

术语表

Accept 接受：一种风险应对策略，它不能主动应对风险，但是可以为风险带来的影响做好准备并进行处理。这可能涉及使用风险应急计划。对于威胁或机会，都可以选择接受策略。

Action Owner 行动责任人：负责实施商定的风险应对行动并向风险责任人报告进展的人员。

APM：（英国）项目管理协会。

Assessment 评估：风险管理过程的一部分，用来评估已识别风险的发生概率和影响，以便根据其在双重P-I矩阵中的位置对风险进行优先级排序，并使用RBS和其他框架对风险进行分类。

Assumption 假设条件：为了制订计划或做出决策而被视为事实的有关未来的不确定性。

Assumptions and Constraints Analysis 假设条件和制约因素分析：一种基于识别和测试假设条件和制约因素、用于确定其稳定性和敏感性的风险识别技术。

ATOM：主动的威胁与机会管理。ATOM是一个通用的项目风险管理过程，可扩展并适用于任何类型的项目。

Avoid 规避：针对威胁的风险应对策略，旨在消除不确定性，通常通过采取风险应对措施来消除其潜在的起因。

Cause 起因：可能引起一个或多个风险的现有特定事件或情况。起因是使用风险元语言进行风险描述的第一要素。

CBS：成本分解结构。

Checklist 核对单：在先前项目中已确定的风险的结构化清单，可用作风险识别的输入。

Consequence 后果：见结果。

Constraint 制约因素：项目所处的条件，通常是外部强加的，它限制了项目的可选项。

Contingency 应急储备：为已接受的风险留出的时间或金钱，或者为不可预见的风险留出的余地，用于补偿已发生威胁的负面后果，或者用于利用已发生机会的正面后果。（见管理储备。）

术语表

Contingency plan 应急计划：是事先定义好的适当的风险应对措施，但仅在实际发生风险或计划的应对措施无法达到预期效果时才实施。可以针对威胁或机会制订应急计划。

Correlation 相关性：一种在风险模型中关联任务和/或风险群组以减少蒙特卡洛分析期间允许的变化程度的机制。相关任务和/或风险称为相关组。相关组内的统计采样由预定义的相关系数驱动。也称为依赖关系。

CSF 关键成功因素：确保成功不可或缺的条件，在缺少时将导致失败。

Criticality 关键性：一种衡量蒙特卡洛定量进度计划风险模型中的元素出现在关键路径上的频率的测量值，表示为模拟过程中迭代总数的百分比。在分析过程中，将自动计算风险模型中每个任务的0%~100%的临界指数。

Cruciality 相关性：在风险模型中，每个任务或风险的变化与项目总体结果的变化之间关系的度量，通常表示为相关系数（-1~+1）。相关性分析的结果通常可在龙卷风图中显示。也称为敏感性。

Decision Tree Analysis 决策树分析：一种定量风险分析技术，用于评估替代措施的价值，并考虑采取该措施的成本，采取该措施后可能发生不确定性事件的可能性，以及所产生的报酬或成本的估算值。做出的决策通常可产生最大预期价值（或最小预期成本）。可以使用蒙特卡洛分析来评估决策树。

Delphi technique 德尔菲技术：一种基于专家共识的匿名引导技术，用于风险识别。

Dependency 依赖关系：见相关性。

Double Probability-Impact Matrix（Double P-I Matrix） 双重P-I矩阵：两个并列的双重P-I矩阵，一个显示威胁，另一个显示机会。典型的双重P-I矩阵在左侧显示威胁，在右侧显示机会，水平翻转机会矩阵以将两个红色区域集中在双重P-I矩阵的中央。另见"P-I矩阵"。

Effect 影响：发生风险后可能导致的后果。后果对威胁来说是消极的，对机会来说是积极的。影响是使用风险元语言进行风险描述的第三个要素。

EMV：见预期货币价值。

Enhance 提高：针对机会的风险应对策略，旨在将概率或影响（或两者）都增加到可接受的风险临界值之上。

Enterprise Risk Management（ERM） 企业风险管理（ERM）：风险管理在整个业务中的整合应用，可解决所有层级的风险，包括战略、业务、企业、声誉、项目组合、项目集、项目、技术、安全性等。

Escalate 上报：一种风险应对策略，应用于项目范围外且与另一个项目或组织的一部分相关的任何风险。

Expected Monetary Value（EMV）预期货币价值：见期望值。

Expected Value（EV）期望值：用于评估决策树。

（1）分布的统计平均值或加权平均值，接近于使用蒙特卡洛分析进行定量风险分析时得出的第50个百分位数，它表示在给定输入数据的情况下会出现的平均结果。

（2）用于风险敞口的测量，通过概率和影响的乘积来计算。由于概率是无量纲的，因此期望值的单位和符号与影响的单位和符号相同。有时也被称为预期货币价值。

Exploit 开拓：针对机会的风险应对策略，旨在通过执行确保机会发生的风险应对措施来消除不确定性。

Eyeball Plot 眼球图：使用蒙特卡洛分析进行的"时间—成本"定量风险分析得出的结果，显示了通过分析得出的所有可能的"时间——成本"组合（通常用于项目工期和项目总成本），以及最适合的眼球图。有时也被称为橄榄球图（尤其是在美国）。

First Risk Assessment 首次风险评估：在风险管理过程中，风险识别、评估和规划应对的初步实施。

Football Plot 橄榄球图：见眼球图。

Frequency of Occurrence 发生频率：在特定时间段内，或者在一定数量的试验中，特定风险重复发生的可能性。发生频率通常可表示为每单位时间或每试验总数中出现的次数。

Heuristic 启发式：一种参考框架，用作决策时的捷径。在风险管理过程中，启发式通常是在潜意识中进行的，包括可用性、模式化、锚定和调整。

Impact 影响：如果发生风险，一个或多个目标会随之发生改变。另见影响（Effect）。

Implementation 实施：风险管理过程中的步骤，由风险责任人实施商定的风险应对措施，更新风险登记册并准备风险报告。

Influence Diagram 影响图：定量风险分析的结构化方法，它使用实体、结果和影响来表示待分析的主题，并可表示它们之间的关系和效果。可以使用蒙特卡洛分析来评估影响图。

Inherent Risk 固有风险：在实施风险管理行动之前确定的最初风险。（另见残余风险。）

Initiation 启动：风险管理过程的初始阶段，在该阶段确定特定风险分析的范围和参数。将在风险管理启动期间做出的决策记录至风险管理计划。

IRR：内部收益率。

Issue 问题：指正在影响目标的实现，并且通常不能由项目经理直接解决的已发生的事件（通常是负面的）。该术语有时也用于可能引起风险的不确定性。

Likelihood 可能性：特定风险的发生概率。它可以表示为单个事件或条件的发生概率，也可以表示为重复事件的发生频率。

Major Review 主要审查：用来更新风险敞口评估的综合过程。

Management Reserve 管理储备：用于补偿不可预见的风险后果的金钱或时间，通常不在项目预算之内。见应急储备。

Minor Review 次要审查：用最小的成本来更新风险敞口评估的过程。

Mitigate 减轻：见降低。

Monte Carlo Analysis 蒙特卡洛分析：一种定量风险分析技术，通过从风险模型所定义的分布中选择随机值来确定可能的结果范围。该过程以迭代方式完成，可确定特定结果的统计概率。

M_o_R™：《风险管理》，由英国政府商务办公室出版。

OBS：组织分解结构。

OGC：英国政府商务办公室。

Onion Ring Diagram 洋葱圈图：一系列重叠的S-曲线，通常用于显示风险行为对定量风险分析结果的累积影响。

Opportunity 机会：指任何不确定性，一旦出现就会对一个或多个目标的实现产生有益的影响，例如，改善安全性并节省时间或成本。又称正面风险或积极风险。

Overall Project Risk 总体项目风险：项目干系人对项目结果变化的接受情况。总体项目风险大于单个风险事件的总和，并且包括其他不确定性因素（如模糊性和可变性）的影响。最好通过使用定量风险分析技术来进行预估。

P-I：概率和影响。

PMBOK®Guide 《PMBOK®指南》：《项目管理知识体系指南》，由项目管理协会（PMI®）出版。《PMBOK®指南》（第6版）的第11章介绍了项目风险管理的通用过程。

PMI®：项目管理协会。

PRAM Guide《PRAM指南》：《项目风险分析与管理指南》，由（英国）项目管理协会出版，提出了一种通用的项目风险管理方法。

Probability 概率：衡量特定风险发生的可能性。概率可以用定性术语（如高、中或低）表示，也可以用定量术语（以百分比或0～1的数字表示）表示。

Probability-Impact Matrix （P-I Matrix）P-I矩阵：以概率作为一个轴，影响作为另一个轴的二维图。可以把已识别的风险绘制在矩阵上，根据其在矩阵内的区域来确定优先级（通常为三个区域：红色、黄色、绿色）。矩阵可以有不同的大小，但它通常是对称的（如3×3、4×4、5×5）。P-I矩阵通常可以使用"镜像"双重矩阵格式（见双重P-I矩阵）来对威胁和机会进行优先级排序。

Probability-Impact Scoring （P-I scoring） P-I评分：一种通过分配与概率和影响相对应的数值，并将这些数值相乘得到一个风险分数，从而对单个风险事件进行评分的方法。可用于对风险的优先级进行排序，计算度量指标并进行趋势分析。

Prompt List 提示清单：可用来构成风险识别的一般标题或风险类别的清单。它可以表示为简单的线性标题集，也可以表示为类似RBS的层级结构。

Quantitative Risk Analysis 定量风险分析：基于已识别风险的概率和影响的风险敞口进行数值分析，可以预测可能的结果并估算总体项目风险。定量风险分析技术包括蒙特卡洛分析、决策树和影响图。这些技术通常利用敏感性分析来探索关键风险驱动因素的影响。

RACI Chart RACI表：责任分配矩阵的一种版本，可根据以下四个"关键词"将任务分配给个人或群体：执行、担责（和/或批准）、咨询（和/或贡献）、被告知。

RAG：用于风险评估的红色/黄色/绿色评分系统。

RAM：见责任分配矩阵。

RBS：见风险分解结构。

Reduce 降低：针对威胁的风险应对策略，旨在将其可能性或后果（或两者）都降低到可接受的风险临界值以下。也被称为减轻。（在某些过程中，术语"减轻"用于所有类型的风险应对策略。）

Residual Risk 残余风险：在实施预定的风险措施后剩余的风险。（另见固有风险。）

Response Planning 规划应对：风险管理过程的一部分，在此过程中，制定适当的风险应对策略，生成风险应对措施，并指定风险责任人和行动责任人。

Responsibility Assignment Matrix（RAM）责任分配矩阵：一种显示分配给人或小组的特定任务的图形，通常通过将工作分解结构与组织分解结构结合而成。（另见RACI表。）

Risk 风险：任何不确定性（如果出现的话）都会对一个或多个目标的实现产生积极或消极的影响。风险包括威胁和机会。项目风险既包括单个风险事件，也包括总体项目风险。

Risk Acceptance Threshold 风险可接受临界值：衡量风险敞口水平的指标，超出时必须对此采取行动以主动应对威胁和机会，并在临界值之内接受风险。

Risk Action 风险行动：是行动责任人应风险责任人的要求而实施的一项行动，目的是实施商定的风险应对策略。风险行动及其相关成本与风险的实际发生无关。

Risk Aggregation 风险汇总：风险汇总是风险识别的一部分，将相似、相异或时间重合的风险分在一起，以便进一步关注。

Risk Analyst 风险分析师：风险管理过程的、工具和技术（尤其是在使用定量风险分析方面）方面的、为项目提供专家支持的专家。

Risk Appetite 风险偏好：给定情况下个人或群体的风险倾向。

Risk Assessment 风险评估：估算已识别风险的发生概率和影响，并将其与定义的风险可接受临界值进行比较的过程（也被称为风险评价）。

Risk Attitude 风险态度：是指对于不确定性和感知影响的选择性心理倾向。风险态度适用于个人和群体。风险态度具有连续的范围，但常见的风险态度包括规避风险、容忍风险、中立风险和追求风险。

Risk Breakdown Structure（RBS）风险分解结构：一种表示风险来源的层级结构框架，用于风险识别和定性评估。可以开发通用的RBS来应对所有类型的项目，也可以将特定的RBS用于特定的应用程序。

Risk Champion 风险倡导者：负责引导特定项目的风险管理过程的人员。

Risk Description 风险描述：使用风险元语言、结构化的风险陈述，通常包含三个要素：起因、风险和影响。

Risk Driver 风险驱动因素：会对项目的总体成果产生重大影响的不确定性。

Risk Efficiency 风险效率：在给定的预期收益水平上达到最小风险敞口的风险原则。

Risk Evaluation 风险评价：见风险评估。

Risk Event 风险事件：不确定的离散事件，如果发生，将对一个或多个目标的实现产生积极或消极影响。

Risk Exposure 风险敞口：测量已识别风险对目标的总体影响，以描述总体项目风险。可以定量表示（例如，以时间或成本为单位），也可以定性表示（例如，高风险或低风险）风险敞口。

Risk Identification 风险识别：揭示已知风险（威胁和机会）的结构化过程，并描述和记录它们以供进一步分析。

Risk Management 风险管理：针对已知风险事件和总体项目风险，做出适当决策并采取适当措施的结构化过程。（也用作启动、识别、评估、规划应对和实施应对措施的整个过程的通用术语。）

Risk Management Plan（RMP）风险管理计划：在启动步骤中生成的计划文件，记录了特定项目风险管理过程的参数，包括，风险评估的范围和背景、要考虑的目标、使用的方法论、工具和技术，角色和责任、风险可接受临界值以及报告和更新周期。（有时也被称为风险策略声明或风险政策。）

Risk Meeting 风险会议：通常由风险倡导者或项目经理主持的会议。

Risk Metalanguage 风险元语言：对风险的结构化描述，将起因、风险和影响分开。使用风险元语言的典型风险描述可能是这种形式：

"由于<起因>，可能发生<风险>，这将导致<对项目的影响>。"

Risk Model 风险模型：项目的数学表示形式，可以用作定量风险分析的基础。

Risk Owner 风险责任人：负责选择并实施适当的风险应对策略的人员。该人员还负责确定适当的风险应对措施以实施所选的策略，并确保将每个风险应对措施分配给指定的行动责任人。

Risk Policy 风险政策：见风险管理计划。

Risk Register 风险登记册：在特定项目风险管理过程中所有已识别风险的记录，以标准格式显示，包括评估、商定的应对措施和行动以及当前状态。风险登记册可以使用专用风险软件的输出，也可以作为独立文档、电子表格或数据库进行维护。

Risk Report 风险报告：记录发现并提出结论和建议的风险管理过程的输出。有不同的报告类型，如包含详细分析的完整风险报告、呈现较少详细信息的风险概要报告或呈现定量风险分析结果的风险分析报告。

Risk Response Strategy 风险应对策略：一种确定应采取何种措施应对风险的策略。它导致特定的风险行动，以处理单个风险事件或一组相关风险。针对威胁的主动风险应对策略包括规避、转移和减轻。针对机会的主动风险应对策略包括开拓、分享和提高。如果无法采取主动的风险应对策略或不具有成本效益,则可以决定接受风险(威胁或机会)。

Risk Review 风险审查:当前风险临界值评估的结构化更新,可以通过专门的风险审查会议进行,也可以作为常规项目审查过程的一部分进行。可以在各个细节级别上进行风险审查(见次要审查和主要审查)。

Risk Score 风险评分:从P-I评分系统得出的无量纲数字,可用于对风险进行优先级排序,计算指标和执行趋势分析。

Risk Strategy Statement 风险策略声明:见风险管理计划。

Risk Workshop 风险研讨会:由风险倡导者引导的事件。

RMP:见风险管理计划。

ROI 投资回报率:投资回报率。

Scenario Analysis 假设情景分析:一种定量风险分析技术,可以与其他技术配合使用以揭示关键的风险驱动因素,也可以作为一种独立的技术来探索与未来可能出现的情况相关的结果。

S-Curve S-曲线:使用蒙特卡洛模拟从定量风险分析中得出的累积概率分布曲线,它显示了通过分析得出的所有可能值及其实现的可能性。可以针对时间(如项目工期、结束日期或里程碑日期)、成本(如项目总支出)或其他变量生成S-曲线。

Secondary Risk 次生风险:次生风险是对现有风险实施风险应对策略或风险行动而产生的直接后果。次生风险可以是威胁,也可以是机会。

Sensitivity 敏感性:见关键性。

Sensitivity Analysis 敏感性分析:在其他技术中使用的定量风险分析技术,通过更改风险模型中的一个或多个参数,来确定对总体结果的影响程度,并揭示关键的风险驱动因素。敏感性分析可用于确定性或概率性风险模型。通常使用龙卷风图显示结果。

Share 分享:针对机会的风险应对策略,旨在让能够更好地管理特定风险的第三方参与其中。

Stakeholder 干系人:与项目成果有利益关系和/或能对项目施加影响的个人或群体。

Stakeholder Analysis 干系人分析:确定干系人对特定项目的利益关联程度、影响力和态度的过程。

Stochastic Branches 随机分支:在风险模型中使用的构造,定义了在蒙特卡洛分析期间可能遵循的可选逻辑路径。有以下两种常见的随机分支:概率分支(其中,每条替代路径的采样频率由预定义的概率驱动)和条件分支(其中,路径的存在由预定义的条件的状态确定)。随机分支也可以用于显示建模风险。

Strengths, Weaknesses, Opportunities, and Threats(SWOT)Analysis 优势、劣势、机会和威胁(SWOT)分析:一种用于组织风险研讨会的风险识别技术。

SWOT：优势，劣势，机会和威胁——SWOT分析的要素。

Threat 威胁：任何不确定性一旦出现，将对一个或多个目标的实现产生不利影响。例如损害、环境破坏、延误或经济损失。也被称为负面风险或消极风险。

Tornado chart 龙卷风图：使用蒙特卡洛分析进行定量风险分析的输出，以降序的方式显示了主要风险驱动因素及其重要性。

Transfer 转移：针对威胁的风险应对策略，旨在让能够更好地管理特定风险的第三方参与其中。

WBS：工作分解结构。